현명한 문화 활용 가이드

문화를 서핑하는 다음 세대를 위한 안내서

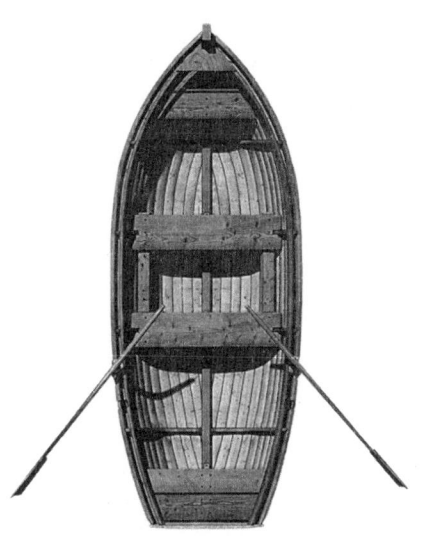

도서출판 콜슨은
인간성의 회복, 바른 지혜와
분별력 있는 지성의 함양을 지향합니다.

Originally Published in English under the title:
A Practical Guide to Culture
© 2017, 2020 John Stonestreet and Brett Kunkle
Published by David C Cook
4050 Lee Vance Drive, Colorado Springs, Colorado 80918 U.S.A.
All Rights Reserved.
This Korean edition was published by Colson Book Publishing
in 2024 by arrangement with David C Cook.

Korean Edition © 2026 by Colson Book Publishing

이 한국어판 책의 저작권은 저작권자인
David C Cook과의 계약으로
도서출판 콜슨에 있습니다.
저작권법에 의해 한국 내에서 보호를 받는
저작물이므로 무단 전재와 무단 복제를 금합니다.

현명한 문화 활용 가이드

초판 2쇄. 2026년 1월
지은이   존 스톤스트리트/브렛 컨클
옮긴이   박홍경
디자인   하유주
교정   하한봉/하선희
펴낸이   이상현

펴낸곳 도서출판 콜슨
등록번호 제2021-000223호 2021. 7. 7
웹사이트 www.colsonbookpublishing.com
이메일 sleejes@naver.com
전화 070-7818-0475
ISBN 979-11-975330-3-7 (03230)

ⓒ 도서출판 콜슨, 2026
책값은 뒤표지에 있습니다.

현명한 문화
활용 가이드

문화를 서핑하는 다음 세대를 위한 안내서

존 스톤스트리트/브렛 컨클 공저

박홍경 옮김

도서출판 콜슨

추천사

"학생들과 동역하고 그들의 미래에 관심 있는 모든 사람에게 필요한 안내서다. 무엇보다, 제목이 정확하게 알려주듯 실용적인 책이다. 존과 브렛은 이 세대가 직면하고 있는 가장 중요한 문제를 명료하게 설명하고 지혜와 친절한 조언을 아끼지 않는다."

에릭 메탁사스(Eric Metaxas), 『디트리히 본회퍼』의 저자 겸 전국 방송 라디오 진행자

"문화는 역동적이며 끊임없이 변화하며, 그 변화가 우리를 압도하는 위협으로 다가오는 경우가 많다. 하지만 기독교인은 변하지 않는 견고한 진리로 무장하여 문화라는 혼돈의 바다를 건널 수 있다. 존 스톤스트리트와 브렛 컨클은 다음 세대에게 파고를 안전하게 헤쳐 나갈 방법을 보여 주고 기술을 전수해 준다."

짐 데일리(Jim Daly), 포커스 온 더 패밀리(Focus on the Family) 대표

"『현명한 문화 활용 가이드』는 이 시대의 가장 영향력 있는 세계관과 변증론 전문가이자 자녀를 사랑하는 아버지인 두 저자가 심오하면서도 재치 있고 솔직하게 쓴 안내서다. 존과 브렛은 수만 명의 십 대와 사역한 풍부한 경험을 토대로 자녀를 병들게 하고 슬픔에 빠뜨리는 저급한 문화에 굴복하지 않으면서 예수님을 사랑하고 두려움과 후회 없이 살아갈 수 있는 방법을 제시한다."

제프 마이어스(Jeff Myers) 박사, 서밋 미니스트리즈 대표

"존 스톤스트리트와 브렛 컨클이 조금 더 일찍 『현명한 문화 활용 가이

드』를 펴냈다면 어땠을까 상상해본다. 내 자신이 부모이자 청년 사역자로서 자녀와 학생들에게 문화가 미치는 영향을 염려한 적이 많았으며 문제를 어떻게 해결해야 할지 분명한 답을 찾지 못하는 경우도 있었다. 두 저자는 부모, 교육자, 청년 리더가 청소년들을 준비시킬 수 있는 희망적이면서도 흥미로운 책을 펴냈다. 이 책은 단순히 문화를 살피는 데 그치지 않고 적극적이고 목적이 분명하며 자세한 행동 계획을 제시한다. 무너진 세상에서 학생과 자녀가 성공적인 기독교인으로 살아가면서 그리스도를 드러내기를 바라는 독자들에게 『현명한 문화 활용 가이드』는 반드시 읽어야 할 안내서다."

J. 워너 월러스(J. Warner Wallace), 미제 사건 수사관, 바이올라 대학교 기독교 변증학 부교수 겸 『베테랑 형사 복음서 난제를 수사하다』, 『하나님의 우주 창조 증거』, 『법과학 신앙(Forensic Faith)』의 저자

"다음 세대는 급변하는 문화에 정의될 것인가, 아니면 예수님의 지극한 사랑, 구속의 진리, 회복의 은혜에 힘입어 문화를 정의할 것인가? 『현명한 문화 활용 가이드』에서 존 스톤스트리트와 브렛 컨클은 다음 세대가 상대주의, 타락, 무관심이라는 거친 파도를 헤쳐 나갈 수 있도록 이끄는 성경적인 항해도를 제시하는 한편 그리스도의 빛을 비춘다."

새뮤얼 로드리게스(Samuel Rodriguez) 목사, 전미 히스패닉 기독교인 리더십 회의 (National Hispanic Christian Leadership Conference) 대표

"급변하는 시대에 기독교인 부모를 위한 현명하고 이해하기 쉬운 안내서다. 스톤스트리트와 컨클은 피상적인 탐색에 그치는 것이 아니라 오늘날 문화에서 많은 갈등을 일으키는 저변의 세계관 문제로 깊이 있게 이끈다."

트레빈 왁스(Trevin Wax), 라이프웨이 크리스천 리소스(LifeWay Christian Resources)의 성경 및 참고 자료 출판인 겸 『디스 이즈 아워 타임』 등의 저자

"『현명한 문화 활용 가이드』는 탈기독교적이고 점점 반기독교적이 되어가는 사회에서 신실하고 회복력 강한 자녀를 키우려는 기독교인을 위한 현명하고 명쾌하며 무척 유용한 책이다. 책을 펴낸 두 지성인은 중요한 신념을 모두가 이해할 만한 언어로 일상과 연결짓는 탁월한 솜씨를 발휘한다. '무너지고 있는 문화에서 기독교인이 무슨 일을 할 수 있나요?'라고 묻는 사람들에게 이 책을 우선 읽어보라고 자신 있게 추천할 것이다. 나 역시 한 권은 가족들을 위해, 한 권은 목사님을 위해 구입할 계획이다."

로드 드레허(Rod Dreher), 『베네딕트 옵션』의 저자

"『현명한 문화 활용 가이드』는 제목에 충실한 책이다. 존과 브렛이 영감이 넘치며 시의적절하며 손쉽게 적용할 수 있도록 펴낸 이 책은 청년들이 이 시대의 가장 암울한 문제를 헤쳐 나가도록 돕는 청년 사역자가 읽어야 할 지침서다. 소비 지상주의, 음란물, 성 정체성, 인종 갈등과 같은 첨예한 문제를 명료하면서도 확신에 찬 언어로 다룬다. 부모, 교사, 청년 사역자에게 꼭 필요한 안내서다."

션 맥도웰(Sean McDowell) 박사, 저자, 강연자 겸 바이올라 대학교 교수

"존과 브렛은 예시, 데이터, 신념을 활용해 오늘날 우리가 문화적 문제에 부딪친 이유를 훌륭하게 설명한다. 하나님은 그러한 문화 문제를 우리가 어떻게 이해하기를 바라시는지, 그리고 우리는 무엇을 할 수 있는지를 파헤친다. 성경에 대한 설명과 문화적 문제를 성경 이야기의 틀에

서 일관성 있게 다루는 방식은 지금까지 보거나 들어보지 못한 신선한 관점이다. 무척 흥미로우면서도 귀한 관점이 아닐 수 없다. 부모와 자녀가 분노에서 사랑으로, 절망에서 소망으로, 무관심에서 참여로, 두려움에서 확신으로, 무지에서 지혜로, 고립에서 협력으로 나아갈 수 있는 능력을 주는 소망이 가득한 책이다."

케시 코크(Kathy Koch) 박사, 셀러브레이트 키즈(Celebrate Kids) 창립자 겸 대표

차 례

감사의 글 _ 15
들어가는 글 _ 19

Part I: 문화가 중요한 이유

Chapter 01
문화란 무엇이고 우리에게 어떤
영향을 미치는가 _ 28

Chapter 02
시대와 이야기를 똑바로 분별하기 _ 45

Chapter 03
성공의 비전 _ 65

Part II: 문화적 조류 읽기

Chapter 04
정보화 시대 _ 84

Chapter 05
탈기독교화 시대의 정체성 _107

Chapter 06
무리 속의 외톨이 _125

Chapter 07
거세된 말과 영원한 청소년기 _141

Part III: 문화의 조류 헤쳐 나가기

Chapter 08
음란물 _166

Chapter 09
가벼운 만남(Hook-up)이 만연한 문화 _181

Chapter 10
성적 지향 _199

Chapter 11
성 정체성 _217

Chapter 12
부와 소비 지상주의 _235

Chapter 13
중독 _251

Chapter 14
오락거리 _269

Chapter 15
인종 갈등 _289

Part IV: 기독교 세계관의 본질

Chapter 16
성경을 읽는 방법 _306

Chapter 17
성경을 믿어야 하는 이유 _317

Chapter 18
올바른 다원주의 _327

Chapter 19
문화를 향해 나아가는 복음 _341

미주 _349

사랑하는 아내이자 자녀들의 어머니로서
우리를 더 나은 남자이자 더 좋은 아버지,
더 뛰어난 사역자로 만들어 준
에린과 사라에게 바칩니다.

덕분에 능력치보다 더 먼 곳까지
공을 찰 수 있게 되었답니다.

감사의 글

이 책에서 다룬 주제가 워낙 방대한 데다 필자가 멋진 개념을 생각해 내기보다는 옮기기에 부지런한 사람이라는 점을 고려하면, 이 책을 쓰는 데 도움을 주신 모든 분들께 일일이 감사를 표현하는 것은 불가능에 가깝다. 척 콜슨(Chuck Colson), 프랜시스 쉐퍼(Francis Schaeffer), T. M. 무어(T. M. Moore), 에이브러햄 카이퍼(Abraham Kuyper), 로드 톰슨(Rod Thompson), C. S. 루이스(C. S. Lewis), 빌 브라운(Bill Brown), C. 벤 미첼(C. Ben Mitchell), 제니퍼 마셜(Jennifer Marshall), 돈 암스트롱(Don Armstrong), 로드 드레허(Rod Dreher), 케빈 밴후저(Kevin Vanhoozer), 에릭 메탁사스(Eric Metaxas), 에드 스테처(Ed Stetzer), 조니 에릭슨 타다(Joni Eareckson Tada), 라비 재커라이어스(Ravi Zacharias), 크레이그 M. 게이(Craig M. Gay), J. I. 패커(J. I Packer), W. 게리 필립스(W. Gary Phillips), 폴 헨더슨(Paul Henderson), 티모시 조지(Timothy George), 로베르토 리베라(Roberto Rivera), 오스 기니스(Os Guinness), 스티븐 가버(Steven Garber), 스콧 클루젠도프(Scott Klusendorf), 제프 마이어스(Jeff Myers), 글렌 스탠튼(Glenn Stanton), 제프 벤트렐라(Jeff Ventrella), 데이비드 노에벨(David

Noebel), 존 우드브리지(John Woodbridge), 부모님 외 많은 분들이 개인적으로나 지면을 통해 스승과 멘토의 역할을 해 주셨다.

문화는 매우 중요한 주제이며 직접 활동을 하기보다 이론화하기가 훨씬 더 쉬운 분야이다. 하지만 우리는 다름 아닌 바로 이 시대와 공간에서 살아가는 사람들이다. 이 책에 대한 관점을 정립할 수 있도록 도와주시고 집필과 출판의 전 과정에서 지원해주신 데이비드 C 쿡(David C Cook) 출판사의 크리스 둔보스(Chris Doornbos)와 팀 피터슨(Tim Peterson)에게 감사드린다.

친구이자 생명을 나누는 여러 중요한 프로젝트를 공동으로 진행했던 브렛 컨클(Brett Kunkle)과 함께 집필하는 과정은 큰 기쁨이었다. 또한 〈브레이크포인트(BreakPoint)〉 논평에서도 다룬 문화 관련 주장, 통찰력, 관찰을 끊임없이 공유해주신 데이비드 칼슨(David Carlson)과 콜슨 센터 편집팀에게도 감사드린다. 이 프로젝트를 실행할 수 있도록 허락해 주신 콜슨 센터 이사회 여러분에게도 감사의 말씀을 드린다. 특히 스티브 베를레예(Steve Verleye)는 내가 연구와 집필에 파묻혀 있는 동안 인생의 두 번째 진로를 아낌없이 헌신해 주었다.

책을 쓸 수 있도록 기꺼이 시간과 공간을 양보해주고 내가 받을 만한 것보다 더 많은 사랑과 웃음, 행복으로 하루하루를 밝혀 준 아내 사라와 세 딸에게도 고마움을 전한다.

콜로라도주 콜로라도 스프링스에서
존 스톤스트리트

먼저 어머니와 아버지에게 감사의 말씀을 드리고 싶다. 내가 아주 어릴 때 그리스도를 만나신 두 분은 주님이 주시는 경외심, 지식, 지혜로 나를 키우셨다. 사랑이 넘치고 하나님의 이야기가 선포되며 실천되는 가정을 만들어 주신 것에 감사드린다.

세상 물정을 모르는 청년 사역자 시절 11년 동안 동역해 준 많은 청년들에게 고마운 마음을 전하고 싶다. 학생들에게 큰 도움을 얻었다. 함께 은혜를 나누며 씨앗을 뿌렸던 많은 신념들이 이 책에서 비로소 결실을 맺었다.

예수님의 제자가 될 수 있도록 이끌어 주셔서 이 책이 나오는 데 큰 역할을 해주신 분들이 있다. 우선, 탈봇 신학교에서 종교 철학과 윤리로 석사 학위를 받기까지 배움이 (무척) 느렸던 나를 가르치고 멘토가 되어 주셨던 훌륭하고 신실한 분들께 감사 말씀을 드린다. J. P. 모어랜드(J. P. Moreland), 스콧 래(Scott Rae), 게리 드위즈(Gary DeWeese), 더그 게이벳(Doug Geivett), 데이비드 호너(David Horner)는 내 인생에 지대한 영향을 미친 분들이다.

둘째로 스탠드 투 리즌(Stand to Reason)의 과거와 현재의 팀원들에게 감사한다. 특히 지난 14년 동안 사고를 형성하는 데 도움을 주신 그렉 쿠클(Greg Koukl), 멜린다 페너(Melinda Penner), 앨런 슐레몬(Alan Shlemon), 에이미 홀(Amy Hall), 현재 라이프 트레이닝 연구소의 소장인 스콧 클루젠도프에게 감사드린다.

존 스톤스트리트는 공동 저자일 뿐만 아니라 진정한 친구이자 하나님 나라의 동반자이다. 이 프로젝트를 함께 할 수 있어 기쁘고 감사했다. 데이비드 C 쿡 출판사의 팀에도 경의를 표한다. 이 책을 위해 헌신하고 저자들에게 엄청난 인내심을 발휘해 준 크리스 둔보스, 팀 피터슨,

애비 드베네디티스(Abby DeBenedittis), 미셸 웹(Michelle Webb), 아넷트 브릭빌러(Annette Brickbealer)에게 감사드린다. 멋진 친구 브래드(Brad)와 신디 헥(Cindy Heck)은 관대하게도 내가 필요할 때마다 평화로운 산장에서 머물 수 있도록 해 줬고, 덕분에 이 책의 많은 부분이 그곳에서 집필되었다.

끝으로, 내 인생에 깊은 영향을 주고 더 좋은 남편, 아버지, 남자가 될 수 있도록 도와준 가장 소중한 사람들인 아내 에린과 다섯 자녀 알렉시스, 미카, 페이지, 엘라, 조나에게 말로 다 표현할 수 없는 고마움을 전한다. 이 책을 쓸 수 있도록 시간과 공간을 양보한 크고 작은 희생에 감사할 뿐이다. 예수님을 만난 후 가정은 하나님이 내게 주신 가장 큰 선물이었다.

캘리포니아 오렌지 카운티에서
브렛 컨클

들어가는 글

내 이름은 브렛이고 뼛속들이 서퍼다. 서핑하는 아버지로서 자녀들이 라인업(lineup, 파도가 형성되는 위치 - 옮긴이 주)까지 패들링(paddling, 라인업으로 이동하기 위해 서핑보드 위에서 팔을 사용해 움직이는 동작 - 옮긴이 주)하여 파도를 타는 모습을 지켜보고 응원하는 날이 오기를 꿈꾼다. 하지만 바다는 고통스러운 장소로 돌변할 수도 있다. 거대한 파도에 호되게 당하고 나면 다시는 바다에 나가고 싶지 않은 마음이 들 수도 있다. 그러므로 자녀를 지켜 주고 언젠가 혼자 힘으로 파도를 타는 날을 준비시키기 위해 지금 밟아 나가야 하는 단계들이 있다.

기독교인 아버지로서는 자녀가 문화라는 바다로 나아가 그리스도를 위해 세상에 선한 영향력을 미치는 날을 꿈꾼다. 하지만 바다의 파도와 마찬가지로 문화도 고통을 줄 수 있다. 교회에서 자랐지만 집을 떠난 후 혹은 떠나기도 전에 세상에 빼앗긴 자녀들이 얼마나 많은가? 믿음의 반석 위에 서 있던 것으로 보였지만 결국에는 자신과 타인을 해치는 어리석은 결정을 내리고 마는 기독교인 학생들은 또 얼마나 많은가?

기독교인 부모들 중에는 어떤 위험이 있는지 망각하고 자녀를 서둘러 문화로 내보내는 사람들도 있다. 반대로, 철저한 보호만이 답이라고 생각하면서 자녀가 독립하기 전까지 문화의 바다에 발을 담그지 못하도록 막는 부모들도 있다. 대다수의 부모는 문제와 자녀의 성격에 따라 양극단을 오가고 있다. 하지만 그 어떤 극단도 그리스도의 담대한 차세대 제자들에게 비전을 심어 주지 못하며, 바다에 잠기는 일 없이 문화를 항해하면서 미래의 지도자로 올라설 수 있는 능력과 의지를 키워 주지도 못한다.

세상은 언제나 거칠었지만 많은 미국 기독교인, 특히 부모들은 문화의 조류가 바뀌고 더욱 거세졌음을 뚜렷하게 느끼고 있다. 최근 수년 동안 쓰나미급의 변화가 일어났으며, 안타깝게도 그 변화는 더 나은 방향으로 향하지 않았다. 밀물이 가장 높은 만조 때 파도가 밀려들 듯 꼬리에 꼬리를 물고 문제가 터졌다. 바라온 대로 자녀가 풍성한 기독교인의 삶을 누리기는 커녕 물 밖으로 머리를 계속 내밀고 버틸 수나 있는지, 그러려면 어떻게 해야 하는지 전전긍긍하고 있다. 아버지인 나 역시 어떻게 만조의 파도를 잘 탈 수 있을지 고민되기는 마찬가지다.

필자들은 오랜 시간 다음 세대와 그들의 부모님, 교사, 멘토, 교회 리더와 동역해 왔다. 존 스톤스트리트는 지난 15년 동안 문화를 관찰하고 이야기를 따르고 유행을 추적하며 기독교인이 주변 환경을 잘 이해할 수 있도록 돕고 문화에 동참하도록 안내했다. 브렛 컨클은 청년부 목사로 시작해 스탠드 투 리즌(www.str.org)의 학생 임팩트 디렉터를 맡기까지 청년 사역을 하는 내내 기독교인을 그리스도의 대사로 무장시키는 변증 사역에 중점을 뒀다.

우리 역시 시대가 변했음을 느낀다. 기독교 신념에 대한 압박이 지금보다 더 거셌던 적은 평생 보지 못했다. 기우하지 않기 위해 경계하고 있지만 오늘날의 문화에서 그리스도를 받들기가 점점 더 어려워지는 것은 사실이다.

하지만 우리가 지대한 관심을 쏟고 있는 자녀만큼은 우리의 감독 아래 있다. 이기적으로 보이겠지만, 우리 가정에는 하나님의 형상을 한 사랑스러운 자녀들이 (이 책이 출간될 때 즈음에 태어날 스톤스트리트의 아이를 포함해) 아홉 명 있다. 우리 모두 정말 멋진 배우자와 결혼했지만 그러한 특별한 환경도 자녀가 꽃길만을 걷도록 보장하지 않는다는 것을 잘 알고 있다. 세상에는 완벽한 부모도, 완벽한 자녀도 없다. 그럼에도 우리는 자녀가 하나님을 신뢰하고, 문화의 조류를 읽고, 바다에 잠기는 일 없이 파도를 잘 탈 수 있도록 가르치기 위해 가능한 모든 노력을 기울일 것이다.

이 책을 읽는 분들 역시 다음 세대에게 큰 관심을 가지고 있음을 알고 있다. 이 책은 필자들처럼 인생에서 자녀의 성공을 중요하게 여기는 모든 분들을 위해 마련되었다. 자녀는 미래의 문화를 만들어 갈 주역이다. 이 책은 필자들처럼 하나님의 작은 형상들과 삶을 나누면서 이들이 그리스도의 전사로서 이 시대의 문화를 멋지게 항해하기를 바라는 부모, 조부모, 멘토, 교사, 사역자를 위한 것이다.

지금쯤이면 필자가 어떤 비유를 주로 사용하고 있는지 알아차렸을 것이다. 바다를 배경으로 선택한 이유는 내 자신이 서핑광이기도 하지만 바다가 문화를 빗대는 멋진 비유이기 때문이다. 물고기가 바다에서 헤엄치듯 우리는 문화라는 바다에서 헤엄치고 있다. (이 비유에 대해서는 1장에서 더 자세히 소개할 것이다.) 또한 바다와 마찬가지로 문화에는 보이는 요소와 보이지 않는 요소가 모두 존재한다. 문화의 암류는 눈에 보이지 않지만 세상에 대한 집단적인 가정에 순응하도록 우리를 강하게 압박한다. 반면 문화적인 문제는 암류보다는 파도에 가까워서 보고 듣고 느낄 수 있다. 물 밖으로 머리를 계속 내밀고 있으려면 암류와 파도를 모두 이해하는 것이 무척 중요하다.

　1부에서는 기독교인이 문화의 틀을 이해할 수 있도록 돕는다. 1장에서는 무엇이 문화이며 무엇이 아닌지 살피면서 문화를 정의한다. 문화는 많은 요소를 아우르지만 모든 것이 문화는 아니다. 2장에서는 복음의 맥락에서 문화를 살펴본다. 우리가 좋든 싫든 문화에 속해 있기 때문이다. 너무나 많은 기독교인이 복음을 문화의 맥락에서 이해하려고 하지만 이는 본말이 전도된 시도다. 3장에서는 이 시대의 문화에서 성공이란 어떤 모습이어야 하는지 제시한다. 우리는 자녀가 이 문화에서 어떻게 살아가기를 바라는가? 자녀가 괜찮은지 아닌지 어떻게 알 수 있는가? 필자처럼 안전이라는 우상과 씨름하고 있을 부모들에게 이 장이 도움이 되기를 바란다.

　문화의 틀을 이해할 준비가 되면 이제 이 시대의 문화로 시선을 돌릴 차례다. 각 문화는 명료한 요소와 그보다는 덜 명료한 유행이나 규범으로 구성되어 있다. 둘 모두를 이해하는 것이 중요하다.

　2부에서는 강력하지만 미묘한 문화의 암류를 자세히 살펴볼 텐데, 이 암류는 그 중요성이 간과되기 일쑤다. 예를 들어 4장에서는 소음이 가득하지만 진리는 찾아보기 어려운 정보화 시대가 삶에 미치는 중요한 영향을 알아본다. 5장은 정체성 또는 인간다운 삶에 대한 중대한 문제를 살펴볼 텐데, 많은 사람들이 인식하다시피 오늘날 서구는 이 부분에서 위기를 맞고 있다. 자녀들이 자기 자신이 누구인지 고민하는 데 사회적 자원은 거의 도움이 되지 않지만 교회는 인류에 대한 최고의 이야기를 들려줄 수 있다. 6장에서는 관계를 형성하는 역량을 위협하는 기술 문화를 자녀가 어떻게 헤치고 나갈 수 있는지 알아본다. 5장에서 인간답게 사는 것의 의미를 다룬다면 6장은 함께 살아가는 것의 의미를 고민한다. 7장에서는 청소년기를 벗어나지 않으려는 시대에 망실하고 있는 덕목을 살펴본다. 기독교인 자녀는 *성장하기만* 하더라도 많은 또래들을 앞서 나갈 것이다.

3부의 각 장은 문화에 나타난 주요 문제(혹은 '파도')를 하나씩 조명한다. 8~11장에서는 친구인 제이 리처드(Jay Richards)가 '골반 문제(the pelvic issues)'라고 표현한 음란물, 가벼운 만남 속의 성 관계, 성적 지향, 성 정체성을 다룬다. 각 문제는 오늘날의 문화가 성과 성 관계를 얼마나 잘못 이해하고 있는지를 보여준다. 이어지는 12~15장에서는 부와 소비 지상주의, 중독, 오락 거리, 인종 갈등을 다룬다. 각 장에서는 문화가 속삭이는 거짓말을 알아보고 그 거짓말을 성경의 진리와 비교하며 실질적인 대처법과 지금의 문제를 극복하도록 돕는 소망을 제시한다.

특정 문제와 씨름하고 있는 부모나 멘토라면 3부에서 해당 문제를 다루는 장으로 곧장 달려가고 싶을 것이다. 물론 그래도 좋지만 1부와 2부에서 제시하는 큰 그림도 놓치지 않기를 바란다. 너무나 많은 기독교인이 문화에서 들려오는 크고 요란한 소리에 *반응하는 데 그치며*, 결국에는 별로 중요하지 않은 사안에 *과도하게 반응하면서* 정작 중요한 문제에는 미온적인 태도를 보이고 만다.

끝으로, 4부의 각 장은 이 책을 집필하는 과정에서 중요한 '도구'로 여러 번 등장한 주제들을 짧은 분량으로 살펴본다. 이러한 도구를 부모와 자녀를 위한 '기독교 세계관의 본질'이라고 이름 붙였다. 물론 기독교 세계관에 다른 측면의 본질도 있지만 자녀가 이 시대의 문화를 헤엄쳐 나가는 데 도움이 되도록 부모와 멘토의 역량을 강화한다는, 이 책이 달성하려는 중요한 과업에 밀접하게 관련된 도구를 중심으로 살펴볼 것이다.

    책을 집필하는 내내 다른 분들의 통찰력에 많은 영향을 받았다. 필자들 자신이 문화의 바다를 항해하고 있는 학생인지라 독자들이 세상을 더 명쾌하게 바라보는 분들의 도움을 얻기를 소망한다. 그러니 책 끝부분의 주(註)를 확인하고 각 장에서 추천하는 책, 기사, 동영상, 기타 유용한 도구를 함께 살펴보기를 바란다. 필자들도 이러한 자료를 활용했지만 이 책의 어떠한 잘못, 실수, 와전은 해당 자료의 탓이 아니다. 그러한 문제가 있다면 온전히 필자들의 잘못이며, 부디 이 책이 다음 세대를 섬기고 돕는 일에 관심이 있는 분들에게 보탬이 되기를 소망하고 기도한다.

Part I

문화가 중요한 이유

Chapter 01

문화란 무엇이고 우리에게 어떤 영향을 미치는가

*오늘날 우리는 비기독교적 사회에서 기독교인으로
살아야 한다는 문제에 직면해 있다. (중략)
진퇴양난에 처한 상황을 인식하지 못하는 대다수의
기독교인은 부지불식간에 가해지는 온갖 압박으로
점점 더 비기독교인처럼 되어 간다.
가장 값비싼 광고 지면은
이교도적 신앙이 온통 차지하고 있다.*
T. S. 엘리엇, 〈기독교 사회의 내면〉

고등학생들을 대상으로 "물에 대해 알려면 물고기에게 질문을 해서는 안 된다."라는 중국의 고사성어를 알려 준 적이 있다. 그러고는 "물고기에게 물어서는 안 되는 이유가 무엇일까?"라고 물었다.

그러자 한 학생이 자신만만하게 답했다. "물고기는 말을 못하니까요!"

정답은 물고기는 자신이 물 속에 있음을 모르기 때문이다. 물론 어떤 면에서는 물고기만큼 물에 대해 잘 아는 생명체도 없다. 하지만 이

고사성어는 자신이 처한 환경을 이해하는 일이 얼마나 어려운가를 알려주고자 하는 것이다. 인간은 주변 환경에 완전히 몰입되어 있어서 그 환경을 정상으로 여긴다.

인간에게 문화란 물고기에게 물과 같은 대상으로, 자신이 살아가고 정상이라고 생각하는 환경이다. 인간과 물고기의 가장 큰 차이점은 물고기와 달리 인간은 환경을 만들어 가는 존재라는 것이다. 인간은 동물과는 다른 방식으로 환경을 이용한다. 동물은 세상 속에 서식지를 만드는 반면 인간은 세상 속에 무수히 많은 작은 세상을 만든다. 문화는 인간을 동물과 구별하는 특징 중 하나이다.

물고기가 물 속에서 살듯 인간도 자신이 속한 문화의 사고방식과 생활 양식에 젖어 있기 때문에 새삼 인지하지 못하고 살아간다. 날마다 마주치는 가까운 산의 풍경이 얼마나 아름다운지 알아차리지 못하며, 폭력적인 가정에서 자란 사람은 그런 가정밖에 경험해 보지 못했기 때문에 가정 폭력이 얼마나 나쁜 영향을 미치는지 미처 깨닫지 못한다. 문화는 이와 비슷한 방식으로 현실에 대한 우리의 인식을 형성한다. 우리를 에워싸고 있는 문화를 자세히 들여다보는 노력을 의식적으로, 철저하게 기울이지 않는다면 그 세계가 내가 아는 바와 다를 수도 있다고 생각하지 못할 것이다.

자신이 살고 있는 세상을 긍정적으로 인식하게 될 수밖에 없다는 말을 하려는 게 아니다. 사람들은 언제나 자신이 속한 문화의 어떤 측면을 다른 문화보다 더 마음에 들어 하고 편리하게 느끼고 거기에 끌리기 마련이다. 반면 자신이 접하는 상품, 예술, 이웃을 통해 드러나는 생활 양식이나 가치가 마음에 들지 않아 다른 곳에서 살고 싶다고 간절히 바랄 수도 있다. 하지만 특정 문화적 표현에 대해 반응하는 것과 우리 삶에 영향을 미치는 문화의 힘을 온전히 이해하는 것은 별개의 문제다.

우리에게 영향을 미치는 문화의 영향력에 주의를 기울일 필요가 있다. 문화와 관련된 문제, 생각, 관습, 영향처럼 인간의 삶을 형성하는 다른 요인이 거의 없기 때문이다. 실제로 일부 포스트모던 이론가들은 인간을 만드는 것은 *문화밖에 없다*고 주장한다. 성별과 가족 구조에 대해 고민하고, 정부를 구성하고, 성공을 정의하고 추구하고, 창작과 즐거움을 위한 예술을 선택하고, 이밖에 수많은 세부 사항을 결정하는 데 있어 인간은 '사회적으로 구성된' 존재라고 이 이론가들은 말한다.

물론 기독교인들은 우리의 참된 정체성을 결정하는 분은 하나님이며, 인간의 정체성은 변하지 않는다고 믿는다. 성경은 인간이 하나님의 형상대로 지어졌으며(창세기 1장 26~28절) 피조물 가운데 가장 뛰어난 존재라고 말한다. 따라서 인간은 사회적 환경의 산물 이상의 의미를 갖는 존재인 것이다.

학자들은 개인과 문화의 관계에 대해 오랫동안 연구했는데, 이 관계가 일상에 미치는 거대한 영향을 고려하면 일반인들에게도 중요한 의미를 갖는 주제이다. 앞으로 살펴보겠지만, 인간과 인간의 삶을 이해하고 가치를 부여하고 접근하는 방식은 문화의 건전성을 나타내는 중요한 지표이다. 이는 문화를 이해하려는 노력을 의식적으로 기울여야만 하는 여러 이유 중에서 가장 중요한 이유에 해당한다. 하나님의 가장 귀한 피조물로 인간의 정체성과 가치를 인식하는 성경적 관점 역시 우리가 살아가는 시간과 장소의 규범이 우리 삶을 구성하는 데 큰 영향을 미친다는 것을 인정한다.

이쯤이면 *"대체 재미있는 주제는 언제 나오나요? 이런 이론은 충분히 들었어요. 동성 결혼, 트랜스젠더용 화장실, 스냅챗, #흑인의목숨도*

중요하다, 진화론에 대해 가족들과 어떻게 대화를 나눠야 할지 도움이 필요하니 현실적인 주제로 넘어갑시다!"라고 생각하는 독자들도 있을 것이다.

물론 현실적인 주제를 다룰 것이다. 이 책의 목적은 단순히 문화에 대해 이야기하고 끝나는 것이 아니라 *다음 세대가 문화를 누릴 수 있도록 돕는* 데 있다. 인간답게 살아간다는 것은 무수한 아이디어, 가치, 문제, 인공물, 제도, 구조에 직접 부딪치는 것이다. 뛰어들고, 결정을 내리고, 다른 사람들과 교류하고, 가족이자 시민으로서 함께 살아가는 한편 도처에 묻혀 있는 지뢰를 탐지하는 것 외에는 다른 대안이 없다.

이는 결코 쉬운 일이 아니다. 우리는 이 시대의 가장 뜨거운 관심사들에 대해서는 잘 알고 있지만 우리의 생각과 삶에 영향을 주는 다양한 문화적 저류는 의식하지 못하고 있는지도 모른다. 거주하는 국가의 뉴스 채널에서 24시간 보도하고 개개인의 소셜 미디어 피드를 장악하는 당장 눈에 보이는 문제, 논쟁, 논란('파도')의 저변에는 감지하기 어렵고 종종 눈에 띄지 않으나 중요한 문화 규범('저류')이 자리하고 있다. 이 책에서는 이러한 저류부터 다룰 것이다. 저류가 우리의 비판적 성찰 대상에서 벗어나 있는 경우가 많을 뿐만 아니라, 나중에 이 책에서 다룰 문제들을 온전히 이해하기 위해서는 저류에 대한 이해가 반드시 필요하기 때문이다. 결국 문화는 *정상*으로 인식되는 부분에서 가장 큰 영향을 미친다. 물론 가장 큰 영향을 미치는 요소가 무조건 *정상으로 보여야 하는 것*은 아니지만, 면밀히 살피지 않으면 의문을 제기할 일도 없다. C. S. 루이스(C. S. Lewis)는 "사회에서 가장 위험한 신념(idea)은 논란의 대상이 되고 있는 견해가 아니라 당연한 것으로 여겨지는 생각"이라고 말한 바 있다.[1]

예를 들어 집단 학살과 같은 끔찍한 악행에 대해 지지하는 것은 말할 것도 없고 어떻게 모호한 입장을 취할 수 있는지 분노하기는 쉽다. "대체 어떻게 그런 일을 저지를 수 있는가?"라고 따져 묻고는 "나라면 당연히 옳은 편에 섰을 텐데!"라고 주장할 것이다. 우리는 스스로를 과거에 벌어진 참혹한 악행과는 무관한 사람이라고 여기고, 마치 약점이란 존재하지 않는다는 듯 자신은 도덕적으로 미개했던 조상들보다는 사리 판단을 잘 한다고 의기양양한 태도를 보인다.

자신이 앞선 세대보다 도덕적으로 우월하다고 생각하는 환상을 품는 태도에 C. S. 루이스는 '연대기적 우월 의식(chronological snobbery)'이라는 절묘한 이름을 붙였다.(2) 각 문화에는 저마다의 맹점이 존재하기 마련이다. 그렇게 생각하지 않는다면 인간의 생각과 마음을 뒤흔드는 문화의 미묘한 영향력은 물론이고 모든 시대와 장소를 통틀어 인간에게 영향을 미치는 보편적인 인간 조건에 대해 무지함을 드러내는 것이다.

자신을 위해, 특히 다음 세대를 위해 우리는 이 시대의 가장 중요한 문제뿐 아니라 그러한 문제를 일으키고 인간성을 말살시키는 저류에 대해 분명하게 이해해야 한다. 우선, *무엇이 문화이고 무엇이 문화가 아닌지*를 명확히 알아야 한다. *문화*를 정확하고 실제적으로 정의하면 문화가 어떻게 기능하고 인간에게 어떤 영향을 미치는지 파악할 수 있다. 이 과정에서 신념, 그 신념이 낳는 결과, 그 생각의 옹호자에 대해 알아볼 것이다. 또한 인공물과 제도가 하는 역할, 구조와 관습의 중요성에 대해서도 살펴볼 것이다. 이 모든 주제가 문화를 다루는 것과 관련되어 있다.

문화란 무엇인가(그리고 무엇이 문화가 아닌가)[3]

　기독교인들은 *문화*라는 단어를 자주 사용하지만 정의를 내리는 일은 드물다. 문화(culture)는 '경작하다'를 의미하는 라틴어 '쿨투라(cultura)'에서 유래되었다. 쟁기질, 밭 갈기, 일구기가 떠오른다면 제대로 짐작한 것이다. 기본적으로 문화는 만들고, 고안하고, 짓고, 허물고, 바꾸고, 구성하고, 설계하고, 강조하고, 버리고, 꾸미고, 제작하는 등 사람들이 세상과 관계하는 행위를 가리킨다. 앤디 크라우치(Andy Crouch)는 "문화란 인간이 세상을 만들어가는 행위"라고 말한다.[4]

　경작은 성경이 하나님의 형상을 한 인간에게 바라는 행동과 정확하게 일치한다. 결국 하나님은 인류 최초의 조상들에게 "생육하고 번성하고 땅에 충만하라, 땅을 정복하라(창세기 1장 28절)"고 명령하셨다.[5] 하나님은 인간에게 그분의 세계와 관계 맺는 능력을 주셨고 인간이 하는 일이 바로 그것이다. 문화는 태초부터 하나님이 인간과 그분의 세계에 대해 품으신 계획에서 중요한 부분을 차지한다.

　*문화*라는 단어 속에 있는 또 다른 용어는 문화를 이해하는 데 필요한 정보를 더해 준다. 척 콜슨(Chuck Colson)은 문화가 어떤 집단의 신념 체계 혹은 '숭배(cult)'를 반영한다는 말을 종종 했다. "건전한 숭배를 한다면 건전한 문화를 가진 것이다."[6] 이 때 콜슨은 자루를 뒤집어쓰고 모든 소유를 공유하며 종교 문헌을 퍼뜨리는 식의 기이한 공동체의 숭배를 가리킨 것이 아니었다. 그보다는 문화에 뿌리 깊이 남아 있는 종교적 신념에 대해 알려 주기 위해 *숭배*라는 단어를 사용했다. 콜슨은 인간이 세상에서 단순히 생존하는 것 이상으로 세상*과* 더 많이 교류한다는 점을 분명히 했다. 인간은 살아가는 방식을 결정짓는 하나님, 진

리, 도덕성, 인간성, 역사라는 개념을 가지고 있다.

우리가 지금과 같은 방식으로 살아가는 이유를 세계관에서 찾을 수 있다. 의식하든 못하든 세계관은 세상에서 우리가 하는 행동, 다른 사람과의 상호작용에 대한 정보를 준다. 세계관은 하나님, 도덕성, 현실의 본질에 대한 깊은 믿음으로 이루어진다. 많은 사람들이 지적했듯 본질적으로 인간은 종교적인 존재다. (심지어 장 칼뱅(John Calvin)은 인간 본성에 대해 '우상의 영원한 공장'이라고 표현했다.[7]) 인간이 만드는 문화에는 종교적인 헌신이 반영되어 있다.

문화가 시대와 장소에 따라 크게 다른 모습을 보이는 이유가 바로 여기에 있다. 기독교 변증가인 라비 재커라이어스(Ravi Zacharias)는 "어떤 문화에서는 사람들이 이웃을 사랑하지만, 다른 문화에서는 이웃을 잡아먹는다."고 종종 말했다. 문화 간에 나타나는 거대한 차이는 곧 세계관에 대한 큰 차이를 드러낸다. 서양에서 지난 수십 년 동안 진행된 것과 같이 동일한 문화에서 거대한 변화가 일어나는 것은 세계관이 극적으로 변화했음을 나타낸다. 세계관을 이해하는 것은 문화를 이해하는 데 중요한 역할을 한다.

그렇더라도 세계관 만으로는 문화를 설명할 수 없다. 〈마르스 힐 오디오(Mars Hill Audio)〉의 진행자인 마이어스(Ken Myers)는 부러운 직업을 가지고 있다. 훌륭한 책을 읽어주고, 그 책의 저자들을 인터뷰하며, 나 같은 청취자들에게 인터뷰 녹음본을 판매하는 일을 한다. 할 수만 있다면 노려볼 만한 일이다. 또 한편으로 마이어스는 『주의 모든 자녀들과 파란 가죽신(All God's Children and Blue Suede Shoes)』 등 탁월한 책을 집필한 저자이기도 하다. 이 책에서 마이어스는 문화를 다음과 같이 설명한다.

사람도 아니요, 교회나 국가나 가족 같은 기관도 아니다. 문화는 개인, 사람들 집단, 공동체, 연합(정작 많은 이들이 서로 연합하고 있는지 알지 못한다), 책, 건물, 시간과 공간의 사용, 전쟁, 농담, 음식에서 드러나는 대상, 인공물, 소리, 제도, 철학, 패션, 열정, 신화, 편견, 관계, 태도, 맛, 의식, 습관, 색상, 사랑의 조합이 끝없이 변화하는 역동적 패턴의 행렬이다.[8]

마이어는 우리가 때로는 문화와 연결짓지 않는 대상, 그리고 우리가 서로 연결짓지 않는 대상들의 상호 의존성을 강조할 뿐만 아니라 무엇이 문화가 *아닌지* 설명하는 것이 얼마나 도움이 되는지 알려 준다.

예를 들어 문화는 자연이나 창조 같은 것이 아니다. 하나님이 지으신 것에는 인간 외에 세상도 있다. 창세기 1장 1절은 "태초에 하나님이 천지를 창조하시니라"라고 말한다. 문화는 이 창조된 세계를 가리키는 것이 아니라, 인간이 그 세계와 어떻게 관계하는지를 가리킨다. 좀 더 쉽게 설명하자면 문화는 (혈액 순환, 음식물 섭취, 성관계, 수면 등) 인간이 본능적으로 또는 선천적으로 하는 행위가 아니라 (선한 일을 위해 혈액을 기부하거나 음식을 대접하기 전에 장식하고, 일부일처제를 지키거나 평생 필요한 것보다 더 많은 베개가 놓인 화려한 침대에서 자는 등) 인간이 자유 의지에 따라 하는 행위를 가리킨다.

또한 문화는 그저 인간이 하는 온갖 나쁜 일만을 가리킨다고 할 수 없다. 많은 기독교인들에게 '문화'는 청소년들이 도덕과 믿음을 저버리도록 유혹하는 방탕한 음악, 대안적인 생활 양식, 교양 교육, 음주, 사회 정책, 천박한 옷차림, 성적 영화와 같은 류의 동의어에 불과하다. "문화가 우리 애들을 망치고 있다."라는 말에는 문화가 ('이곳에 속한' 기독교적인 것들과는 반대로) 악하고 세속적인 '저곳에 속한' 것이라는 시각이 반영되어 있다.

　십 대 자녀들, 사춘기 직전의 자녀들, 그보다 더 어린 자녀들을 키우는 아버지로서 브렛과 나는 이런 감정에 대해 너무나도 잘 알고 있다. 정말이다. 우리가 모르는 바가 아니다. 오늘날 예술, 교육, 패션, 진보, 즐길 거리로 각광받는 것들을 보면 우리에게 맡겨진 하나님의 작은 형상들의 영혼이 염려되며 분노하지 않을 수 없다. 마치 '문화'가 문 밖에서 자녀들을 납치하려고 기다리고 있는 것처럼 느껴진다. 우리 부모님이 시트콤 〈쓰리스 컴퍼니(Three's Company)〉, 에어로스미스, 소련, 빌 클린턴(Bill Clinton) 때문에 걱정하던 때보다 훨씬 교묘하고 더 위험한 방식으로 다가오는 경우도 많다. 과거의 걱정거리들은 틴더, 마일리 사이러스(Miley Cyrus), ISIS, 오버거펠 대 호지스(*Obergefell v. Hodges*, 미국의 동성애 합법 판결 – 옮긴이 주), 초등학교에서 성교육을 명목으로 자행되는 세뇌에 비하면 시시하게 보일 정도다.

　물론 모든 문화에는 바람직하지 않은 구석이 있지만, 나쁜 면을 문화 *자체로 여기*는 것은 온전한 접근이 아니다. 문화에는 좋은 면, 나쁜 면, 도덕적으로 중립적인 면, 도덕적으로 복합적인 면이 어우러져 있다.

　또한 사람과 문화를 구분해야 한다. 사람은 문화를 만드는 주체이며, 반대로 문화의 영향을 받기도 한다. 하지만 사람을 문화와 동일시하는 것은 옳지 않으며 위험한 생각일 수 있다. 사람을 문화로 바라보고 문화를 적으로 인식한다면 사람을 적대시하고 사람의 악한 생각을 악한 의도와 혼동할 가능성이 커진다. 하지만 문화는 사람이 아니다. 문화는 사람이 인간으로서 *하는 행위*인 것이다.

　끝으로, 문화는 고정되어 있거나 머물러 있거나 획일적이지 않다. 불과 얼마 전만 해도 부츠컷 청바지가 최신 유행으로 여겨졌지만 지금은 아니다. 미국 역사에서 대다수 미국인들이 일하기 위해 사무실이나 회사로 가지 않고 자신이 사는 곳에서 일하던 때가 있었다. 변화가 일어난 것은 약 백 년 전의 일이다. 또한 얼마 전까지도 평생 동안 결혼을 유지하고, 손 편지를 쓰며, 발신자가 누구인지 모르는 채로 전화를 받는 것을 당연하게 여겼다. 문화는 역동적으로 변화한다. 인간의 혁신, 발명, 패션, 아이디어에 따라 변한다. 이 세대가 당연하게 여기는 것을 다음 세대는 이상하거나 우스꽝스럽다고 생각한다. 마찬가지로, 노인들은 청년들의 패션, 오락 거리, 가치, 생활 양식을 보고 머리를 가로젓고, 청년들도 노인들에게 같은 반응을 보인다.

문화에 역동적 특성을 더하는 것이 바로 하위문화다. 문화 규범은 (주간 고속도로, 인터넷 액세스, 연방 정부처럼) 한 나라나 사회 내부의 집단을 아우르는 역할을 하지만 트렌드, 패션, 생활 양식은 (농사, 등산, 찬송가 합창, 홈스쿨링처럼) 한 집단을 다른 집단과 구분짓는다. 특히 (미국을 필두로 한) 서양 세계에서는 하나의 문화보다는 (여러) 문화에 대해 말하는 것이 보다 정확하다. 앞으로 이 시대의 문화를 형성하고 다양한 방식으로 대다수 하위문화의 생활에 영향을 미치는 저류에 대해 살펴볼 것이다.

문화가 기능하는 방식과 인간에게 미치는 영향

기본적으로 문화는 인간이 세상과 관계를 맺는 방식이라 할 수 있다. 물론 더 자세한 설명이 필요하다. 인간의 모든 행위가 문화의 일부분을 이루는 것은 아니기 때문이다. 예를 들어 사람들이 살인을 저지르는 일이 발생하지만 살인은 범죄이자 반사회적 행위로 간주된다. 2010

년에 레이디 가가(Lady Gaga)라는 연예인이 MTV 뮤직비디오 어워즈에서 생고기로 만든 드레스를 입고 등장했는데 패션 트렌드가 되지는 않았다. 뉴욕시를 거닐다 보면 낡은 타자기를 들고 낑낑거리면서 스타벅스로 향하는 힙스터(hipster, 유행을 따르지 않고 자신만의 방식을 따르는 사람들 – 옮긴이 주)를 마주칠 수도 있지만, 〈뉴욕타임스〉는 변함없이 컴퓨터를 사용하고 있다. 문화에 영향을 미치는 요소와 그렇지 않은 요소를 이해하기 위해서는 사회학 개념을 살펴볼 필요가 있다.

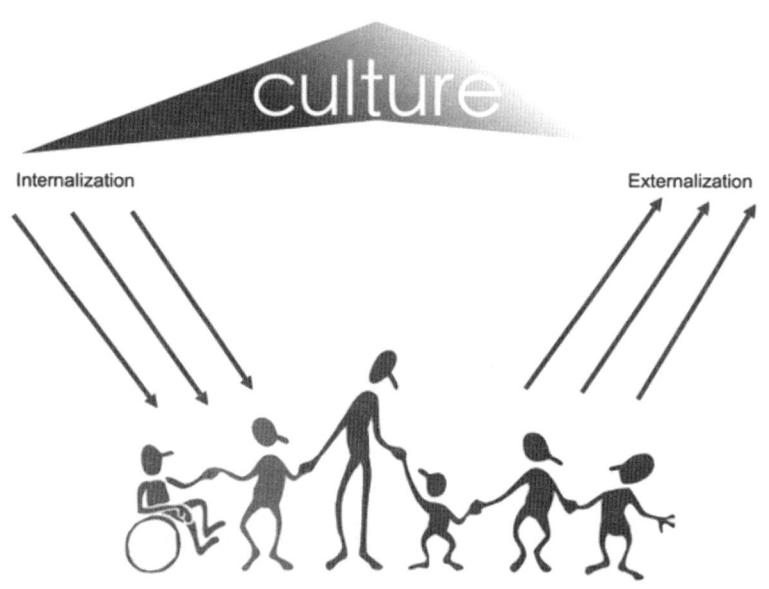

사회학자 피터 버거(Peter Berger)에 따르면 "모든 인간 사회는 세계를 건설하는 기업이다."[9] 왜 아니겠는가. 인간은 다리를 만들어 여러 섬을 잇거나 섬을 육지와 연결해 놓고 거기에 주택, 상점, 대학교, 극장

을 짓는다. 또한 집을 꾸미고, 매장의 진열대를 채우고, 대학에서 강의할 교수를 채용하고, 팝콘을 비싸게 팔 수 있도록 영화를 제작한다. 이러한 활동을 표현하는 여러 음절의 기나긴 단어가 있는데, 바로 *외재화* (externalization)다. 인간은 행위를 통해 주변 세상에 대한 가치, 상상, 혁신, 아이디어를 외재화한다. 우리가 하는 대부분의 행동이 문화의 특성과 일치하긴 하지만 항상 그런 것은 아니다. 문화가 변화하는 이유를 여기에서 찾을 수 있다. 새로운 것이 탄생하면 오래된 것은 잊힌다.

인간의 행위가 함께 살아가는 생활의 일반적인 방식으로 자리잡는 것을 *객관화*(objectification)라고 한다. 문화는 인간이 자신을 위해 만드는 환경 혹은 '세계'다.[10] 예를 들어 자동차를 소유하는 것은 미국의 대다수 공동체 문화에서 객관화된, 혹은 일반적인 부분이다. 공동체에 고속도로, 나들목, 운전면허, 신호등, 고액 연봉 직업이 존재하기 때문이다. 하지만 뉴욕시의 많은 시민들은 편리한 대중교통 체계, 가까운 거리에 위치한 가게와 직장, 숨 막히는 교통 체증 때문에 자동차 소유를 포기한다. 여러모로 뉴욕시에서 정상이라고 여기는 것들이 캔자스 위치타에서는 정상이 아니다. 뉴욕시 라구아디아 공항에서 렌터카를 빌리는 실수를 저질러 본 관광객이라면 잘 알 것이다.

사뭇 다른 '정상'을 경험하기 전까지는 그러한 다름이 존재한다는 것조차 알아차리지 못할 정도로 '정상'에 대한 경험은 큰 영향을 미친다. 실제로 문화 규범은 일정, 좋아하는 것과 꺼리는 것, 구매하는 물건, 먹는 음식, 돈을 쓰는 방식 등 일상의 많은 부분을 좌우한다. 문화가 어떻게 인간을 형성하는지를 표현하는 여러 음절의 기나긴 단어로 *내재화*(internalization)가 있다. 우리는 반복되는 일상, 생활 양식, 관습에 적응하고 상품, 아이디어, 세상에 대한 가정을 받아들이면서 문화를 내재화한다.

요약하자면 문화는 인간이 각자의 삶에서 공통적으로 취하는 행동의 산물로 구성된다. 인간이 만들어가는 세계는 무엇이 정상인지에 대해 설득하는 방식으로 우리 삶에 강력한 영향을 미친다. 우리는 문화 속에서 살고 있기 때문에 의도적으로 다른 길을 걷지 않는 이상 속해 있는 문화에서 삶을 바라보는 관점을 받아들이게 된다.[11] 다시 말해 인간은 문화를 만들고, 그 문화가 인간을 만든다.

문화를 이루는 요소

문화가 인간을 만든다는 말은 무슨 의미일까? 기본적으로, 문화가 생활 방식에 대해 어떻게 가르쳐 주는지 혹은 인간을 문화의 형상으로 어떻게 빚어 나가는지에 대해 말하고 있는 것이다.

첫째, 인간은 자신이 속한 문화에서 통용되는 *신념(idea)*을 받아들인다. 문화는 신념을 토대로 구성되는데, 이러한 생각은 겉으로 드러나지 않는 경우가 많다. 무엇이 진리인가? 무엇이 선인가? 우리가 사랑하고 헌신할 만한 가치가 있는 것은 무엇인가? 인생과 세상에 대한 무척 다양한 신념이 쏟아지는 오늘날의 다원주의 사회에서는 사회 구성원이 그것을 믿는지 여부에 관계없이 진리, 선, 아름다움이란 모든 사람에게 객관적인 개념이 아니라 의견의 문제일 뿐이라는 생각을 받아들이기 쉽다. 이슬람이나 사회주의 이념이 지배적인 문화에서는 다르다.

리처드 위버(Richard Weaver)는 "생각에는 *결과가 따른다.*"라고 말했다. 이러한 결과 역시 문화의 일부분이다. 예를 들어 노동과 자유에 대해 부정적 생각을 가지고 있는 세계에서는 많은 사람들이 빈곤의 덫에 빠져 있다. 일을 열심히 할 만한 이유를 찾지 못하기 때문에 열심히 일해도 소용없는 노릇이라고 생각한다. 많은 사람들이 당장의 순간을 즐기고 만족을 지연시키는 데 애를 먹는 미국에서는 개인이 막대한 빚에 허덕이는 것을 정상이라고 생각하기 쉽다.

문화에서 신념은 철학자와 학자 등 그 신념의 *옹호자*를 통해 확산된다. 하지만 그 생각을 주창해 낸 사람이 예술가, 이야기꾼, 기업가, 교육자의 결정적인 도움 없이 문화를 변화시키는 경우는 거의 없다. 예를 들어 지난 수십 년 동안 미국 문화에 지각변동을 일으킨 성 혁명이라는 아이디어를 처음 제시한 사람 중에 알프레드 킨제이(Alfred Kinsey)가 있는데 많은 사람이 그의 이름을 들어본 적도 없을 것이다. 반면 대다수의 사람들은 〈플레이보이〉 잡지를 창간하고 성 혁명을 위해 투쟁한 가장 영향력 있는 '예술가'인 휴 헤프너(Hugh Hefner)에 대해 알고 있을 것이다.

예술가, 이야기꾼, 기업가, 교육자 집단은 노래, 책, 강의, 도구, 기타 수단 등 *인공물*을 통해 아이디어를 전달한다. 이러한 인공물은 경험의 일부가 되고 문화를 형성한다. 예를 들어 인쇄기의 발명으로 글을 아는 사람들이 폭발적으로 증가하고 성경을 비롯한 책이 제작되어 평범한 사람들이 쉽게 읽을 수 있게 되지 않았다면 종교 개혁이 문화에 그토록 큰 변화를 일으키지 못했을 것이다.

*기관*은 문화를 유지하고 영속시키는 데 있어 핵심적인 역할을 한다. 사회의 주요 기관으로는 가정, 교회, 정부를 들 수 있지만 다른 기관들 역시 문화에 기여한다. 문화는 기관이 어떻게 기능하는지 결정하고 특정한 생활 방식을 강제하는 힘을 기관에 부여한다. 예를 들어 교육 기관은 자격 증명에 대한 기준을 개발하여 시행하고 특정 직업을 통제하는

문지기 역할을 한다. 미국에서는 언론 매체가 뉴스의 중요도를 결정하는데, 낙태 산업을 고발하는 동영상은 무시하면서도 가짜 논쟁에는 지나치게 많은 시간을 할애한다. 기관의 영향력은 문화 전반으로 퍼져 나간다. 예를 들어 북한을 여행했던 브렛과 나의 친구들은 이웃, 가족, 동료를 편가르는 김정은 정권의 압제적 통치로 인해 북한의 문화 전반에 불신이 가득하다고 전한다.

사회 기관이 변화하면 문화도 변한다. 특정 기관의 영향력이 줄어들면 다른 기관의 영향력이 커진다. 쌍방의 책임을 묻지 않는 이혼, 동거, 독신의 장기화 등 지난 수십 년에 걸쳐 진행된 변화로 인해 미국 문화가 크게 바뀌었다. 미국에서 결혼에 대한 법적 정의가 변화함에 따라 (결혼식 사진작가나 군 서기 등) 일부 직업도 변화해야만 한다. 시민의 일상에서 교회의 중요도가 줄어드는 동안, 좋든 나쁘든 도덕적 권위를 지닌 다른 기관의 중요도가 커졌다.

신념과 그 신념의 결과가 문화에 퍼져 나가고 (인공물의) 사용과 기관이 이러한 영향을 강화하면서 생활 방식이 굳어진다. 지금은 여유 시간이 생기면 혹시나 놓친 밈, 트윗, 문자 메시지가 없는지 기기를 확인하며 시간을 보내기 일쑤다. 주택을 구입하거나 대학원에 진학하기 위해 거액의 대출을 받는 경우도 흔하다. 추수 감사절에 엄청난 양의 칠면조를 즐긴 후에는 블랙 프라이데이에 4D 텔레비전을 차지하려는 광풍에 휩싸여 경비원들과 다른 쇼핑객들을 무참히 밟고 지나가는 일이 심심치 않게 벌어진다. 많은 문화에서는 12월마다 주차장에서 죽은 나무를 사다가 거실에 옮겨 심는 일을 이상하게 여길 것이다. 하지만 미국인들은 그런 일을 하고 있다!

문화는 정상으로 표현되는 바에 따라 인간을 가장 깊은 곳에서부터 형성하는 경향이 있다. 인간은 문화적 관습이 만들어 내는 존재다. 인간의 애정, 갈망, 충성, 노력은 문화가 거행하는 의식의 산물이 될 수 있다. 우리는 그러한 산물에 따라 살아가지만 거기에 대해 깊이 생각하는 일은 거의 없다. 인간은 문화를 의식적으로 형성하기보다는 무심결에 문화가 형성하는 피조물이 된다.

하지만 주 예수께서는 기독교인들에게 "이 세대를 본받지 말고 오직 [마음을] 새롭게 함으로 변화를 받으라"고 말씀하신다.(로마서 12장 2절) 다행스럽게도 그분은 말씀을 따를 수 있도록 시대적 문화보다 더 위대한 이야기를 우리에게 주셨다.

나눌 질문

1. 사람들이 문화에 대해 잘못된 방식으로 말하는 것을 들은 적이 있다면 예를 들어 보세요.

2. 소속되어 있는 지역 문화에서 종종 간과하는 규범에는 무엇이 있나요? 다른 문화에서 목격했거나 경험한 규범과 어떻게 다른가요?

3. 오늘날 미국 문화에서 가장 영향력 있는 신념은 무엇인가요? 이러한 생각의 옹호자는 누구인가요? 어떤 인공물을 통해 그러한 신념이 전달되나요?

Chapter 02

시대와 이야기를 똑바로 분별하기

*아니, 성경은 법전이나 위인전이 아니다.
단언컨대 성경은 하나의 이야기이다. (중략)
[그리고] 이 이야기가 기가 막히게 좋은 점은
그것이 진리라는 것이다.*
샐리 로이드 존스(Sally Lloyd-Jones), 『스토리 바이블』

처음 록 음악을 접한 곳은 다름 아닌 교회였다. 한껏 부풀린 머리로 헤드뱅잉을 하는 밴드와 마돈나 노래의 가사는 젊은 목사님을 근심시키기에 충분했고, 목사님은 문제를 정면으로 부딪치기 위해 로큰롤이 얼마나 해로운지를 다룬 비디오를 보여 줬다. 안타깝게도 역효과를 낳았을 뿐이었지만.

목사님은 세상 음악을 하는 사람들은 악마에 씌었다면서 백마스킹(backmasking)이 그 증거라고 하셨다. 대중적인 록 음반을 거꾸로 재생하면 숨겨진 악한 메시지가 드러난다는 것이었다. 예를 들어 인기 밴드 칩 트릭(Cheap Trick)의 노래를 거꾸로 재생하면 "사탄이 자물쇠의 열쇠를 쥐고 있다."라는 메시지가 나오고, 퀸의 〈어나더 원 바이트 더 더스트(Another One Bites the Dust)〉는 "마리화나를 피우는 것은 즐겁지"라고 말한다는 것이다.

우리는 회의적이었다. 목사님의 훈계를 들으면서 *오지 오스본(Ozzie Osbourne) 노래는 앞으로 틀어도 무슨 말인지 모르는 걸요* 라고 생각했던 기억이 난다. 게다가 목사님의 비디오를 시청하던 시기에 레코드판이 카세트 테이프로 넘어가고 있었기 때문에 백마스킹은 더 이상 불가능했다. 신기술은 우리를 세뇌시키려는 사탄의 계략을 좌절시킨 것일까?

무엇보다, 우리는 그런 음악을 *즐겼다*. AC/DC 밴드가 *멋지*다고 생각한 우리는 음반 가게로 향했다. 80년대 초중반 방송을 장악했던, 무질서하고 성욕이 충만하며 어두운 폭력이 난무하고 반항적인 음악을 추종할 수밖에 없었다는 말은 아니지만 어쨌든 우리는 그랬다. "그건 나쁜 일이니까 멀리 하거라"라는 조언은 효과가 없었다.

어떤 면에서 이 일화는 기성 세대와 젊은 세대 간의 해묵은 갈등을 보여 준다. 기성 세대는 "세상이 점점 악해지고 있다."면서 "음악은 선정적이고 영화는 외설적이며 야한 패션이 유행하고 젊은 애들은 온종일 화면만 보고 있군!"이라고 푸념한다.

그러면 청년들은 "정말 멋지잖아요"라고 대꾸한다. 이런 갈등이 세대마다 되풀이되는 것이다.

하지만 좀 더 깊이 들여다보면 이 일화는 문화에 대해 의도는 좋으나 결국 잘못된 판단에 따라 접근했다는 것을 보여준다. 1장에서 무엇이 문화이고, 인간에게 어떤 영향을 미치는지 이해할 수 있는 틀을 제시했다면 2장에서는 문화에 어떻게 접근해야 하는지 살펴보겠다.

이야기와 시대

기독교인들은 성경이 진리라고 말한다. 이 말이 의미하는 (또는 의미해야 하는) 바는 성경이 *우리에게* 혹은 그 말씀을 믿는 사람들에게만 진리라거나 여러 진리 중 하나라는 것이 아니다. 성경은 *객관적* 진리이며, 프랜시스 쉐퍼(Francis Schaeffer)는 "[진리(True)]의 T는 대문자"라고 말하곤 했다.[1] 다시 말해 성경은 있는 그대로의 현실을 설명한다.

중력을 믿지 않으려는 사람이 있을지 모르겠지만, 고집을 부린다고 해서 진실은 변하지 않는다. 성경은 우리가 믿든 믿지 않든 진리라는 점에서 중력과 같다. 다른 점이 있다면, 성경이 현실의 어느 한 면만 설명하지 않는다는 사실이다. 성경은 현실에 대한 거대한 이야기를 들려준다. 성경은 모든 것을 세세하게 알려 주지 않으나 세계, 인류, 역사를 아우르는 이야기를 담고 있다. 인간을 비롯해 만물이 어디에서 왔으며, 그 만물이 어디로 가는지 알려 준다.

문화를 올바로 이해하고 접근하기 위해서는 이 중요한 부분을 제대로 알아야 한다. 지금의 시대적 문화가 얼마나 혼란스럽고 위험하며 충격적이고 엉터리이며 골칫거리이든, 그 문화보다 더 큰 이야기 속에서 조명해야만 온전한 의미를 이해할 수 있다. 다시 말해 거대한 이야기를 통해 이 시대의 문화에 접근하는 법을 배워야 한다. 그렇지 않으면 시대와 이야기의 의미를 모두 놓치게 될 것이다.

어떤 사람이 3부작으로 구성된 『반지의 제왕』을 읽다가 1권 말미에서 간달프가 악한 생명체와의 싸움 끝에 다리에서 떨어져 죽는 장면을 보고 화가 치밀어서 읽기를 포기했다고 가정해 보자. "간달프 같은 멋진 인물을 죽이는 작가가 있다니! 그만 읽겠어. 이런 이야기는 더 이상 읽고 싶지 않아."라고 불평한다.

톨킨의 충성스러운 팬들이라면 이 사람을 말릴 것이다. "잠깐! 그게 이야기의 전부가 아니라고.(스포일러 주의!) 간달프는 죽지 않았고 다시 돌아올 거야. 회색의 간달프가 아닌 백색의 간달프는 결국에는 악을 무찌르는 선한 편이야."

소설 『반지의 제왕』의 성급한 독자처럼 우리도 시대적 문화의 한복판에서, 특히나 세상이 통제 불능 상태로 보이는 상황에서 전체 이야기를 놓칠 위험에 처해 있다. 비극적 사건이나 선거에 휘둘리고, 그릇된 일이 옳은 것으로 평가받고, 선정적인 것들이 대중적 인기를 얻는 세상을 살아가면서 우리는 종종 보수적이 되어 가고 잘못된 질문을 먼저 묻는 방식으로 문화에 접근하게 된다. 2장의 앞머리에 소개한 일화가 단적인 예다.

"어디에 선을 그어야 하는가?"

많은 기독교인들이 거룩한 것과 세속적인 것, 영적인 것과 세상의 것으로 세계를 나눈다. 영적인 영역에 있으면 모두 선하고 세상적인 영역에 있으면 모두 악한 것으로 본다. 그렇기 때문에 문화에 접근할 때 선에서 악으로 선을 넘어가지 않는 것에 초점을 둔다.

브렛과 내가 십 대일 때 기독교 음악은 선하고 록은 악한 것이었다.('기독교 록' 음악을 어떻게 봐야 하는지는 아무도 모르는 듯했다.) 극장은 기독교인이 가서는 안 되는 나쁜 곳이었고, 그럼에도 불구하고 일부 기독교인들이 영화를 만드는 시대였다. 지금은 어떠한가? 믿는 사람들이 기독교 주제의 영화를 위해 앞장서는 경우도 많다. 그런데 겉보기에는 기독교적이지 않지만 명작으로 평가되는 영화들은 어떻게 바라봐야 할까? 폭력적이기는 해도 역사에 기반하고 세상을 변화시킨 용맹한 영웅과 기념비적인 시대를 그리는 영화는 또 어떤가? 커크 캐머런(Kirk Cameron)은 선한 영화를 만들기 위해 직접 출연을 고집해야만 할까? 톰 크루즈(Tom Cruise)가 등장하는 영화는 자동적으로 사이언톨로지를 홍보하는 것일까?

'어디에 선을 그어야 하는가?'를 묻는, 문화에 대한 *선 긋기식 접근*은 너무 단순해서 그리 도움이 되지 않는다. 우선, 기독교적이라고 분류된 모든 것이 선한 것은 아니며 세속적이라고 분류한 모든 것이 악하지도 않다. 영화, 노래, 리더, 학교, 교회, 성직자, 조직 등 기독교적이라고 분류한 많은 것들이 탁월함과 정직성 측면에서 기본에 미치지 못한다. 오히려 세속적으로 분류한 많은 것들이 타락한 인간성의 묘사, 예술적 천재성의 표현, 세상을 이롭게 만드는 과정을 완성도 높게 해내는 경우도 많다. 킹스 칼리지의 그레고리 손베리(Gregory Thornbury) 학장은 "명사로서의 'Christian (기독교인)'은 세상의 모든 명사 중 가장 위대하지만, 형용사로서의 'Christian (기독교적인)'은 모든 형용사 중에서 가장 뒤쳐져 있다."라고 말하곤 한다. 'Christian'은 사물이 아닌 사람을 가리키기 위한 단어다.

아울러 기독교 역사를 가감 없이 살펴보자면, 언제나 올바른 선을 그은 것도 아니었다. 얼마 전만 해도 일부 기독교인들은 신학교에서 차별을 하고, 다른 인종과의 결혼을 비난하고, 겉모습은 서로 다르나 동일하게 귀한 형상을 지닌 사람들을 구분 짓는 온갖 방법으로 인종 차별을 했다. 이와 같은 죄를 정당화하기 위해 성경 구절과 예화를 맥락 없이 인용했다. 이런 잘못은 우리가 얼마나 문화적 압박에 취약한 존재인지를 잘 보여 준다. 보다 일상적인 예를 들어 보자면 카드 게임, 춤, 유행하는 패션, 정치 경력, 기타 문화적인 '것들'이 제멋대로의 선 긋기에 희생되었으며 기준선이 오락가락 하는 것을 젊은 세대도 모르지 않는다. 선 긋기는 그 기독교의 이야기에 굳게 기반해서 하는 것이 아니며 시대 문화에 대한 반응에 불과하다.

물론 기독교인들에게도 기준이 필요하다. 성경은 '어둠의 일(에베소서 5:11)'에 참여해서는 안 된다고 분명히 말하며, 스스로 "이것이 선을 넘는 것인가?"라는 의문이 드는 순간이 있을 것이다. 하지만 우리가 *가장 먼저* 물어야 하는 올바른 질문은 이것이 아니다.

기독교 문화는 사라졌는가?

최근 성별과 공공 정책 분야에서 급격한 문화적 변화가 일어나는 것을 보면서 많은 기독교인들이 기독교 문화가 아예 사라졌는지 의문을 품게 되었다. 브렛과 나도 이런 감정에 대해 잘 알고 있다. 독자들과 마찬가지로 우리도 현재 문화가 향하는 길이 마음에 들지 않는다. 이 책에서도 세상이 통제 불능 상태로 소용돌이치고 있는 게 분명하다고 생각하도록 만드는 문제들을 살펴볼 것이다.

"기독교 문화는 사라졌는가?"라는 질문은 기독교 문화가 *존재했던 적이 있음*을 시사한다. 하지만 모든 인간과 모든 문화에 영향을 미치는 죄로 인해 완벽한 기독교 문화가 존재했던 적은 단 한 번도 없었다. 물론 어떤 문화가 다른 문화보다 도덕적으로 우위에 있기는 하지만 '좋았던 지난 날'을 그리워하는 태도에는 과거를 미화할 위험이 도사리고 있다.

시대적 문화에 낙담하다 보면 문화를 *향한* 우리의 책임을 망각하게 된다. 역사적으로 기독교인들은 문화가 붕괴되는 한복판에 있었으며, 지금의 우리들보다 훨씬 나쁜 상황에 있던 기독교인들도 많았다. 위기의 때에 기독교인들은 육적으로나 영적으로 생명을 구하여 부활, 소망, 구원을 이루는 원동력 역할을 했다.

예를 들어 로마 제국 시절에 초기 기독교인들은 아이가 뱃속에 있든 태어난 상태든 버려도 되는 존재로 간주되던 문화 속에 있었다. *유기(exposure)*라는 관습 아래 낙태는 물론이고 영아를 살해하는 경우도 많았다. 먹여 살려야 할 입이 늘어나는 것을 원치 않았던 로마의 가정에서는 갓난아이를 야생에 유기하여 죽음에 이르도록 방치했다. 이러한 유기가 법적으로나 문화적으로 용인되던 시대였지만 믿음의 선조들은 믿지 않는 자들과는 다른 관습을 재빠르게 받아들였다. 유기된 아이들을 구하여 입양하고 교회에서 키운 것이다.

이들의 행동은 사람을 구원하는 칭찬할 만한 행위임에 틀림없지만, 이야기는 여기에서 끝나지 않는다. 갓 태어난 여아는 가장 흔하게 유기되는 존재였기 때문에 수십 년이 지나자 많은 로마의 도시에서 성별 불균형 문제가 심각해졌다. 로마 남성들이 아내를 구할 때 신붓감이 될 만한 젊은 여성들은 비기독교 가정보다 기독교 가정에 훨씬 많았다. 셈은 기독교인들에게 유리했고 많은 로마 남성들이 결혼하기 위해 개종하는 역사가 일어났다. 사회학자 로드니 스타크(Rodney Stark)는 이것이 2세기에 기독교인이 폭발적으로 증가한 이유를 설명하는 요인 중 하나라고 지적했다.[2]

무엇보다, 하나님이 그분의 백성을 통해, 때로는 그 백성들이 미처 알아차리지 *못하는 상황에도* 항상 역사하고 계신다는 것을 잊어서는 안 된다. 하나님은 지금 이 순간에도 일하고 계신다. 눈길이 닿는 모든 곳에 하나님이 역사하신다는 증거가 있다. 언제나처럼 오늘날에도 하나님은 그분의 백성들을 사용하여 가난에서 나라를 건져내고 탁월한 예술 작품을 만들며 인생을 바꿀 만한 이야기를 전하고 자녀를 양육하며 고아를 입양하고 아픈 자를 치료하며 무너진 삶과 문화를 회복시키신다.(3)

브렛과 내가 오늘날의 시대 문화에 만족하고 있다고 말하려는 것이 아니다. 여러 면에서 그렇지 않다. 상황이 점점 나아지고 있다고 말하려는 것도 아니다. 여러 면에서 그렇지 않다. 기독교인들이 주변 세상의 상태를 애석하게 여기지 말아야 한다고 말하려는 것도 아니다. 하지만 사라지고 있는 선한 것들을 지킬 책임이 내게는 없다는 듯 손을 털고 자리를 떠나야 한다는 의미도 아니다. 분명히 이야기하지만 우리는 "문화에 신경을 쓰는 것은 마치 침몰하는 *타이타닉*호 갑판의 의자를 정돈하는 것과 같다."는 논리를 펼치며 많은 신앙인들을 기독교인으로서의 온전한 부르심에서 멀어지게 만든 주장에 동의하지 않는다.(4) 3장에서는 이러한 사고 방식을 정면으로 마주할 것이다.

기독교인의 승리와 패배는 오늘날의 시대적 문화에서 결정되는 것이 아니다. 우리는 그보다 더 큰 이야기에 속해 있다. 이 이야기의 전개 속에 우리 자신을 내맡길 때 더 나은 첫 번째 질문을 가지고 문화에 다가갈 수 있다.

이야기로 시작한다는 것의 의미

예수님의 제자 베드로가 기독교인들에게 보낸 첫 번째 서신은 문화적으로 고난이 있던 시기에 작성되었다. 편지를 쓴 도시인 로마는 베드로가 '바빌론'이라고 부를 정도로 박해가 점점 심해졌다. 편지를 받을 대상은 박해로 인해 뿔뿔이 흩어진 기독교인들이었고 베드로는 이들을 '나그네'라고 불렀다. 기독교 신자들에 대한 박해는 갈수록 심해졌고 결국에는 베드로도 순교했다. 조롱, 부당한 대우, 도덕적 타협을 유도하는 유혹은 사라지지 않았다. 문화적 압박은 갈수록 심해질 뿐이었다.[5]

이러한 고난의 시기에 예수님을 세 번 부인했던 제자 베드로는 교회의 힘을 북돋기 위해 편지를 썼다. 이 서신의 앞머리는 조롱, 박해, 이교도 사회에 만연한 악행이나 압박이 극심해지던 시대 문화로 시작하지 않는다. 베드로는 먼저 복음을 이야기했다.

> 우리 주 예수 그리스도의 아버지 하나님을 찬송하리로다 그의 많으신 긍휼대로 예수 그리스도를 죽은 자 가운데서 부활하게 하심으로 말미암아 우리를 거듭나게 하사 산 소망이 있게 하시며
> 썩지 않고 더럽지 않고 쇠하지 아니하는 유업을 잇게 하시나니 곧 너희를 위하여 하늘에 간직하신 것이라
> 너희는 말세에 나타내기로 예비하신 구원을 얻기 위하여 믿음으로 말미암아 하나님의 능력으로 보호하심을 받았느니라
>
> (베드로전서 1장 3~5절)

베드로가 묘사한 이러한 현실은 그리스도를 따르는 자들이 시험을 이기고, 유혹을 떨쳐 내며, 원수를 사랑하고, 선을 행하고, 시대 문화 속에서 평안을 누릴 수 있도록 도왔다. 서신 전반에서 베드로는 고통 가운데 있는 교인들에게 용기를 주면서 그 시대를 정의한 진리를 반복적으로 언급했다. 이 진리는 오늘날뿐 아니라 인류 역사의 모든 순간을 규정

한다. 그리스도는 사망에서 부활하셨으며 우리의 소망은 견고하다.

전체로서의 성경

프랜시스 쉐퍼는 "기독교인들의 기본적인 문제는 [세상을] 전체적으로 보지 못하고 파편적으로 인식한다는 것이다."라고 말했다.[6] 여기에서 쉐퍼는 기독교인들이 문화를 바라보는 방식에 대해 말한 것이지만, 많은 기독교인들이 성경을 바라보는 방식에도 적용할 수 있다. 우리를 이끌기 위해 설계된 구절과 이야기를 도덕성, 행복, 금전적 성공에 도움을 얻을 수 있도록 각자 기호에 따라 파편적이고 일관성 없게 취한다.

선교학자 레슬리 뉴비긴(Lesslie Newbigin)은 한 힌두교 학자가 자신에게 따졌던 일화를 종종 언급하곤 했다.

> 선교사들이 인도인들에게 성경을 종교서로 소개하는 이유를 모르겠습니다. 성경이 종교서가 아니기도 하지만, 이미 인도에는 수많은 종교서가 있습니다. 더 이상의 종교서는 필요 없죠! 성경에는 세계 역사와 인류 역사에 대한 특별한 해석이 담겨 있더군요. 무척 특별합니다. 세상에 성경과 견줄 만한 종교 문학은 없습니다.[7]

우리가 종종 간과하는 부분을 이 학자는 제대로 간파했는데, 성경이 단순히 도덕과 종교에 대한 책이 아니라는 사실이다. 근본적으로 성경은 이야기로, 창조부터 새 창조까지 이 세상의 이야기를 들려준다.

모든 훌륭한 이야기가 그렇듯 성경의 줄거리에도 도입, 주인공, 적대자, 갈등, 해결이라는 요소가 포함된다. 하지만 이 이야기는 하나님의 이야기이기 때문에 다른 모든 이야기와 다르다. 무엇이 잘못되었으며 하나님이 그분의 뜻에 따라 역사를 어떻게 끝맺을지 등 현실을 정확하게 설명해 준다.

독자들은 "이야기가 문화와 무슨 상관이 있나요?"라고 물을 수도 있다. *모든 면*에서 관련되어 있다. 성경이 세상에 대한 진실된 이야기를 들려준다면 지금의 시대 문화도 이 줄거리에서 한 자리를 차지하고 있는 것이다. 따라서 이 시대를 이해할 수 있는 유일한 방법은 참된 맥락에서 시대를 바라보는 것이다.

『모든 것의 회복(Restoring All Things)』에서 워런 콜 스미스(Warren Cole Smith)와 필자는 세상에서 벌어지고 있는 일을 이해하기 위해 이야기를 분명히 아는 것이 얼마나 중요한지 설명했다.

우리가 살고 있는 세상은 창조되었을까, 우연히 생겨났을까, 아니면 환상일 뿐일까? 우리는 하나님의 세상에 살고 있는가, 아니면 하나님이야말로 우리가 세상으로 데려온 허구적 존재인가? 우리는 예수, 리처드 도킨스(Richard Dawkins), 오프라 윈프리(Oprah Winfrey) 중 누가 설명한 세상에 살고 있는가? 인간은 그저 시간에 확률, 물질이 추가되어 만들어진 부산물일 뿐인가? 세상은 생각으로 만들어 낸 허구에 지나지 않는가?

종교와 철학 체계마다 현실을 서로 다르게 인식하며 그 중 정답이 있다면 무엇인지가 매우 중요하다. 우리가 참이라고 생각하는 바는 삶의 방식을 결정짓는다. 세상은 지금 이 모습 그대로 괜찮은가? 세상에 문제가 있는가? 사회가 문제인가? 인간이 문제인가? '저 사람들'이 문제인가? 세상이 나아질 수 있는가? 고칠 수 있는가? 그럴 수 있다면 방법은 무엇인가? 같은 다른 중요한 질문에 대한 답을 얻으려면 먼저 이 세상에 대해 알아야만 한다.

당신은 "나는 무신론자가 아닙니다! 하나님이 세상을 창조했고 예수님이 죽음에서 부활했다는 것도 압니다!"라고 항변할 수도 있다. 하지만 매우 중요하지만 지엽적인 내용은 제대로 알고 있으면서 정작 참된 기독교적 세계관에 대한 기초적인 내용은 놓치고 있는지 모른다.[8]

네 장으로 구성된 이야기

성경은 66권의 작은 책들로 이루어져 있고 수십 명의 저자가 수천 년에 걸쳐 기록했다. 우여곡절이 있기는 하지만 이 이야기에는 일관성이 있으며 창조, 타락, 구속, 회복이라는 네 개의 장으로 요약된다.[9]

- **창조**

"태초에 하나님이 천지를 창조하시니라(창세기 1장 1절)"로 그 이야기가 시작된다. 하나님이 이 이야기를 지은 분이며, 우리가 살고 있는 세상은 인간이 아닌 하나님에게 속해 있다. 주인은 그분이지 인간이 아닌 것이다. 이어서 그 이야기는 (여러 신이 있는 것이 아니라 전능하신 하나님 한 분만 존재한다는) *신론*과 (세상은 우발적으로 만들어졌거나 영원하지 않으며 질서에 따라 창조되었다는) *우주론*을 정립한다. 처음부터 하나님은 그분이 만든 세상에 관심을 가지고 소통하셨다. 세상을 향한 하나님의 계획은 생명이 충만하고 번성하는 것이었다. 그것이 좋

은 세상이라고 하나님은 선포하셨다.(18절)

이 이야기의 첫 번째 장의 절정은 남자와 여자의 창조였다. 이 세상을 향한 하나님의 계획은 그분의 형상을 닮은 인간들이 이룰 것이었다. 이 피조물들은 "생육하고 번성하여 땅에 충만하고 땅을 정복할" 존재로, "바다의 물고기와 하늘의 새와 땅에 움직이는 모든 생물을 다스릴" 것이다.(28절) 기억하겠지만 이 세상은 피조물이 아닌 하나님의 것이었다. 하지만 인간에게 하나님이 계획하셨던 그런 곳이 되도록 세상을 가꾸고 일구는 임무가 주어졌다. 이것이 이 이야기에 담겨 있는 인간론이다. 하나님은 지으신 세계가 심히 좋았다고 말씀하셨다.(31절)

남부에서 차를 몰고 가다가 악명 높던 교회 광고판을 본 적이 있는데 "예수는 악한 세상에 남은 유일하게 선한 존재"라고 쓰여 있었다. 당연히 사실이 아니다. 하나님이 만든 이 세상, 그리고 *이 세상을 활용할 수 있도록 주어진 인간의 능력*은 처음부터 선한 것이었다.

물론 다음 장에서 세상에 악이 존재한다고 설명하겠지만 이 이야기는 창세기 3장이 아닌 1장으로 시작되었다. 이 이야기의 시작점에서 출발해야만 그 뒤에 이어지는 내용이 얼마나 중요한지 제대로 이해할 수 있다. 문제는 인간이 문화를 만든다는 데 있지 않다. 인간이 어떤 유형의 문화를 만드느냐가 관건이다.

- **타락**

좋은 이야기에는 문제가 발생하는 대목이 여지없이 등장한다. 몸집이 큰 나쁜 늑대는 할머니를 집어삼켰고, 하얀 마녀는 나니아를 크리스마스도 없이 겨울만 내내 이어지는 나라로 만들었다. 사우론은 가운데 땅을 정복하기 위해 오크, 고블린, 트롤, 나쁜 마법사들과 같은 사악한 생명체들로 군대를 일으킨다.

성경의 이야기도 예외가 아니다. 우리는 어떤 훌륭한 이야기에서든 악당의 침입을 예상한다. 악은 처음에는 인류 최초의 조상이 지은 죄를 통해, 그 다음에는 우리 자신의 죄를 통해 이 세상 이야기에 등장했기 때문이다. 죄를 통해 사망이 그 이야기에 들어왔고, 생명과 번성을 향한 하나님의 뜻은 위협을 받았다. 질서는 무질서로 변했다. 하나님이 인간에게 주신 선한 능력은 악행, 무너진 관계, 이기적인 의도로 훼손되었다.

2016년 콜로라도 덴버에서 열린 Q 컨퍼런스 연설에서 랩 아티스트인 랙래(Lecrae)는 성경의 이야기를 다른 이야기와 구분 짓는 중요한 측면에 대해 정확하게 설명했다. 성경에서는 *인간이* 적대자인 것이다.[10] 마치 인간이 하나님의 세상이 무너지는 것을 구경하고 있는 입장인 것처럼 해결해야 할 문제가 '저편'에 있는 게 아니다. 문제는 '이편'에도 있다. 성경의 이야기에서 인간은 문제를 일으키는 적대자인 동시에 구원이 필요한 희생자이다.

그러므로 인간의 재주와 노력으로 세상을 고칠 것이라고 주장하는 사람들을 항상 경계해야 한다. 20세기 내내 시도된 (공산주의, 우생학, 성적 자기결정권 등의) 유토피아적 비전은 항상 실패할 수밖에 없다. 개인, 국가, 전체 문명에 피 흘림과 혼돈을 안겨줄 뿐이다.

이 이야기의 첫 번째, 두 번째 장에서 흐름을 제대로 파악하기 위해서는 '구조와 방향'을 구분해야 한다.[11] 예술, 권한, 정책, 교육 등이 잘못 사용되었다고 해서 그 자체가 악한 것은 아니다. 영화, 정책, 춤이나 기술을 싸잡아서 무가치한 것으로 폄하해서도 안 된다. 타락한 인간이 악하게 사용했을 뿐이기 때문이다. 하나님은 이 세상뿐 아니라 세상을 활용하는 인간의 능력도 선하게 창조하신 분이다. 사도 바울은 디모데에게 하나님이 "우리에게 모든 것을 후히 주사 *누리게* 하시는(디모데전서 6장 17절)" 분이라고 말했다. 선한 것들이 잘못된 방식으로 사용된다면 하나님의 영광을 위해 당당히 맞서 회복시키고 방향을 틀면 된다.

죄와 사망이 세상에 들어온 후에도 하나님은 그분의 형상을 한 이들이 본분에 걸맞은 존재가 되리라는 기대를 버린 적이 없으셨다. "생육하고 번성하여 땅에 충만하라, 땅을 정복하라(창세기 1장 28절)"고 말씀하신 인간의 창조 목적은 지금도 변함없다. 물론 생육하여 충만하라는 명령은 이제 출산의 고통을 통해서만 이룰 수 있으며, 땅의 정복이 가시덤불로 인해 좌절되기도 한다. 그럼에도 땅에 충만하고 땅을 정복하라는 명령은 여전히 유효하다.

- **구속**

다행히 성경의 이야기는 창세기 2장으로 막을 내리지 않았다. 사실 그 이야기의 대부분은 세 번째 장에 집중되어 있다. 하나님은 벌거벗은 아담과 하와를 입히셨다. 땅을 덮은 죄악을 몰아내시려는 중에도 인간을 향해 품으신 계획이 이어지도록 홍수에서 한 가정을 구원하셨다. 바벨에서 많은 나라가 만들어졌다가 흩어졌으나 그분의 백성으로 삼기 위해 이스라엘이라는 나라를 세우셨다. 이스라엘이 죄를 저지르고 반역했음에도 이들을 통해 땅의 모든 나라가 축복받을 수 있도록 지켜 주셨다.

궁극적으로 구속은 말씀이 육신이 되신 예수 그리스도가 인간으로 오셔서 이 땅에서 역사하심으로 완성된다. 그분은 빛이요 생명이다.(요한복음 1:4) 바울은 예수님이 "마지막 아담(고린도전서 15:45)"이시며 의롭고 순종하셨다고 말했으나 인간은 그렇지 않다. 예수님은 세상의 죄를 지시고 우리를 대신하여 하나님의 진노를 견디셨으며 결국에는 무덤에서 부활하심으로 사망을 이기셨다. 그리스도를 믿는 자들은 누구나 용서를 받고 하나님의 자녀가 된다. 이것이 그리스도가 이루신 전부라 하더라도 예배와 헌신을 요구하시기에 충분하다. 하지만 그분은 더 많은 일을 이루셨다.

번역서 『나니아 연대기: 사자, 마녀, 그리고 옷장』(시공주니어)에서 아슬란(C. S. 루이스가 나니아 연대기에서 그리스도로 그려낸 존재)은 배반한 에드먼드를 구하기 위해 하얀 마녀에게 희생되기를 자처한다. 끔찍한 사건을 처음부터 끝까지 목격한 에드먼드의 누나 수잔과 여동생 루시는 아슬란이 숨을 거둔 순간 나니아도 망하고 말았다고 생각했지만 나중에 아슬란이 살아 있는 것을 발견하고는 크게 놀란다. 그들은 아슬란의 부활이 무엇을 의미하는지 궁금하게 여겼다.

> 아슬란이 말했다. "마녀는 심오한 마법을 알긴 하지만 그보다 더 심오한 마법이 있다는 것은 모르고 있지. 마녀는 태초 이후에 대해서만 알고 있을 뿐이다. 하지만 마녀가 태초 이전의 고요와 어둠이 존재하던 때를 조금이라도 더 내다볼 수 있었다면 다른 마법이 있다는 것도 알았을 게다. 결백한 자가 반역자의 죄를 대신하여 스스로 목숨을 바치면 돌 탁자는 깨지고 죽음 그 자체가 다시 원상태로 돌아간다는 것이지."[12]

그리스도 안에서 사망은 우리 한 사람 한 사람뿐 아니라 우주 차원에서 패망한다. 그 이야기는 그리스도의 부활이나 인류의 구원에서 끝나지 않았다. 아직 네 번째 장이 남아 있다.

- **회복**

    기독교인들은 성경의 이야기가 어떻게 막을 내리는지에 대한 세부적인 내용을 두고 오랫동안 논쟁을 벌였다. 이러한 논란에 가세하는 것은 시간과 지면의 한계상 이 책의 범위를 한참 벗어나는 것이다. 다만 이 이야기의 마지막 장은 그리스도가 현재 시제로 하신 말씀 "보라 내가 만물을 새롭게 하노라(요한계시록 21장 5절)"로 요약할 수 있다.

    하늘과 땅의 창조로 시작된 그 이야기는 새로운 시작으로 끝을 맺는다. 하나님 성의 한복판에 있던 동산이 회복된다. 구약의 선지자 에스겔이 약속한 바와 같이(에스겔 37장 27절) 아담과 하와와 함께 에덴 동산을 거니셨던 하나님은 그분의 백성들과 거하는 장막을 만드실 것이다. "하나님이 그들과 함께 계시리니 그들은 하나님의 백성이 되고 하나님은 친히 그들과 함께 계셔서.(요한계시록 21장 3절)" 하나님이 함께하시는 백성들의 장막을 만드실 때 모든 잘못은 바로잡히고 모든 거짓은 사실이 아닌 것으로 드러날 것이다.

더 나은 첫 번째 질문

우리는 구속과 회복 사이 어딘가를 배회하는 시대의 문화 속에 있다. 다행히 예수님은 승천하시기 전에 이 시대를 어떻게 살아가야 하는지에 대한 계명을 주셨다. "새 계명을 너희에게 주노니 서로 사랑하라 내가 너희를 사랑한 것 같이 너희도 서로 사랑하라.(요한복음 13장 34

절)" 우리는 다른 제자들을 부르는 제자로 부르심 받았다.(마태복음 28장 18~20절) 바울은 자녀가 부모에 순종하고 남편이 아내를 사랑해야 한다고 말한다. 베드로는 우리에게 선한 시민이 되라고 당부한다.(베드로전서 2장 13~15절) 또한 우리는 그리스도가 다시 오시는 순간 도달할 이 이야기의 절정을 사모하며 기다리는 자들이다.(로마서 8장 22~24절)

살펴볼 만한 계명들이 더 있지만 지면의 한계상 여기에서는 두 가지 계명을 다루고자 한다. 첫째, 베드로가 험난한 시대적 문화에 직면한 나그네들을 향해 쓴 서신에도 나와 있듯 우리는 어떤 소망을 품고 있는가로 정의되는 사람들이다.(베드로전서 3장 15절) 이때 베드로는 오락가락하고 그저 희망사항에 불과한, 상황이 그리 나쁘지 않다고 안위하는 낙관주의를 가리킨 것이 아니다. 믿는 자들의 소망은 예수 그리스도의 부활을 통해 보증된 것으로서 시대 문화에 따라 형성된 변덕스러운 감정에 흔들리지 않는다.

둘째, 신약은 새롭게 하다(renew), 회개하다(repent), 회복시키다(restore), 부흥(regeneration), 화목(reconciliation) 등 '다시(re)'를 뜻하는 접두사가 붙은 여러 단어를 사용하여 구속과 회복 사이에 있는 인생을 설명한다. 바울은 그리스도 안에서 새로워진 자들에게 사명 선언문을 제시했다. "모든 것이 하나님께로서 났으며 그가 그리스도로 말미암아 우리를 자기와 화목하게 하시고 또 우리에게 화목하게 하는 직분을 주셨으니(고린도후서 5장 18절)" 화목하게 된 자들은 화목하게 하는 직분을 받은 것이다.

이 이야기는 오늘날의 시대적 문화라는 맥락에서 전개된다. 우리는 그 이야기에 따라 살고 그 이야기에 우리의 삶이 빚어져 가도록 맡겨야 한다. 문화에 접근할 때 "어디에 선을 그어야 하는가?" 또는 "기독교 문화는 사라졌는가?"부터 묻는 태도에 아쉬움이 남는 이유가 여기에 있다.

그보다는 먼저 "우리의 구원은 무엇을 위해 받은 것인가?"를 묻는 것이 현명하다.[13]

나눌 질문

1. 기독교 가정에서 자랐다면 문화에 대해 어떻게 접근하라고 배웠나요? 기독교 가정에서 자라지 않았다면 그리스도를 만난 이후 문화에 대한 생각이 어떻게 변했나요?

2. 앞서 설명한 네 장의 이야기를 사용해 성경의 이야기를 요약해 보세요.

3. 문화의 요소(교육, 영화, 법, 기술, 결혼 등) 중 하나를 선택한 다음, 이 이야기의 각 장의 내용을 가지고 설명해 보세요. 이 관점에서 문화적 요소를 생각할 때 어떤 성경적 통찰력을 얻었나요?

4. 주변에서 봤거나 직접 경험한 무너진 영역이 있다면 떠올려 보세요. 무너진 부분을 회복시키기 위해서는 '다시(re)'로 시작하는 성경 속 단어 중 어떤 단어가 필요한가요?

Chapter 03

성공의 비전

> 창밖에는 꽃이 피어 있고 문 앞에는 정원이 있는
> 작은 집을 지은 사람이 있었어. 자기가 만든 집을 보고
> 감탄하면서 하나님께 감사를 드렸지. 하지만 이 세상과
> 세상을 더럽히는 오물에는 눈을 감는다면 어떻겠어?
> 이 사람의 은둔은 세상을 저버리는 배신이 아닐까?
> (중략) 나는 작고 약하지만 옳은 일을 하고 싶어.
> 한스 숄(Hans Scholl), 〈로즈 네겔레에게 보낸 편지〉

"누군가는 첫발을 내디뎌야만 했다."[1]

스물 한 살의 나이에 사형을 언도받기 직전 대독일국의 인민 법원 재판장 앞에 선 조피 숄(Sophie Scholl)이 남긴 말이다. 1943년 2월 22일 소피와 오빠 한스, 친구인 크리스토프 프롭스트(Christoph Probst)는 캥거루 법정에서 반역죄를 선고받고 단두대에서 처형되었다.

한스 숄은 백장미단의 지하 저항 운동을 이끈 인물이다. 1942년부터 체포될 때까지 한스와 조피를 비롯한 뮌헨대학교의 학생들은 은밀

하게 반나치 전단지를 제작하여 캠퍼스와 인근 지역에 유포했다. 반역죄에 대한 처벌은 신속하게 진행되었다. 체포되어 기소되고 재판에서 유죄를 선고받고 처형되기까지 나흘밖에 걸리지 않았다. 몇 주 안에 백장미단의 다른 단원들도 색출되어 숄 남매와 비슷한 운명을 맞았다.

한스와 조피는 독일에서 평범한 믿음의 가정에서 자랐으며 대학교 재학 중에 그리스도를 인격적으로 만나 현실에 뿌리박은 신앙을 갖게 되었다. 『신실함의 구조(The Fabric of Faithfulness)』에서 스티븐 가버(Steven Garber)는 회심한 남매가 어떻게 행동에 나서게 되었는지를 설명했다.

> 남매는 설 자리를 찾기 시작했다. 그들이 처한 문화에서 직면한 문제에 비추어 성경을 읽고, 세상과 그들이 발을 딛고 있는 장소에 대해 친구들과 대화를 나누고, 시간을 내어 참고할 책들을 나눠준 지혜로운 어른들을 만나 무엇이 사실이고 진리이며 옳은지에 대한 시각을 정립했다.[2]

기독교인들을 포함해 많은 독일인들이 침묵을 선택하고 히틀러와 나치 정권에 항거하는 행동을 저버렸다. 나치의 악한 이념을 받아들이는 이들도 있었다. 하지만 숄 남매의 신앙은 구경꾼의 자리에 있던 두 사람을 디트리히 본회퍼가 '산 자들의 폭풍우'라 부른 곳으로 이끌었다. 한스는 독일 저항 운동의 상징적 인물이던 본회퍼를 만나기로 되어 있었으나 끝내 그 뜻을 이루지 못했다. 만남이 정해져 있던 바로 그 날 처형되었기 때문이다.

한스와 조피, 본회퍼가 공유한 것은 히틀러를 향한 반감만이 아니었다. 그들이 인식하고 있었는지는 모르나 남매는 "우리는 기독교인이자 독일인이기에 독일에 책임이 있다."로 요약되는 본회퍼의 문화에 대한

신학적인 견해와 동일한 생각을 가지고 있었다.[3]

우리는 무엇을 위해 구원받았는가?

기독교인들은 그리스도가 어떻게 우리를 죄와 심판*에서* 건져내 의롭게 *하시고* 하나님과 영생을 *누리게 만드셨는지에* 대해 즐겨 말한다. 하지만 숄 남매는 그들이 어떤 목적을 *위해* 구원받았음을 깨달았다. 특히 그들은 하나님이 독일 역사의 특정 시대를 위해 그들을 부르셨다고 믿었다.

어쩌면 두 사람의 짐작이 빗나갔고 당대를 뒤덮은 정치적 혼돈에 휘말린 것뿐이며 한층 깊어진 신앙을 빌미로 자신들의 행위를 정당화한 것일지 모른다. 그렇지 않다면, 두 사람이 옳았을 수도 있다. 남매가 기독교인*이면서* 독일인이었던 것은 우연이 아니며 그러한 교집합이 곧 책임을 의미했을 수 있다. 어느 쪽이 사실이든 답해야 할 질문이 있다. 문화에 어떻게 대응할지 결정을 내리기 전에 우리의 책임을 인식해야 한다. 즉, 우리는 무엇을 *위해* 구원받았는가?

- **세상으로부터가 아닌, 세상을 향한 부르심**

분명 이 세상은 무너진 곳이지만 그렇다고 악한 곳은 아니다. 살면서 악행, 고통, 무시, 학대만을 경험한 사람이라면 특히 무너진 곳과 악한 곳을 헷갈리기 쉽다. 하지만 기독교인들은 이단의 이러한 끊임없는 유혹을 이겨내야 한다.

교회 역사에서 다양한 모습으로 나타났던 영지주의(신적 계시와 현몽에 의한 초자연적 지식을 얻을 때 구원받는다는 사상으로, 영지주의자들은 자신들만 구원에 이르는 비밀스러운 지식을 가지고 있다고 주장한다 – 옮긴이 주)는 현실이 악한 물질 세계와 선한 영적 세계로 나뉘어 있다는 이원론적 접근을 취한다. 그러면서 우리가 거룩한 것을 위해 애쓰고 세속적인 것은 최대한 피해야 한다고 주장한다. 오늘날 나타나는 영지주의적인 경향으로는 일부 직업을 '사역'으로 높이는 반면 다른 직업은 그렇지 않은 것으로 폄하하는 태도를 들 수 있다. 예를 들어 복음 전도, 해외 선교, 목회는 온전히 기독교적인 섬김으로 간주되지만 나머지 모든 사람들의 일은 세속적인 것으로서, 좋게 보면 '사역'을 돕는 돈을 버는 방편이고 최악의 경우에는 필요악으로 간주한다.

하지만 2장에서 언급했듯 성경은 세상을 이와는 다르게 설명한다. 세상에는 물질적 측면과 영적 측면이 공존하며 태초에 하나님이 '선하게' 만드셨으나 인간으로 인해 타락하게 되었다. 따라서 현실은 물질과 영으로 나뉘는 것이 아니라 창조주와 피조물로 나뉘는 것이다. 타락했어도 하나님의 피조물은 여전히 그분의 위대함, 인자함, 선하심을 드러낸다. 또한 건축, 재배, 판매, 발명, 정리를 비롯해 인간이 하는 모든 활동은 하나님의 역사하심으로 바라봐야 한다.

선하지만 타락한 곳에서 살아간다는 것은 갈등 속에서 살아감을 의미한다. 죄악으로 인해 그분의 아름다운 세상은 완전히 오염되었다. 인간은 공평, 인자, 사랑뿐 아니라 불의, 잔학 행위, 증오를 행사하는 데에도 엄청난 능력을 발휘할 수 있다. 유대인 아이들을 아우슈비츠 가스실로 보낸 나치 관리들은 그 날 저녁 집에 돌아가서는 자기 애들을 안아 주었다.

세대마다 교회는 두 가지 대처 방법을 선택하라는 유혹을 받는다. 첫 번째는 문화로부터 달아나는 것이다. 안전한 교회 품에 안겨 우리 자신을 보호하고 어둠을 피해야 하지 않겠는가?

또 다른 대응은 논란이 있는 문제를 회피하는 것이다. 회피하면 모든 사람을 향한 하나님의 사랑에 계속 집중할 수 있다고 한다. 두 가지 대처 모두 갈등을 피할 방법을 제시한다.

하지만 기독교는 다른 종교와 달리 현실을 도피하지 않는다. 불교에서는 수행자들에게 명상과 정신 집중을 통해 속세에서 벗어나라고 가르친다. 힌두교에서는 물질 세계가 탄생, 그리고 환생으로 인한 재탄생을 통해 벗어나야 할 환상이라고 여긴다. 미국에서 널리 인기를 끌고 있는 혼합주의적 뉴에이지 유형의 영적 자조주의는 마음, 혹은 그와 비슷한 것들이 움직이는 대로 따라가면 스트레스와 자기 의심을 피할 수 있다고 가르친다.

이와 달리 기독교의 중심에는 예수 그리스도가 있다. 육신을 입은 하나님이 "우리가 사는 곳에 오셨다.(요한복음 1장 14절, 메시지 성경)" 기독교 신앙은 *사람의 몸으로 오신 하나님*을 믿는 것이다. 하나님은 무너진 세상을 바로잡기 위해 율법, 선지자나 책을 보낸 것이 아니라 직접 예수 그리스도로 오셨다.

성육신은 기독교가 "하나님이 우리를 건지실 때까지 악한 세상으로부터 안전한 곳에 머물 수 있도록 이곳에서 도피하는" 종교가 아님을 뜻한다. 십자가에 못박히기 전날 밤 예수님은 제자들과 그 제자들로 인해 믿게 될 사람들을 위해 기도하셨다. "내가 비옵는 것은 그들을 세상에서 데려가시기를 위함이 아니요 다만 악에 빠지지 않게 보전하시기를 위함이니이다.(요한복음 17장 15절)" 실제로 이 기도를 더 폭넓은 맥락에서 살펴보면 예수님이 제자들에게 간절히 바라셨던 것이 세상에서 벗어나는 대신 세상 속에 살면서 "유일하신 참 하나님과 그가 보내신

자 예수 그리스도를 아는 것(요한복음 17장 3절)"임을 분명히 알 수 있다.

오늘날에도 하나님의 백성이 세상을 변화시킬 수 있다고 믿는 것이 중요하다. 잠언 29장 2절은 "의인이 많아지면 백성이 즐거워하고 악인이 권세를 잡으면 백성이 탄식하느니라"라고 말한다. 이스라엘 백성들이 이방인의 땅에서 나그네 생활을 할 때에도 하나님은 예레미야 선지자를 통해 백성들에게 이스라엘에 거할 때처럼 살아가라고 말씀하셨다.

> 너희는 집을 짓고 거기에 살며 텃밭을 만들고 그 열매를 먹으라 아내를 맞이하여 자녀를 낳으며 너희 아들이 아내를 맞이하여 너희 딸이 남편을 맞아 그들로 자녀를 낳게 하여 너희가 거기에서 번성하고 줄어들지 아니하게 하라 너희는 내가 사로잡혀 가게 한 그 성읍의 평안을 구하고 그를 위하여 여호와께 기도하라 이는 그 성읍이 평안함으로 너희도 평안할 것임이라
>
> (예레미야 29장 5~7절)

하나님이 왜 이런 명령을 내리셨는지 의아하게 생각할 사람들도 있을 것이다. 예를 들어 복음이 죄인이 어떻게 구원받는지를 설명하는 두 개 장으로만 구성된 이야기라고 생각하는 사람들에게는 이 구절이 잘 이해되지 않을 것이다. 이 책의 1장에서 설명했듯 기독교는 두 개 장으로만 구성된 이야기가 아니며 훨씬 많은 내용을 아우른다.

기독교의 이야기는 두 개가 아닌 *네 개의* 장으로 구성되어 있다. 하나님은 그분을 대신해 선한 세상을 다스리도록 그분의 형상을 닮은 사람들을 만드셨다. 인류 최초의 조상과 그 자손들이 지은 죄로 인해 하나님의 세계가 죄에 물들면서 그분이 처음 계획한 모습에서 멀어졌으며

사망이 깃들게 되었다. 그리스도를 통해 하나님은 우리를 대신하여 죄와 사망을 이기셨다. 인간은 구원을 얻었으며 하나님과의 관계가 회복되었다. 하지만 그분을 믿는다고 해서 즉시 천국으로 들려 올라가는 것이 아니다. 그렇다면 어떻게 해야 하는가?

그리스도는 우리를 인간됨*에서* 건지신 것이 아니라 다시 온전한 인간이 *되도록* 구원하셨다. 토마스 하워드(Thomas Howard)의 탁월한 설명을 살펴보자.

> 성육신은 본래 인간에게 속하는 모든 것을 인간에게 되돌려 주어 구속한다. 인간의 모든 의향, 기호, 역량, 열망, 성향은 그리스도로 말미암아 정화되고 중심이 서고 영화롭게 된다. 그분이 이 땅에 오신 것은 인간을 솎아내기 위해서가 아니라 자유롭게 하기 위해서다. 춤추고, 잔치를 열고, 일을 처리하고, 노래하고, 건축물을 짓고, 조각하고, 빵을 굽고, 마음껏 즐기는 등 원래 인간에게 속해 있으나 거짓된 신을 섬기는 데 빼앗겼던 모든 행위들이 복음 안에서 인간에게 되돌아온다.[4]

성경이 들려주는 이야기는 하나님이 그분의 형상을 한 자들에게 세상을 다스리게 하여 세상에 생명이 충만하도록 계획하셨던 것과 마찬가지로 구속된 인간이 세상을 새로운 생명으로 채우는 역사에 참여하기를 바라신다는 점을 분명히 한다. 믿는 자들에게 '화목하게 하는 직분'이 주어졌다는 바울의 사명 선언문을 기억할 것이다.(고린도후서 5장 17~21절 참고)

물론 타락 이후 인간의 삶은 그 이전과는 다른 모습이다. 인간은 악에 맞서 싸우고 무너진 영역을 회복시켜야 한다. 최선을 다하고 결의를 다졌음에도 최상의 결과를 얻지 못할 때도 있다. 선한 사람들이 나쁜 일을 당하기도 한다. 그럼에도 구원은 우리가 세상을 향한 하나님의 대속의 역사에 참여하도록 이끈다.

1944년 7월 21일 디트리히 본회퍼가 테겔 감옥에서 쓴 글에는 그가 믿음의 여정에서 어떻게 기독교에 대한 이러한 이해에 이르렀는지가 드러난다.

> 지난해 나는 기독교가 얼마나 세상에 많은 관심을 가지고 있는가를 깨닫고 점점 더 깊이 이해하게 되었다. 기독교인은 *호모 렐리기오수스(homo religiosus, 종교적인 인간)*가 아니다. 예수가 인간이었던 것처럼 한 인간인 것이다. (중략) 계몽되고 분주하고 편리함을 누리거나 음탕한, 세상에 대한 얕고 평범한 관심을 의미하는 것이 아니다. 죽음과 부활에 대한 끊임없는 이해와 규율로 요약되는, 세상에 대한 지극한 관심을 뜻하는 것이다. (중략) 예전에는 거룩한 삶을 사는 것과 같은 노력을 기울이면 믿음이 생기리라 생각했다. (중략) 나중에 깨달았고 지금 이 순간에도 여전히 깨닫고 있는 바로는, 이 세상을 온전히 살아내는 것이야말로 믿음에 이르는 유일한 방법이라는 것이다.[5]

다름 아닌 바로 이 시대를 위한 부르심

우리는 세상으로 부르심을 받았을 뿐만 아니라 특정 시대와 장소로 부르심을 받는다. 사도 바울은 그리스 아테네의 아레오파고스에서 에피쿠로스, 스토아 학파 철학자들과 논쟁하면서 이를 직설적으로 말했다.

> 우주와 그 가운데 있는 만물을 지으신 하나님께서는 천지의 주

> 재시니 손으로 지은 전에 계시지 아니하시고
> 또 무엇이 부족한 것처럼 사람의 손으로 섬김을 받으시는 것이 아니니 이는 만민에게 생명과 호흡과 만물을 친히 주시는 이심이라
> 인류의 모든 족속을 한 혈통으로 만드사 온 땅에 살게 하시고 *그들의 연대를 정하시며 거주의 경계를 한정하셨으니*
> 이는 사람으로 혹 하나님을 더듬어 찾아 발견하게 하려 하심이로되 그는 우리 각 사람에게서 멀리 계시지 아니하도다
>
> (사도행전 17장 24~27절)[6]

특히나 자녀들이 안전한 곳에 계속 머물기를 바라는 부모 입장에서는 하나님이 지금 같은 문화적 시대를 결정하신다는 사실을 받아들이기가 어렵다.

어느 날 아침 아내가 〈송축해 내 영혼(Ten Thousand Reasons)〉이라는 찬양을 틀었는데 당시 다섯 살이었던 딸이 물었다. "엄마, 저스틴 비버(Justin Biever) 노래에요?" 집에서 아무도 저스틴 비버 노래를 튼 적이 없었고 저스틴 비버에 대해서 대화를 나누지 않았는데도 딸은 비버에 대해 알고 있었다.

즉, 어떤 노력을 하더라도 이 시대의 문화에서 달아날 수 없다. 대형교회의 영향력 있는 젊은 목사님이 브렛에게 "동성 결혼에 대해 말하는 것도 지칩니다. 이미 배는 항구를 떠났어요"라고 말한 적이 있다. 그 말이 당황스럽고 귀에 거슬리고 화가 나기까지 한 이유가 바로 여기에 있다. 대체 그게 무슨 말인가? 현재 미국에서 살고 있다면 특정한 사안에 대해 대화를 나눌 *수밖에 없고* 여기에는 피해 갔으면 하는 주제도 여지없이 포함된다. 이 젊은 목사님이 양육하는 아이들도 성장하여 누군가

를 사랑하게 될 것이고 친구들, 가족, 주변인도 같은 과정을 겪는 모습을 보게 될 것이다. 아이들은 누구를 사랑하게 될 것인가? 설사 이끌리는 상대가 동성이라 하더라도 모든 연애 감정에 충실할 자유가 있는가? 친구가 동성 연애를 축하하는 파티에 초대한다면 참석해야 하는가? 동성 연애 축하 파티의 사진을 찍거나 파티를 준비하는 일을 의뢰받는다면 어떨까? 누군가가 동성애에 관한 의견을 묻는다면 어떻게 답해야 할까? 오늘날의 문화 문제에 대해 다음 세대와 진지한 대화를 나누지 않는 것은 직무유기다.

우리가 처한 문화적 상황을 피해 가는 것이 가능하지도 않을 뿐더러 하나님이 그렇게 하라고 말씀하시지도 않았다. 기독교인들은 자신이 속한 문화를 이 세상에 보내신 하나님의 소명을 살아내는 무대라고 바라봐야 한다.

특히 최근 벌어지는 문화적 변화로 인해 너무나 많은 기독교인들이 문화와 관계를 맺는 것은 소용없는 일이라고 느낀다. "모든 것이 끝났다."라고 푸념하기도 한다. 어떤 기독교인들은 *문화를 변화시키는* 일이 *사람을 사랑하는* 일을 가로막고 있다는 말로 자신들의 포기를 고상하게 포장한다. 하지만 사람들을 희생시키는 문화적인 악에 눈 감으면서 사람들을 사랑할 수는 없다.

또 다른 이들은 피난처를 찾아 한걸음 물러난다. 이들은 기독교인이 한발 물러서서 하나님의 심판을 기다려야 한다고 믿는다. 분명 '우리'는 '그들'에게 경고하고자 했지만 '그들'이 듣지 않은 것이다. 따라서 '우리'는 우리 자신은 말할 것도 없고 가정을 지켜야만 한다고 주장한다.

자녀들을 보호하는 것은 경건한 노력이지만 완벽한 보호막을 치는 것은 그렇지 않다. 그리스도의 여느 성도와 같이 자녀들도 하나님이 그들을 어떤 시대적 문화에 보내셨든 화평케 하는 자로 부르심을 받았다. 모든 면에서 이 자녀들은 앞으로 기나긴 세월을 앞에 두고 있기 때문에 더욱 철저하게 준비되어야 한다. 그리스도를 믿는 자들의 목표는 안전이 아니라 신실함이다.

우리가 어렵고, 희망이 없어 보이기까지 하는 시대 문화를 맞닥뜨린 첫 번째 그리스도인이 아니라는 사실은 용기를 준다. 또한 우리가 그러한 마지막 그리스도인도 아닐 것이다. 오히려 앞으로 상황이 더 나빠질 수도 있다. 역사를 통틀어 세례 요한 이래 많은 믿는 자들이 대적하는 시대에 진리를 선포하다가 목숨을 잃었다. 바알 선지자들을 상대로 대승을 거둔 엘리야가 우울감과 환멸에 빠졌듯(열왕기상 18~19장) 우리도 혼자라고 생각하기 쉽다. 하지만 엘리야가 혼자가 아니었듯 우리 역시 혼자가 아니다. 경주에 참여하는 자들은 앞서 간 '구름 같이 둘러싼 허다한 증인들'의 대열에 합류하는 것이다.(히브리서 11~12장)

또한 우리가 할 수 있는 선한 일이 여전히 많다는 점을 기억해야 한다. 워싱턴 D. C., 뉴욕시, 헐리우드, 기타 문화 권력의 중심부에서 벌어지는 일들을 보고 분노하여 소망을 잃어버리기 쉽다. 물론 그런 곳에도 하나님과 그분의 백성들이 존재하지만, 이른바 문화의 주변부에 있는 기독교인들이 가정, 교회, 지역 사회, 어린이 야구팀, 시 의회 등 각자 영향을 미칠 수 있는 지역 문화의 청지기 역할을 간과할 때가 너무나 많다. 이러한 주변부 역시 중요한 의미를 갖는다.

세상에 있으나 세상에 속하지 않는 것

그렇더라도 우쭐해져서는 안 된다. 필자들은 문화의 여러 피해자를 만나 왔다. 대학 재학 시절 신앙을 잃은 학생들, 중요한 교리에 대한 문화적 압박에 굴복한 교회, 그리스도를 부인한 모든 교파에 대해 알고 있다. 목사, 아버지, 아내, 십 대, 기독교도인 유명인들이 심각한 도덕적 실패를 겪는 경우도 있고 시류를 따르기 위해 기독교의 역사적인 교리에 대한 생각이 바뀌었다고 느닷없이 밝히는 일도 끊임없이 벌어진다.

종종 척 콜슨은 "인간이 자기를 합리화하는 능력에는 한계가 없다."라고 말했다. 우리의 연약한 부분에 미묘하지만 강력하게 문화에 영향을 미치는 요소들이 더해져 타협을 이끈다. 작은 타협은 더 큰 타협으로 이어져 문득 우리도 솔로몬처럼 마음을 돌려 다른 신들을 섬길지 모를 일이다.(열왕기상 11장)

타협에 대해 떠올리면 신념, 태도와 연관짓는 경우가 많지만 방식을 타협하는 것도 미묘한 유혹으로 찾아온다. 목적이 수단을 정당화한다는 사고방식에 따라 기업을 운영하고 교회를 성장시키고 부를 추구하게 되기 십상이다. 물질을 사람보다 중시하고 정치 권력을 의로움보다 중요시할 수도 있다. 신실함보다는 인기로 성공을 가늠하고 자기 희생, 갈등이나 고난을 모면하기 위해 자신의 가치를 부각할 수도 있다.

단순한 진실을 말하자면, 기독교인의 신실함에는 교리와 생활 방식뿐 아니라 습관, 태도, 성품도 관련된다. 우리 삶이 복음보다는 시대 문화에 더 큰 영향을 받는 상황에서 기독교의 진리를 드문드문 적용하는 것으로는 충분하지 않다. 최근 수년간 로드 드레허(Rod Dreher)는 문화가 뼛속부터 충성을 다하게 만들며 정체성을 형성하는데 미치는 영향을 과소평가해서는 안 된다고 거듭 경고했다.

그러면서 드레허는 '베네딕트 옵션(Benedict Option)'이라는 문화 접근법을 제안했는데 많은 사람들이 이를 후퇴 명령으로 오해한다.[7]

드레허의 제안에 수도회 설립자의 이름을 붙였기 때문에 그럴 만도 하다. 수도사들은 세상의 악을 피하기 위해 문화에서 그리스도의 요새로 물러난 이들이 아니던가?

이러한 오해에 대해 드레허는 문화적 후퇴를 지지하는 것이 아님을 분명하게 밝혔으며, 이쯤이면 독자들도 눈치 챘겠지만 필자들도 드레허와 같은 입장이다. 베네딕트 옵션의 강점과 약점을 전부 다루지 않더라도 다음 세대가 이 시대의 문화에서 믿음을 온전히 지키면서 잘 해낼 수 있을지 걱정하는 사람들에게 드레허가 중요한 통찰력을 제시한다는 점을 알 수 있다.

드레허는 오늘날 다음 세대의 신앙이 문화를 이해하는데 미치는 영향력보다 문화가 신앙을 이해하는데 미치는 영향력이 더 크다고 주장한다. 미국의 십 대들에 대한 광범위한 연구를 수행한 사회학자 크리스찬 스미스는 '도덕주의적 심리요법적 이신론(moralistic therapeutic deism)'이라고 이름 붙인 표현을 통해 십 대들이 종교와 영성을 어떻게 이해하는지 설명했다.[8] 십 대들에게 믿음은 친절하고 행복한 상태가 되는 것과 관련되며, 하나님은 필요할 때 언제나 도움을 줄 수 있도록 대기하고 있는 존재로 여긴다.

도덕적이고 심리요법적인 이신론을 믿는 사람들은 하나님의 세계에 살고 있는 것이 아니라 하나님이 그들의 세계를 방문한다고 생각한다. 하나님이 자기 관심사를 해결해주며, 그 과정에서 만족감을 느낄 수 있도록 도와준다고 믿는다. 그들이 보기에 하나님은 어떤 것도 요구하지 않는 분이며 자신들이 어떤 방법을 원하든 상관없이 도와주기 위해 존재하는 분이다. 도덕적이고 심리요법적인 이신론은 기독교가 전혀 아니다.

스미스의 깨달음에 비추어 보면 기독교 가정과 교회에서는 건전한 청년 프로그램을 제공하고 도덕적이고 심리요법적인 면에 치우친 주일학교를 운영하는 것 이상의 역할을 해야 함을 인식해야 한다. 다음 세대를 위해 인생 전반에 영향을 미치는 계획을 세워야 하며 인생에 대한 주류 문화의 비전에 체계적으로 대응해야 한다. 자녀들에게 기독교 신앙이란 단순히 신념과 태도의 집합이 아님을 이해시켜야 한다. 인생에 대한 기독교의 비전에 가장 깊은 곳에서부터 충성하고 정체성의 기반을 두어야 함을 자녀들이 알아야만 한다.

결국 *실제로* 문화적 압박이 가해질 때 자녀들이 어떻게 대응할 것인가가 중요하다. 잘못된 일을 하도록 온갖 보상이 주어지는 상황에서도 옳은 일을 할 것인가? 거짓을 분별하고 진리를 따를 것인가? 문화를 견뎌 낼 뿐만 아니라 용감하고 명확하게 굳은 의지로 문화와 교류하고 그분이 부르신 장소가 어디든, 그분이 맡기신 일이 무엇이든 그리스도를 위해 일할 것인가?

몇 년 전에 내가 강의했던 컨퍼런스에서 한 20대 청중이 친구를 데리고 왔다.

그 자매는 "더 많은 기독교인 패션 디자이너가 필요하다고 말씀해 주셔서 감사합니다."라고 말했다.

"별 말씀을요"라고 답했지만 속으로는 어리둥절했다. 그런 말을 한 기억이 없었던 데다 패션 분야에서의 기독교적 접근에 대해 생각해 본 적이 없었기 때문이었다.

감사하게도 그 자매는 설명을 이어갔다. "여기 있는 제 친구가 패션 디자이너 경력을 쌓고 있는데 그 일이 얼마나 중요한지 제가 항상 말하거든요. 패션 디자이너는 아름다움에 대해 문화를 계도하는 역할을 하죠."

정확한 지적이었다. 성숙한 기독교인이 문화와 온전하고 깊이 있고 지혜롭게 교류한다면 문화로 인해 더럽혀지지 않는다. 오히려 문화를 계도한다. 무엇이 선하고, 진리이며, 아름다운지 깨우쳐 주는 것이다. 지난 2,000년 동안 가장 탁월하고 고귀한 것으로 평가된 문화적 산물이 기독교인들의 손에서 탄생했다. 단테의 『신곡』, 구텐베르크의 인쇄기, 바흐의 음악, T. S. 엘리엇의 시, 아더 기네스(Arthur Guinness)의 혁신적인 기업 문화, 트루에트 캐시(Truett Cathy)의 치킨 샌드위치, 후지무라 마코토의 그림, 인간 게놈 프로젝트를 떠올려 보라. 이러한 역사가 오늘날에도 일어날 수 있다.

문화적 성공이란 무엇일까? 한스와 조피 숄의 삶처럼 하나님이 우리를 보내신 시대와 깊이 교류하고, 인간보다 훨씬 더 크신 하나님과 그분의 뜻을 섬긴다는 것을 기억하면서 위험천만한 시대적 조류를 담대하게 헤치고 나가는 것이다.

나눌 질문

1. 3장에서 소개한 디트리히 본회퍼의 인용구를 사용해서 빈칸을 채워보세요. "[나는] 기독교인이자 ＿＿＿＿＿＿＿으로서 ＿＿＿＿＿＿＿에 책임이 있습니다." (힌트: 지리적인 영역을 넘어서 하나님이 그분의 뜻에 따라 분명하게 은사를 주신 삶의 영역을 떠올려 보세요.)

2. 세속적인 것과 거룩한 것을 구분하는 일은 매우 흔하

게 일어납니다. 자신 또는 다른 기독교인의 삶에서 이렇게 구분했던 사례를 몇 가지 들어보세요. 기독교인의 관점에서 이를 어떻게 바로잡을 수 있을까요?

3. 문화에서 한발 물러나는 것과 굴복하는 것 중에 어느 쪽에 가까운 편인가요? 어떤 방식으로 그러한가요?

4. 무척 암울한 시기에도 기독교인이 문화에 긍정적인 영향을 미쳤던 사례를 들 수 있나요?

Part II

문화적 조류 읽기

Chapter 04

정보화 시대

생각과 행동의 무한한 순환, 끝없는 발명과,
끝없는 실험이, 움직임에 대한 지식은 주되
멈춤에 대한 지식은 주지 않으며, 발언에 대한
지식은 주되 침묵에 대한 지식은 주지 않으며,
말에 대한 지식은 주되 말씀에 대해서는
무지하게 만드는도다. 우리의 모든 지식은
우리를 죽음에 더 가까이 이끌지만 죽음에 다가감이
곧 하나님께 가까이 가는 것은 아니구나.
생활 속에서 잃어버린 생명은 어디에 있는가?
지식 속에서 잃어버린 지혜는 어디에 있는가?
정보 속에서 잃어버린 지식은 어디에 있는가?
T. S. 엘리엇, <바위>

역사학자들은 과거 시대를 연구할 뿐만 아니라 시대마다 이름을 붙인다. 덕분에 우리는 정확한 연대를 기억하지 못하더라도 광란의 20년대, 중세, 산업 혁명이라는 이름을 통해 시대를 이해한다. 후대가 이 시대를 어떻게 부를지는 이미 정해져 있다. 바로 '정보화 시대'다.

위키피디아에 따르면(정보화 시대에 대한 정의를 찾을 만한 다른 출처가 있을까?) 정보화 시대는 "전통적 산업에서 정보 컴퓨터화를 기반으로 하는 경제로 이동한" 시대다.[1] 복잡한 표현이지만 이 세상이 더 이상 농업이나 공장이 아닌 빛을 발하는 화면으로 움직인다는 의미다. 정보화 기술이 일상의 깊숙한 곳에 자리잡지 않은 사람을 단 한 사람도 찾기 어려운 세상이다.

기성 세대는 언제라도 인터넷에 접속할 수 있는 시대 이전의 삶이 어땠는지 기억하고 있겠지만 자녀들은 그렇지 않다. 이 세대는 고요한 세상을 전혀 겪어본 적이 없다. 15세기에 살았던 사람들이 평생 동안 배운 양보다 더 많은 정보를 날마다 접하고 있다. 자녀들은 (하루에도 몇 번씩) 인터넷에 접속할 때마다 대다수의 사람들이 가늠하기조차 어려운 양의 정보를 접한다. 하루에 5억 건의 트윗이 전송되고 유튜브에는 400만 시간 분량의 콘텐츠가 업로드되며 43억 개의 페이스북 메시지가 게시되고 구글에서는 60억 건의 정보가 검색되며 2,050억 통의 이메일이 전송된다.[2] 손끝에서 어마어마한 양의 정보가 오가고 있으며 인터넷 정보는 계속 증가하고 있다.

어딜 가든 게시판, 범퍼 스티커(자동차 범퍼에 붙인 광고나 표어 – 옮긴이 주), 웹페이지, 팝업, 트윗, 페이스북 피드, 스냅챗 게시물, 배너 광고, 상업 광고, 노래, 영화, 텔레비전 프로그램, 디지털 광고가 우리의 관심을 사기 위해 치열하게 경쟁한다. 식당과 매장에서, 때로는 가정의 각 방에서 음악이 울려 퍼지고 텔레비전이 켜져 있다. 정보화 시대의 삶은 소란스러우며 우리의 귀, 눈, 관심, 주머니를 차지하려는 경쟁이 치열해질수록 소음은 더욱 커져만 간다.

어느 정도 나이 든 사람들은 디지털 혁명이 삶을 얼마나 크게 변화

시켰는지 잘 알고 있지만 자녀들은 유선 전화를 사용하고 도서관에 엄청난 카드식 목록이 비치되어 있고 텔레비전에 채널이 13개뿐이던 시대를 상상조차 하지 못한다. 1970년대 이후, 특히 1990년대 이후에는 급격한 속도로 정보가 증가하여 세상을 집어삼켰으며 사람들은 인터넷 접속을 유지하고 최신 정보를 접할 수 있는 기기에 점점 더 중독되었다. 이 모든 변화가 비교적 최근에 일어난 것이지만 자녀들이 알고 있는 세상이란 토머스 프리드먼(Thomas Friedman)의 절묘한 표현처럼 '평평한' 세상이 유일하다.(3) 프리드먼은 과거에 소수의 특권층만 누리던 정보 자원을 이제는 모든 사람이 사용할 수 있다는 의미에서 '평평하다'라는 표현을 썼다. 디지털 네이티브(교육학자 마크 프렌키스가 2001년 논문에서 처음 사용한 표현으로 어린 시절부터 디지털 환경에서 성장한 세대를 일컫는다. 반대로 이전 세대는 아날로그 취향을 떨치지 못한 '디지털 이주민'으로 전락한다 – 옮긴이 주)에게 빛나는 네모난 화면은 살아가는 데 가장 필수적인 도구이며 정보에 대한 접근은 우리 일상에서 가장 중요한 부분을 차지하고 있다.

세상이 보다 고요하고 사람들이 주로 *오프라인*에 머물던 좋았던 과거를 애틋하게 기억하는 디지털 이주민조차 정보화 시대가 삶에 얼마나 큰 영향을 미치는지 깨닫지 못하고 있는 경우가 많다. 커뮤니케이션과 정보화 기술은 삶을 편리하고 효율적으로 만들며, 정보를 우리의 손끝과 귓속으로 바로 전달하는 새로운 기기가 없는 삶이란 상상하기도 어렵다. 하지만 80여 년 전 T. S. 엘리엇이 말했듯, 우리는 정보를 지식과 혼동하거나 지식을 지혜와 혼동해서는 안 된다.(4)

정보를 과소평가해서는 안 되는 이유

정보화 시대는 '신념(idea)의 시대'라고도 부를 만하다. 모든 노래, 영화, 트윗, 설교, 기사, 팟캐스트, 배너 광고, 게시판은 무엇을 믿고 어떻게 살아야 할지에 대한 메시지를 전달한다. 삶에 미치는 영향이 미미하다고 간주되는 정보조차 인생과 세상에 대한 신념을 담고 있다.

진실된 신념도 있지만 거짓인 신념도 있다. 시시하고 얄팍한 신념도 있지만 존재의 의미에 대한 심오한 생각을 전달하는 신념도 있다. 선한 의도를 가지고 신념을 퍼뜨리는 사람들이 있는 반면 남을 속이거나 해를 입히려는 사람들도 있다. 진정으로 상대방을 설득하려고 노력하는 사람이 있는 반면 상대의 감정을 조종하려는 사람도 있다. 신념의 형태는 다양하지만 어떤 경우에든 진지하게 접근해야만 한다. 왜일까? *신념은 결과를 낳기 때문이다.*[5]

물론 신념이 동일하게 중요한 결과를 낳는 것은 아니다. 중요한 신념일수록 그 결과의 무게도 크다. 그렇기 때문에 신념을 그저 종이에 적힌 무해한 단어로 여기거나 철학자들만 신경 쓸 머리 아픈 개념으로 치부하는 것은 어리석은 태도다. 많은 사람들이 잘못 생각하는 부분이 있는데, 신념이 책에만 고이 머무는 것이라면 신념을 논하는 일이란 테니스 친선 경기를 하는 것만큼이나 해롭지 않은 일이다. 하지만 신념은 책에만 머무르지 않는다. 다리가 달리고 책장을 떠나 세상을 향해 걸어 나간다. 그러고는 우리가 생각하고 살아가는 방식에 영향을 미친다. 사회 전반을 형성하고 인류 역사의 과정을 이끌어 간다.

*그릇된 신념은 희생자를 만들어 낸다*는 말을 강조해야 하는 이유가 여기에 있다. 실제 인간이 그릇된 신념으로 인한 결과로 고통을 당하며

무고한 구경꾼도 예외는 아니다. 예를 들어 국가 권력이 그릇된 신념에 따라 경제를 운용하면서 20세기에만 수천만 명이 목숨을 잃었다. 유명인, 명성, 겉모습에 대한 그릇된 신념은 십 대 소녀들을 혼란에 빠뜨려 굶거나 섭취한 음식을 토해 내는 행동을 유발한다. 남성성에 대한 그릇된 신념에 사로잡힌 젊은 남성들은 영원히 청소년기에 머물면서 목표도 없이 비디오 게임에 중독된 상태로 지낸다. 성과 관계에 대한 그릇된 신념은 대학 캠퍼스에서 가벼운 만남을 부추겨 학생들이 무너진 관계로 인해 이용당하고 고립되도록 만든다.

오늘날에는 신념이 지나치게 많을 뿐더러 여러 방향에서 빠르게 다가온다는 점에서 자세히 살피기가 더욱 어렵다. 이 때문에 많은 사람들은 신념에 대해 비판적으로 사고하거나 분별력 있게 의견을 표현하는 것은 고사하고 신념을 신념으로 인식조차 하지 못한다. 결코 사소한 문제가 아니다. 신념을 다스리지 못하면 신념이 인간을 다스리게 된다. 주변의 정보를 수동적으로 받아들이기만 한다면 다른 사람들이 우리를 제멋대로 판단하고 만다.

신념에도 경고 표시가 있다면 도움이 될 것이다. 영화, 텔레비전 프로그램, 노래, 유튜브 동영상에는 욕설, 노골적인 성적 표현, 과도한 폭력에 대한 경고문이 나온다. 하지만 신념에는 그러한 경고가 표시되지 않는다. 따라서 우리는 이 신념 과잉의 시대에 항상 경계심을 늦추지 않고 적극적으로 사고하고 기독교 학자이자 저술가인 낸시 피어시(Nancy Pearcey)가 말한 '거짓말 탐지기'를 작동시켜야 한다.[6] (이 책을 포함한) 공공 서비스 차원에서 인생을 위해 다음과 같은 경고문을 덧붙이는 것이 어떨까?

다음 콘텐츠(노래, 영화, 프로그램, 광고, 연설, 트윗, 게시물, 이미지, 스토리, 책, 설교 등)에는 신념이 주장, 인물의 구현, 결과의 서술, 풍자적인 과장 또는 감정 분출의 형태로 담겨 있습니다. 이러한 신념은 어떠한 주장에 의해 뒷받침되지 않더라도 사실로 상정되며 연기자, 제작자, 감독, 음악가, 저술가, 연사의 세계관을 반영합니다. 신중하게 판단할 것을 권합니다.

자녀들이 신념과 씨름하는 이유

정보에 과부하가 걸린 문화에서 신념을 이해하기란 쉬운 일이 아니다. 초보자들을 위해 말하자면, *우리는 자녀들이 어떤 신념에 노출될지 혹은 언제 그러한 신념에 노출될지 통제할 수 없다.* 자녀의 통제와 안전을 열망하는 것으로 알려진 부모 세대에게는 받아들이기 어려운 현실이 아닐 수 없다. 대다수의 부모들처럼 필자들도 자녀들의 예상치 못한 질문에 답해 줘야 하는 상황을 종종 만나며 *대체 이런 걸 어떻게 알고 있는 거지? 이런 대화를 나누기에는 아이들이 너무 어린 것 아닌가?* 하는 생각도 한다.

그야말로 정보화 시대에 살고 있는 것이다. 지난 십 년 동안 이런 상황은 시간이 갈수록 악화되었다. 본인이 미디어에는 해박하지만 대중문화에 대한 이해는 걸음마 단계라고 생각한다면 이미 시대에 뒤떨어진 상태다. 십 년 전 청소년 관람 불가(R) 등급을 받았던 영화가 지금이라면 PG-13 (13세 미만은 보호자 동반이 있어야 관람 가능 – 옮긴이 주)을 쉽사리 받을 것이다. PG (보호자 지도 등급) 영화와 황금 시간대에 방영되는 TV 시트콤에도 비속어와 성적 발언이 등장한다. 언제나 그렇듯 전체 관람가 영화와 만화라도 교묘하게 세계관이 반영된 메시지가 담겨 있다.

게시판, 광고, 노랫말, 마우스 한 번의 클릭만으로 새로운 신념에 접근하고 노출되는 시대다. 무신론자들의 주장을 한 번도 접해 본 적 없는, 영적으로 연약하고 호기심 많은 자녀들이 페이스북 피드에서 리처드 도킨스(Richard Dawkins, 『이기적 유전자』로 잘 알려진 영국의 진화생물학자 - 옮긴이 주)와 관련된 동영상을 우연히 접하게 될 가능성이 높다. 자신의 신앙을 의심할 이유가 없던 기독교 청년들은 하나님, 진리, 도덕성에 대한 비기독교인들의 신념을 마주치게 된다.

그렇기 때문에 부모, 교회 지도자, 멘토가 자녀들이 곤란한 질문을 하고 논쟁적인 주제를 고민할 수 있는 환경을 조성하는 것이 그 어느 때보다 중요하다. 자녀들을 양육할 때 논란이 되는 주제를 회피하여 더 이상 묻지 않도록 만드는 접근법은 효과가 없다. 정보화 시대에 자녀들의 고민을 들어주지 않는다면 얼마든지 부모를 대신하여 대화 상대가 되어 주려는 자들이 많다.

필자들의 가정에서는 자녀들이 토론하고 싶어 하는 질문이나 주제는 그 어떤 것이라도 존중하는 규칙을 지키고 있다. 자녀들에게 "그 문제에 대해 너는 아직 준비가 되어 있지 않은 것 같으니 때가 되면 이야기를 나누자꾸나"라고 말하거나 자녀들의 순수함을 해칠 만한 구체적인 내용을 일부 생략하고 대화를 나눌 수도 있다. 다만 자녀들이 호기심을 갖는 것이 잘못은 아님을 알기를 원한다. 아울러 자녀들을 속이거나 해할 생각을 가진 사람들이 아닌 부모에게 질문 거리를 가지고 오기를 간절히 바란다.

정보화 시대의 또 다른 도전 과제는 누구를 신뢰할 것인가다. 자녀들이 부모에게 질문하면 좋겠지만 수많은 신념이 경쟁하는 이 세상에서는 다양한 권위자들이 경쟁을 벌이기도 한다. 이 때문에 자녀들은 누구를 신뢰할지에 대해 고민한다. 목사님 말씀을 믿어야 하는가, 아니면 교수님 말씀을 믿어야 하는가? 부모님과 친구들 중 누가 더 많이 알고 있을까? 구글에서 답을 찾을 것인가, 아니면 갈라디아서에서 찾을 것인가? 성적 지향과 성별 인식에 대해 교과서, 교수, 〈허핑턴 포스트〉에서 한목소리로 "이미 과학적으로 결론이 났다."라고 말한다면 성경이 틀렸다는 의미인가?

신뢰의 문제가 복잡해지는 것은 자녀들이 기독교의 권위자들에 대해 *신뢰할 수 없다*는 생각을 할 때다. 예를 들어 까다로운 질문을 했을 때 교회에서 적극적이고 진지하게 들어주고 충분히 이해하도록 대답해 주지 않는다면 자녀들은 다른 곳에서 답을 찾을 것이다. 십 대들이 자신을 가장 잘 도와줄 수 있는 사람들에게 질문 거리를 숨겨야 했다고 고백하는 것을 셀 수 없을 정도로 많이 들어 왔다. 하나님에 대해 의문을 품는 것이 죄라거나 "그저 믿어야 한다."라는 말을 들었기 때문이다.

절대로 자녀들에게 질문하는 것이 곧 의심하는 것이라거나, 의심하는 것은 죄라는 인상을 줘서는 안 된다. 하나님에 대해 의문을 품는 것이 잘못이라면 시편은 성경에서 사라져야 마땅하다. 이스라엘의 찬송시 모음집인 시편에는 다윗이나 다른 시편 기자들이 하나님이 정말 선하신 분인지, 심지어 실제로 존재하시기는 하는 건지 묻는 구절이 얼마나 많은가?

물론 진지한 질문과 냉소는 전혀 다르다. 잠언에서 솔로몬은 하나님을 찾는 자들과 하나님을 조롱하는 자들을 구분한다. 조롱하는 자들은 답에 관심이 없지만 하나님을 찾는 자들은 답을 원한다. 조롱하는 자들의 마음은 굳어 있으며 설사 진리를 찾는다 하더라도 그 진리를 받아들이지 않는다.

필자들의 경험상 하나님을 찾는 사람들이 의심과 질문에 대해 고민하도록 허용되지 않으면 조롱하는 사람이 되고 만다. 부모들은 자신이 잘못된 답을 해서 상황이 더 악화될까 두렵겠지만 질문을 받았을 때 진지한 질문을 한다고 자녀를 다그치기 보다는 "잘 모르겠지만 같이 답을 찾아보자"라고 말하는 편이 훨씬 낫다. 정보화 시대에 부모가 자녀들의 질문을 진지하게 받아주지 않는다면 다른 누군가가 답을 준다는 것을 기억해야 한다.

자녀들이 부모, 목회자나 교회 지도자의 삶에서 위선이나 비윤리적인 면을 발견하면 신뢰와 관련하여 큰 어려움을 겪는다.

몇 년 전 학생들에게 강연을 한 적이 있는데 강연 후에 한 십 대 여학생이 "왜 하나님은 착한 사람들이 나쁜 일을 당하도록 놔두시는가?"라는 기독교인과 회의론자 모두를 계속 괴롭히던 질문을 한 적이 있다. 답변할 준비가 되어 있던 필자는 인간의 자유, 부활의 소망, 선 또는 악을 설명하는 다른 세계관들의 실패에 대해 설명했다. 충분한 답변이 되었으리라 생각했으나 그 학생이 한 마디를 덧붙였다. "그럴싸하게 들리지만 저에게는 도움이 되지 않네요."

그러더니 아버지의 도덕적 실패를 보고 얼마나 크게 실망했는지, 아버지가 목회를 하던 교회에서 가족들을 얼마나 부당하게 대우했는지에 대해 이야기했다.

학생은 "실망감을 준 아버지에게 화가 납니다. 가족들의 등 뒤에 비수를 꽂은 교회에도 화가 나고요. 이 모든 일이 일어나도록 놔두신 하나님에게도 화가 납니다."라고 말했다. 그러더니 "하나님에게 화를 내서는 안 된다는 걸 알기 때문에 이런 내 자신에게도 화가 나요"라고 덧붙였다.

필자들이 양육했던 많은 학생들과 마찬가지로 이 십 대가 지적인 의구심을 나타낸 것은 내면의 상처가 바깥으로 드러난 것이다. 믿었던 모든 사람에게 실망했기 때문에 하나님을 더 이상 신뢰하지 못했다.

다음 세대와의 신뢰를 유지하기를 바란다면 반드시 그 소망을 이루리라고 말하려는 것이 아니다. 결국 기독교인은 완벽한 사람들이 아니라 용서받은 사람들이다. 부모나 목회자의 도덕적 실패가 한 청년의 믿음을 흔들리게 만들 수 있듯 이룰 수 없는 기대로 인한 끊임없는 압박과 위선 역시 믿음을 해칠 수 있다. 다른 한편으로는 그리스도로 인해 무너진 삶, 결혼 또는 관계가 회복되는 경험만큼 믿음을 굳건하게 만드는 일도 없다. 실패를 감추고 완전한 척 행세하는 것은 부모와 자녀 모두에게 위험한 일이다. 대신 부모와 지도자들은 연약함을 인정해야 한다. 자녀들은 어른들도 자신과 마찬가지로 의문을 품고 고민하고 의심하는 존재라는 것을 알아야 한다. 자신이 잘 알고 사랑하는 사람들의 삶에서 하나님이 친히 역사하시는 것을 전혀 경험할 수 없다면 그리스도가 죄인들에게 진리되시고 자신을 나타내시며 부활의 소망되신다는 말에 공감하지 못할 것이다.

또한 자녀들은 성경을 믿어야 하는 방법과 이유를 배워야 한다. 기본적으로 모두가 하나님 말씀을 믿는 환경인 교회나 가정에서 성경을 받아들일 수는 있다. 하지만 성경이 인종 차별적이고 동성애나 여성을 혐오한다고 바라보고, 과학과 현대 철학을 가장하여 성경의 주장을 비평하고 재해석하는 대학 캠퍼스와 같은 환경에서 믿음을 유지하는 것은 또 다른 문제다.(자녀들이 성경의 권위를 이해할 수 있도록 돕는 간략한 안내는 17장을 참고)

끝으로, *많은 학생들이 생각하는 방법을 모르기 때문에 신념과 씨름하고 있다.* 정보화 시대에 우리는 이해하기 어렵고 복잡하며 끊임없는 사유를 요구하는 신념을 마주치게 된다. 이런 문화에서 자녀들은 자신만의 방식으로 사유해야 한다. 하지만 필자들은 학생들을 양육하면서 이들이 기초적인 논리에 얼마나 무지하며, 어리석은 신념과 취약한 주장에 얼마나 빠르게 굴복하는지 깜짝 놀라곤 한다. 많은 성인 기독교인들도 비슷한 경험이 있을 것이다.

예를 들어 많은 학생들이 개인적인 의견(assertion)을 사실에 근거한 주장(argument)과 구분하지 못한다. "창세기의 이야기는 고대 문학의 여러 창조 신화 중 하나이므로 사실일 수 없다."는 객관적인 주장이 아니다. 진지하게 받아들여야 하는지 조사하고 명확하게 따져봐야 할 의견이다. 성경의 이야기가 신화와 어떤 점에서 유사한가? 혹은 어떤 점에서 다른가? 어느 것의 순서가 더 먼저인가? 어떤 이야기가 권위 있는 자료로 뒷받침되는가?

또한 많은 자녀들이 감정과 이성을 혼동한다. 현재 너무나 많은 대학이 건전한 논쟁과 토론의 장으로 기능하지 못하고, 언어 규범과 안전 공간(사회적 차별과 정서적 위협으로부터 안전한, 소수자 보호를 위한 공간 - 옮긴이 주)으로 인해 지적으로 무력화된 상태다. 이러한 환경에서는 학생들이 생각하는 법을 배우지 못한다. 최근 콜로라도의 한 대학의 교수들이 환경에 대한 강의에서 인간이 유발한 기후 변화에 관한 이론을 반박하는 신념을 다루지 않을 것이라고 밝혔다. 지역의 방송국에서 학생 두 명에게 이 강의의 정책에 대해 어떻게 생각하는지 묻자 학생들은 "그 교수들이 다른 의견을 허용해야 한다고 느낀다."고 답변했다.[7]

감정은 생각과 다르지만 많은 학생들이 그 차이를 구분하지 못한다.

이들은 친절한 것이 옳은 것보다 더 중요하며, 관대한 것이 진리를 아는 것보다 더 중요하다는 말을 계속 듣는다. 하지만 오늘날의 관용은 전혀 관용이 아니다. 진정한 관용이란 상대방이 자신과 다른 의견을 가지고 있더라도 상대를 존중하며 대하는 것을 뜻한다. 오늘날의 관용은 지배적 문화에 대한 의견을 받아들이는 것이며 그렇지 않으면 '편협한' 사람으로 낙인 찍힌다.[8] 이러한 문화에서는 사람들이 생각하지 말고 순응해야 한다는 압박을 받는다.

이와 더불어 다음 세대의 사고 능력을 저해하는 요인으로 쉴 새 없이 제공되는 즐길 거리를 들 수 있다. 올더스 헉슬리(Aldous Huxley)는 "인간의 오락에 대한 욕구는 무한에 가깝다."라고 표현한 바 있다.[9] 오락 거리에 중독된 사람들에게는 최소한의 지적 노력조차 주변에 널린 빛나는 네모 기기를 통해 끊임없이 제공되는 주문형 영화, 소셜 미디어, 게임 서비스와 비교해 버거운 일로 느껴진다. 1985년에 사회 비평가인 고(故) 닐 포스트먼(Neil Postman)은 '죽도록 즐기는' 미국인들을 비판하는 책을 펴낸 바 있다.[10] 포스트만이 아직 살아 있다면 어떤 생각을 할지 문득 궁금해진다.

*즐긴다(amuse)*라는 단어는 '생각하다'를 의미하는 *muse* 앞에 부정하는 접두사인 *a*가 붙어 말 그대로 '생각하지 않는다'를 뜻한다. 오락 거리가 주는 압도적인 즐거움이 인간의 지적 에너지 발달을 가로막는다. 비단 젊은 세대에만 해당되는 문제가 아니다. 지금 이 원고를 비행기에서 쓰고 있는데 통로 반대편에 앉은 여성이 헤드폰을 사용하지 않고 아이패드로 게임을 즐기고 있다. 엔진 소음에 사운드가 묻히자 볼륨을 한껏 키워서 게임 소리가 다른 승객들에게 불편함을 주고 있는데 그런 사실을 인지하지 못하거나 개의치 않는 모습이다. 빛나는 네모 기기

에 빠진 이 승객은 사고를 안 할 뿐만 아니라 다른 승객을 배려하지 않고 있다. 이처럼 즐길 거리에 중독되어 타인에 대한 배려나 관심이 없는 문화가 형성된다면 그러한 즐길 거리가 해롭지 않다고 말할 수 없다. (오락 거리에 대해서는 14장에서 더 자세히 살펴볼 것이다.)

정보화 시대에 분명한 사고를 하지 못하는 자녀들은 다른 사람에게 속게 된다. 자신이 맞닥뜨리는 신념을 이해하기 위해서는 충분히 알고 충분히 관심을 기울여야 한다. 바울은 서신을 받는 교인들에게 "누가 철학과 헛된 속임수로 너희를 사로잡을까 주의하라"고 당부했다.(골로새서 2장 8절) 소음이 가득한 오늘날의 문화에서 자녀들이 적극적으로 사고하여 하나님이 소유하신 백성으로 살아갈 수 있도록 도우려면 어떻게 해야 할까?

'세계관을 염두에 두고' 생각하기

그릇된 신념이 범람하는 세상에는 올바른 신념이 필요하다. 무엇이 진리인지 아는 것은 언제나 중요하며 특히 정보의 홍수 시대에는 그 중요성이 어느 때보다 더 크다. 그런데 (이상하게 들리겠지만) 자녀들에게 진리에 대해 말하는 것만으로는 충분하지 않다.

진실된 정보라 하더라도 정보의 홍수에 추가되는 것일 뿐이며 무엇이 진실인지 구분할 수 없다. 마치 바다에 물 한방울을 떨어뜨리거나 소란스러운 방에서 작은 목소리를 내는 것과 같이 진리가 거짓말, 반쪽 진실, 선전, 사소한 정보에 파묻히기 때문에 자녀들이 진리에 충성하는 것은 고사하고 관심을 기울이는 것조차 어렵다. 필자들을 비롯한 부모들은 "우리 말을 애들이 듣고는 있을까?"라고 궁금해 한다.

받아들이기 쉽지 않겠지만 부모와 멘토의 말은 다음 세대의 마음과 생각을 차지하기 위해 다투는 여러 목소리 중 하나에 불과하다. 자녀들의 인생에서 정보라는 버스가 잠시 머무르는 숱한 정류장 중 하나일 뿐이다. 설사 우리의 목소리가 자녀들이 듣게 되는 가장 큰 소리가 아닐 수 있고, 특히나 가장 듣기 좋은 목소리가 아니더라도 철저히 계획적으로 접근해야 한다.

자녀들은 부모에게 진리에 대해 들어야 할 뿐만 아니라 진리를 *토대로* 생각하는 법을 배워야 한다. 빌립보 교회를 위한 바울의 기도가 곧 우리의 기도가 되어야 한다.

> 내가 기도하노라 너희 사랑을 지식과 모든 총명으로 점점 더 풍성하게 하사
> 너희로 지극히 선한 것을 분별하며 또 진실하여 허물 없이 그리스도의 날까지 이르고
> 예수 그리스도로 말미암아 의의 열매가 가득하여 하나님의 영광과 찬송이 되기를 원하노라
>
> (빌립보서 1장 9~11절)

바울은 빈번하게 사용되는 것에 비해 정의되는 일은 드문 '분별(discernment)'이라는 단어를 훌륭하게 설명하고 있다. 바울의 서신에서 *분별*은 "진리와 진실된 것을 거짓과 가짜와 *구분*하는 능력"이다. 그런데 이 서신에서 분별은 단순히 정신적 능력만을 의미하는 것이 아니다. 18세기의 천재 문학가였던 새뮤얼 존슨(Samuel Johnson)은 분별력이 "좋은 것을 나쁜 것과 구분하고 진짜를 가짜와 구분하며, 나쁜 것과 가짜인 것 대신 좋은 것과 진짜인 것을 원하는 능력"이라고 말했다.[11]

자녀들이 온갖 소음을 극복하고 이 문화에서 풍성한 삶을 살기를 바란다면 사실을 암기식으로 외우는 것으로는 부족하다. 분별력이 필요한 것이다. 청년들은 진리를 알아볼 뿐만 아니라 접하게 되는 모든 신념을 구분하고 평가하는 진리라는 렌즈를 통해 삶의 모든 부분을 살펴야 한다.

모든 사람에게는 '믿음의 안경'이라는 세계관이 있어 이를 통해 세상을 바라본다. 세계관은 마치 시력에 맞게 제작된 안경처럼 세상을 있는 그대로 보도록 도와줄 수 있지만, 도수가 맞지 않는다면 세상을 제대로 보는 데 방해가 된다. 우리는 세계관 *자체*를 바라보는 것이 아니라 세계관을 통해 세상을 바라본다. 세계관이 있느냐 없느냐가 문제가 아니라 어떤 세계관을 가지고 있느냐가 문제다.

세계관은 "우리가 깨닫든 깨닫지 못하든 지니고 있는 기본 신념의 틀로서, 세상에 대한 관점과 세상을 *향한* 관점을 형성한다."[12] 모든 사람은 세계가 자연이 우연히 만들어 낸 결과인지 아니면 하나님의 창조물인지, 옳고 그름이 절대적인지 상대적인지, 내세가 존재하는지 그렇지 않은지, 인간이 양심을 가진 동물에 불과한지 아니면 우주에서 일종의 특별한 위치에 있는 고차원적 존재인지 등 현실의 본질에 대한 기본적인 신념을 가지고 있다. 우리는 이러한 기본적인 가정을 토대로 인생을 살아가고 의사 결정을 내린다.

세계관의 형성은 배워서 습득하는 것보다는 획득하고 얻는 것에 가깝다. 대다수 사람들은 마치 감기에 걸리듯 주변 문화에서 세계관과 관련된 신념을 '얻는다.' 그렇기 때문에 멈춰 서서 자신의 세계관을 들여다보지 않는다면, 그것이 올바른 세계관이 아닐지라도 계속 유지할 위험이 있다.

무엇보다 세계관은 세상에 대한 관점을 마련해준다. 우리는 어떤 세상에 살고 있는가? 삶은 임의로 주어지는 것인가, 아니면 목적이 있는 것인가? 역사는 특정 방향을 향해 가는가, 아니면 에른스트 네이글(Ernest Nagel)의 말처럼 '두 편의 망각 사이에 있는 하나의 일화'일 뿐인가?[13] 세상에 *대한* 관점은 다음 질문에 대한 신념을 비롯해 현실을 어떻게 인식하는지 보여준다.

- 기원: 만물은 어디에서 왔는가?
- 정체성: 인간이란 무엇인가?
- 의미: 인생의 의미는 무엇인가? 인생의 목적은 무엇인가?
- 도덕성: 옳고 그름은 누가 정하는가? 세상에서 무엇이 잘못되었으며 어떻게 바로잡을 수 있는가?
- 운명: 사람이 죽으면 어떤 일이 일어나는가? 역사는 어디를 향해 가는가?

이중 부정문을 지양해야 하지만, 이러한 질문에 답을 '안 할 수가 없다.' 시간을 들여 자신의 머리와 마음으로 진지하게 답을 찾지 않는다면 어떤 삶을 살고 어떤 의사 결정을 내리며 특히 남들과 어떤 관계를 맺는지에 관해 수동적으로 답을 얻게 된다. 빌 브라운(Bill Brown) 박사가 종종 말하듯 "사람은 말한 대로 살아가지 않을 수 있어도, 필히 믿는 바에 따라 살아간다."[14]

위의 질문에 어떻게 답하느냐는 다른 질문에 대한 답을 결정한다. 예를 들어 세상을 창조한 하나님이 존재하지 않는다면(기원) 인간은 다른 생명체와 마찬가지로 자연력의 부산물일 뿐이다.(정체성) 콜럼바인 고등학교에서 총기를 난사한 딜런 클레볼드(Dylan Klebold)와 에릭 해리스(Eric Harris)의 신념이 옳다면 죽음 이후의 삶은 존재하지 않으며(운명) 두 사람은 1999년 4월 20일에 저지른 행동에 대해 영원히 대가를 치를 필요가 없다.(도덕성) 이러한 문제에 대해 따로 고민하지 않더라도 삶에 대해 어떤 기본 신념을 가지고 있느냐는 중요한 문제다.

세상에 *대한* 관점은 세상에서 벌어지고 있는 일을 이해하는 틀을 마련해 준다. 인생에 궁극적인 목적이 없다면 누구도 고통받을 필요가 없다. 인간이 생물학적 기계에 불과하다면 인간의 가치는 겉모습이나 행동으로 결정될 뿐이다. 세상을 설계한 분이 없다면 결혼, 성별, 정부와 같은 개념은 인간의 결정에 따라 달라진다.

또한, 세계관은 세상을 *향한* 관점을 결정한다. 세계관은 우리가 중시하는 가치를 결정하고 그 가치는 행동을 결정한다. 우리의 행동을 통해 인생에 대한 핵심적인 신념이 드러난다. 그렇다면 최고의 인생을 살기 위해서는 무엇이 진리이고 옳은 것인지 판단하고 깊은 곳에 자리한 신념에 따라 살아가야 한다. 자신이 무엇을 믿고 있는지 유심히 살피지 않으면 주변 문화에서 중시하는 가치와 행동이 반영된 세계관을 수동적으로 받아들이게 된다.

세계관의 형성

문화를 뒤덮은 온갖 소음에도 불구하고 여전히 부모가 자녀들의 인생에 가장 중요한 의견을 주는 존재라는 사실은 희소식이다. 또한 교회와 멘토가 큰 영향을 미친다는 점도 다행이다. 끈끈한 관계를 맺고 있다면 자녀가 강건하고 정보에 입각하며 사려 깊은 기독교적 세계관을 형성할 수 있도록 도울 수 있다. 그 방법을 소개한다.

1. 이른 시기부터 세계관에 대해 대화를 자주 나눈다.

'세계관'이라는 단어가 낯설기는 하지만 자녀들은 자신이 세계관을 가지고 있으며, 세계관이란 무엇이고, 어때야 하며, 기독교인의 세계관은 다른 사람들의 세계관과 어떻게 다른지 알아야 한다. 또한 노래, 영화, 텔레비전 프로그램, 기사, 연설, 트윗, 게시물, 광고마다 세계관에 뿌리를 둔 가치와 행위가 반영되어 있음을 알아야 한다.

2. 비기독교적 세계관을 설명한다.

신념에 이름을 붙이면 위협감과 영향력이 약해진다. 자녀들은 여러 세계관을 접할 때 이를 구분할 수 있는 능력을 갖춰야 한다. 몇 년 전, 필자가 인도했던 서밋 세계관 컨퍼런스에 참석한 크리스라는 학생에게 이메일이 왔다.

이메일에서 크리스는 세계관에 대해 배우고 난 후 친구들과의 영화 관람이 얼마나 달라졌는지 설명했다. "영화를 보는 동안 느긋하게 쉬려고 했지만 그럴 수가 없었어요. 영화를 보는 동안 *잠깐만, 저건 세속적 인본주의잖아. 아니, 저건 진실이 아니야. 영화는 무슨 말을 하려는 거지? 저게 진실인지 어떻게 알지?* 생각이 꼬리를 물고 이어졌어요. 이 세계관이라는 것에서 벗어날 수 없다는 것을 깨달았죠." 영화가 끝난 후 크리스는 영화에서 발견한 신념에 대해 친구들과 대화를 나눌 수 있었다. 크리스는 "친구들은 정말 멋진 일이라고 생각했고 제가 영화에서 그 모든 것을 어떻게 발견해 냈는지 궁금하게 여겼어요"라고 말했다.[15]

3. 자녀가 좋은 책을 읽도록 적극 권한다.

"리더(leader)는 독서가(reader)이며, 독서가는 리더다."라는 말은 정말 그렇다. 좋은 책을 읽는 아이들은 훌륭한 내용을 배울 뿐만 아니라 생각하는 법을 배운다. 기본적으로 책은 선형으로 전개되지만 인터넷은 그렇지 않다. 책은 1쪽 다음에 2쪽, 3쪽으로 이어지며 원인과 결과가 드러난다. 반면 구글의 첫 페이지에서 출발하면 구글이 이끄는 대로 어디든 가게 된다.

4. 가능할 때마다 신념에 대해 대화를 나눈다.

매장에서 들리는 노래 가사에 관심이 간다면 그 가사에 대해 이야기를 나눈다. 광고에서 상품이 효과를 약속한다면 거기에 대해 대화를 나눠 본다. 자연재해나 국가적인 비극이 발생한다면 함께 대화를 나눈다. 영화를 잠시 멈추고 선한 인물과 악한 인물의 차이에 대해 이야기한다. 저녁 식사를 하면서 중요한 뉴스에 대해 공유한다. 대화를 나눌 기회는 어디에나 있다.

5. 훌륭한 질문을 한다.

역사상 가장 탁월한 교육자였던 예수와 소크라테스는 훌륭한 질문을 했다는 공통점이 있다. 학생들이 신념을 고민하도록 이끄는 데 대화보다 더 좋은 기술은 없다. 우리는 성급하게 설교를 하거나 가르치는 경우가 많지만 훌륭한 질문을 하는 방법을 배울 필요가 있다.

종종 사용할 만한 간단한 질문 몇 가지를 소개한다.

그게 무슨 의미니? 신념을 둘러싼 싸움은 정의에 대한 싸움에서 시작된다. 다른 사람들과 같은 단어를 사용하더라도 동일한 사전적 정의를 사용하지 않는 경우가 많다는 사실을 발견할 것이다. 따라서 자녀들에게 사용하고 있는 단어의 정의를 묻는 질문은 언제나 유용하다. 예를 들어 사람들은 "동성 결혼도 평등하게 다뤄야 한다."라고 종종 주장한다. 하지만 이런 주장은 *결혼* 또는 *평등*이라는 단어를 분명하게 정의하지 않으면 동성 결혼에 반대하는 것이 곧 평등에 반대하는 것으로 보이도록 유도한다. 덫에 걸려서는 안 된다. "아뇨, 동성 결혼을 평등하게 다룰 필요가 없어요!"라고 답하는 대신 "결혼의 의미가 무엇인가요?"라

고 물어보라. 결국 사람들에게 아무하고나 결혼을 허용하는 문화란 없으며, 여기에는 정당한 이유가 있다. 누구와 결혼할 수 있느냐는 결혼이란 무엇인가에 따라 달라진다.[16]

이 시대의 문화에서 신중하게 정의해야 할 단어는 이밖에도 많다. 예를 들어 오늘날의 문화에서는 방종을 부추기면서 이를 *자유*라고 부른다. *진리*는 현실에 부합하는 사실로 정의되는 대신 '당신에게 진실인 것'으로 정의될 때가 많다. 온전하고 올바르게 정의되어야 할 가장 중요한 단어로 *사랑*을 꼽을 수 있다. 오늘날의 문화에서 사랑은 변덕스러운 감정이나 성적 매력으로 간주된다. C. S. 루이스가 지적한 대로 인간이 하나님이나 다른 사람들과 올바른 관계를 맺기 위해서는 최소한 네 가지의 사랑을 분명하게 이해하고 적절하게 순서를 매겨야 한다.[17]

그게 사실인지 어떻게 아니? 주장을 하려면 논거로 뒷받침해야 한다. 이 질문은 자녀들에게 자신이 한 말을 뒷받침하고 자신이 왜 그렇게 믿는지를 이해하도록 유도할 뿐만 아니라 근거 없는 주장을 구별할 수 있도록 돕는다.

물론 자녀들은 우리에게 이 질문을 되묻는 방법을 금방 터득한다! 성가시게 느껴질 수도 있지만 부모뿐 아니라 상대방에게 질문하는 법을 가르치는 것은 성가심을 감내할 만한 가치가 있다. 자녀들은 권위 있는 사람들에게 언제 질문을 해야 하는지, 가만히 듣고 순종해야 할 때는 언제인지 배워야 한다. 하지만 질문하는 법을 배우면 사람들이 자기가 무슨 말을 하고 있는지 잘 모르면서 말하고 있는 것인지 간파하는 데 도움이 된다.

네 생각이 틀리다면 어떻게 될까? 이 질문은 신념의 결과를 생각해 보도록 이끈다. 블레즈 파스칼(Blaise Pascal)은 하나님의 존재에 관한

'내기'를 제안한 것으로 유명하다. 하나님이 존재한다는 기독교인들의 믿음이 틀리고 무신론자들의 생각이 옳다 하더라도 영원히 잃을 것은 없다. 그러나 기독교인들이 옳다면 무신론자들은 불신앙에 대해 무시무시한 결과를 맞이하게 된다.

1970년대에 쌍방의 책임을 묻지 않는 이혼에 찬성한 사람들은 "아이들은 극복할 것이다. 오히려 부모가 더 이상 혼인 상태가 아니더라도 행복하다면 아이들은 더 나은 삶을 살 것이다."라고 주장하곤 했다. 이들의 예상은 빗나갔다. 이혼에는 대가가 따랐으며 타인의 그릇된 신념에 희생된 수백만 명의 자녀들은 "어린 시절부터 자신도 부모와 마찬가지로 결국 성공하지 못하리라는 강력한 환영에 시달리게" 되었다.[18]

다음 세대는 문화의 소음을 극복하고 일어설 수 있다. 신념을 온전히 이해하는 법을 배우고 진리에 담대하게 이를 수 있다. 하지만 그렇게 되려면 부모의 도움이 절실하다.

나눌 질문

1. 당신은 디지털 이주민인가요, 아니면 디지털 네이티브인가요? 이는 정보화 시대를 살아가는 접근 방법에 어떤 영향을 미쳤나요?

2. 세계관이라는 개념을 정의해 보세요. 자신과 다른 세계관을 가진 사람과 나눴던 대화나 교류에 대해 설명해 보세요.

3. 인기 있는 노래, 동영상, 텔레비전 프로그램이나 기사

를 골라 세계관 관점에서 분석하고 핵심적인 신념을 찾아보세요.

4. 신념이나 세계관이 서로 다른 친구와 대화를 나누는 역할극을 해 보세요. 4장 끝부분에 소개한 3개의 질문을 사용하여 신념이나 세계관에 대해 대화를 나눠 보세요.

Chapter 05

탈기독교화 시대의 정체성

*열국의 우상은 은금이요 사람의 손으로 만든 것이라
입이 있어도 말하지 못하며 눈이 있어도 보지 못하며
귀가 있어도 듣지 못하며 그들의 입에는 아무 호흡도 없나니
그것을 만든 자와 그것을 의지하는 자가 다 그것과 같으리로다*
(시편 135장 15~18절)

2013년 4월 29일 〈스포츠 일러스트레이티드(Sports Illustrated)〉는 제이슨 콜린스(Jason Collins)가 게이라고 커밍아웃했다는 소식을 헤드라인 뉴스로 보도했다. 이 소식은 주요 매체에서도 앞다퉈 다뤘다. 당시 농구, 미식축구, 야구의 3대 프로 스포츠 리그(NBA, NFL, MLB)는 LGBT (레즈비언, 게이, 양성애, 트랜스젠더) 혁명의 영향을 거의 받지 않은 문화의 마지막 보루 중 하나였고 이 남성성의 수호자들이 이런 식의 변화에 어떻게 대처할지 분명하지 않았다.

콜린스의 커밍아웃에 대부분 긍정적인 반응이 이어졌다. 오바마 대통령은 콜린스에게 전화로 개인적인 축하 메시지를 전달했고 영부인은 "지지합니다"라는 트윗을 남겼다. 전설적인 농구 선수들, 유명인, 매체

는 콜린스의 고백을 역사적이고 획기적인 사건으로 칭송했다. 자신의 성적 지향이나 성별 인식에 대해 공개할 때 가장 흔하게 나타나는 반응은 "마침내 제이슨 콜린스가 있는 그대로의 모습이 되다."라거나 "콜린스는 더 이상 자신이 누구인지 숨길 필요가 없다."라는 것이다.

이날 오후 ESPN의 프로그램 〈아웃사이드 더 라인즈(Outside the Lines)〉에 출연한 NBA 분석가 크리스 브루사드(Chris Broussard)는 이 사건이 프로 농구에 어떤 영향을 미칠지에 관한 여러 질문을 받았다. 이제 더 많은 선수들이 커밍아웃 할까요? 동료들은 어떻게 반응할까요? NBA 팀들은 프로 선수로서 믿음직한 주전 역할을 해온 콜린스와의 계약을 꺼리게 될까요? 무척 흥미로운 대화였다.

그러다 대화가 사적으로 흘렀다. 기독교인이라고 공개적으로 밝혀 온 브루사드에게 농구와 관련 없는 질문이 제기되었다. 기독교인이면서 게이 남성으로 살아가는 데 어떠한 갈등도 없다고 밝힌 콜린스의 주장에 동의하는지 묻는 질문이었다. 브루사드는 답했다.

> 개인적으로는 공공연하게 이성 간에 혼전 성관계를 해서는 안 되듯, 드러내 놓고 동성애자로 살아가도 된다고 생각하지 않습니다. (중략) 공공연하게 그러한 생활 방식에 따라 살아가는 것에 대해 성경에서는 "그들의 열매로 그들을 알지니"라고 말합니다. 성경은 그것이 죄라고 합니다. (중략) 비단 동성애뿐 아니라 이성 간 간음, 사통, 혼전 성관계 등의 죄를 드러내 놓고 부끄러움 없이 저지른다면 그 죄가 무엇이든 하나님과 예수 그리스도를 공개적으로 부인하는 길로 가는 것이라 생각합니다. 성경에서 그들을 기독교인으로 보지 않으므로 저 역시 그런 사람을 기독교인이라고 부르지 않을 겁니다.[1]

이후 어떤 일이 벌어졌을지 짐작이 갈 것이다. 비평가들은 브루사드를 하차시키거나 해고해야 한다고 비난했다. 브루사드는 관용이 없고 편협하며 동성애자들을 혐오하는 것이 분명하다고 이들은 비판했다. 브루사드의 말을 자세히 살펴보면 그가 대다수 NBA 선수들의 성적 행위를 비난하고 있음을 알 수 있다. 그럼에도 동성애에 대한 의견만은 용납할 수 없는 부분으로 간주되었다. 아무리 직접적으로 답변을 요구받았다고 하더라도 브루사드는 자신의 발언이 시대에 뒤떨어지고 증오를 담고 있으며 편견에 사로잡힌 것으로서 공개 석상에서 사라져야 하는 것임을 알아야 했다. 기독교인으로서 상당수의 미국인은 말할 것도 없고 교황, 목사, 신학자, 지도자와 같은 의견을 말했을 뿐이라는 변명은 통하지 않는다.

같은 해 뉴멕시코 대법원은 일레인 위게닌(Elaine Huguenin)이 7년 전 동성 커플의 서약식 사진을 촬영해 달라는 요청을 거부한 것이 차별에 해당한다며 유죄 판결을 내렸다. 쟁점은 위게닌이 다른 상황에서도 게이와 레즈비언의 촬영을 거부했는지 여부가 아니었다. 다른 상황에서 위게닌은 촬영을 했다. 하지만 서약식에 참석한다는 것은 위게닌이 결혼에 대해 마음 속 깊이 품고 있는 신념과 충돌하는 행위를 축복한다는 의미였다.[2] 법원은 그러한 구별을 인정하지 않았다.

보충 의견에서 보손 판사는 자신은 어떻게 구별하는지 제시했다.

위게닌 부부는 원하는 대로 생각하고, 말하고, 믿을 자유가 있다. 자신이 선택한 하나님에게 기도하고 어디에서 개인의 삶을 살든 계명을 따를 수 있다. 헌법은 이를 비롯한 많은 부분에서 위게닌 부부를 보호한다. 하지만 여기에는 대가가 따르며 모든 사람은 시민으로서의 삶 속에서 그러한 대가를 치러야 한다.

시장, 상업, 공공시설처럼 규모가 더 작고 목적이 뚜렷한 사회에서 위게닌 부부는 자신과 생각이 다른 미국인들을 위한 공간을 남겨둘 수 있도록 신념이 아닌 행동을 조정해야 한다.[3]

보손 판사는 때로는 "모든 사람이 행동을 조정해야 한다"고 밝혔지만 결과적으로는 일레인 위게닌에게만 이를 요구한 셈이었다. 그러고는 이러한 "타협"이 "시민권의 대가"라고 표현했다.[4] 하지만 일레인의 서비스를 원하는 동성 커플은 대가를 지불할 필요가 없었다. 반면 위게닌 부부는 자신들의 신념과 행동을 일치시킬 수 없었다. 보손 판사는 *동성 커플이 그럴 필요가 없도록* 일레인이 신념에 어긋나는 행동을 하도록 제안한 것이다.

콜린스-브루사드 사건과 마찬가지로 이 갈등은 공개 석상에서 기독교 신념의 표현, 종교의 자유와 성적 자유의 충돌, 문화에서 끊임없이 변하는 성적 규범 등 오늘날 문화가 안고 있는 문제를 잘 보여 준다. 하지만 각 사건의 저변에는 또 다른 문제가 자리하고 있다. 오늘날 인간 정체성을 완전한 것으로 간주하는 관점이다.[5]

제이슨 콜린스는 성적 취향에 대해 밝히면서 그것이 *자기 자신의 본모습*이라고 자신만만했다. 반면 크리스 브루사드는 기독교 신앙이 혼자만 간직해야 하는 개인적 의견에 지나지 않는다는 비난을 받아야 했다. 일레인 위게닌은 동성 커플 서약식 참석에 대한 확고한 신념을 가지고 있었지만 보손 판사는 고객의 성적 행동을 기념할 *시민의 의무가* 있다고 밝혔다.

과거에는 행동의 측면에서 성에 대해 이야기했다면 지금은 성이 *나는 누구인가*에 대한 것이라고 한다. 오늘날 자녀들은 기독교 신앙이 성적 성향이나 성적 매력만큼 중요하지 않다는 메시지에 압도되고 있다.

종교적 신념은 개인적 의견일 뿐이지만 성적 취향은 결정적이고 완전하며 의심할 여지가 없다. 오늘날의 문화에서는 성적 취향이 곧 정체성이다.[6]

하지만 이는 기나긴 이야기에 최근 추가된 하나의 장일 뿐이다.

문화적 정체성 위기

과거에 사회학자 피터 버거(Peter Berger)가 '현대인의 영원한 정체성 위기'라고 표현한 바로 인해 성적 취향이 정체성으로서 인정받게 되었다.[7] 간단히 말하자면, 서양 문화에서는 인간으로 존재한다는 의미가 무엇인지가 사라진 지 오래다. 교육을 예로 들어 보자.

듀크대 학생은 "졸업할 무렵에는 어떤 사람이 되고 싶은지에 대한 철학이 없다."라고 말했다. "커리큘럼이라는 것은 누군가가 학생들이 졸업하기 전에 거쳐야만 한다고 정한 고생의 집결체다. '어떻게 하면 좋은 사람이 될 수 있는가?'를 묻는 사람은 아무도 없는 듯하다."[8] 이 학생의 말에 많은 사람이 공감할 것이다. 대학에 가라는 말을 듣고 자라지만, 왜 가야 하는가? 어떤 일이든 '해서' 돈을 벌고 좋은 물건을 사고 결국에는 은퇴해도 되지 않은가? 처음부터 끝까지 이어지는 과정에서 빠진 것은 어떤 일이든 대체 왜 해야만 하는가라는 이유다. 나는 누구이며, 목표는 무엇이며, 애초에 왜 존재하는가?

엔진, 핸들, 범퍼, 타이어, 좌석 커버, 기타 부품을 쌓아 놓고 새로운 자동차 모델을 개발 중인 자동차 회사가 있다고 가정해 보자.

CEO에게 "어떤 차를 만들 건가요? 대형차인가요, 중형차인가요? 완성차는 어떤 모습일까요?"라고 묻는다.

그러자 CEO는 "아직 계획이 없는데 부품들을 펼쳐 놓고 어떤 일이 벌어지는지 보겠습니다."라고 답한다면 어떨까? 이 회사의 미래는 그리 밝아 보이지 않는다.

마찬가지로, 우리가 어떤 사람을 교육하고 있고 장차 어떤 사람이 되어야 하는지 모른다면 교육은 강의, 기술 획득, 시험, 활동, 학위가 일관성 없이 뒤섞인 과정이 되고 말 것이다. 이제 패션, 사업, 공공 정책, 의료 서비스, 생명 의료 윤리, 중고등부 모임에 대해 떠올려보자. *인간이 어떤 존재인지* 명확하게 알지 못한다면 각 분야에서 어떤 일을 *해야 하는지* 알 수 없을 것이다. 우리가 이 부분에서 분명한 답을 가지고 있지 않다는 것만은 분명하다.

탈기독교 시대의 정체성이 궁금해진 여러분을 환영한다.

기독교가 세상에 여러 면에서 기여했지만 가장 큰 기여는 인간성에 대한 관점을 제시한 것이다. 철학자이자 무신론자인 뤽 페리(Luc Ferry)는 "기독교는 인간이 동일하게 존엄한 존재라는 인식을 심어 줬는데, 당시로서는 전례 없는 신념이었고 오늘날 남아 있는 민주주의 유산은 기독교에 빚진 것이다."라고 설명한다.[9] 한 세기 전, 또 다른 무신론자 철학자로 악명 높았던 프리드리히 니체(Friedrich Nietzsche)는 인간 평등을 "평등권에 대한 모든 이론의 원형을 제공한 또 하나의 기독교 개념"이라고 불렀다.[10]

오늘날 당연시되는 인간의 존엄성과 평등은 유대-기독교 교리인 '하나님의 형상(*Imago Dei*)'에서 비롯되었다. 이는 하나님이 인간을 특별하고 유일무이하게 창조하여 영원한 가치를 부여했다는 성경적 관점이다. 물론 그 어느 사회도 이러한 기독교적 이상을 완벽하게 이루지는 못했지만, 기독교의 영향을 전혀 받지 않은 사회란 상상조차 하기 어려우며 그런 세상을 이룩하려는 시도는 더 말할 것도 없다.⁽¹¹⁾ 오늘날 많은 사람들은 인간의 존엄성이라는 열매는 원하면서 그 뿌리는 맹렬하게 비난하고 있는 셈이다.

20세기를 통해 드러났듯 기독교 뿌리에서 인간의 존엄성을 분리시키려는 노력은 헛수고다. 헨리 그룬발트(Henry Grunwald)는 〈타임〉에 기고한 칼럼에서 "20세기에 기술 발전과 물리적 폭력보다 더 두드러진 특징 중 하나는 남성과 여성의 해체였다."라고 지적했다.⁽¹²⁾ 인간이 놀라운 성취를 이룬 것으로 종종 묘사되는 20세기에 정작 인간의 삶은 평안하지 않았다. 세속적 이념에 이끌려 끝없이 발전을 추구하면서 전쟁, 인종 청소, 유혈 사태가 이전에는 상상할 수도 없던 규모로 벌어졌다.

그룬발트는 그 이유를 다음과 같이 설명했다.

> 인간에 대한 관점은 명백하게 하나님에 대한 관점에 따라 달라진다. (중략) 최악의 모순, 어쩌면 최악의 비극은 세속주의가 인문주의(인간의 존엄성과 가치를 인정하고 인간을 모든 것의 중심으로 생각하는 사조 – 옮긴이 주)로 이어지지 않았다는 것이다. 점차 인간은 반사, 충동, 신경증, 신경 말단의 집합체로 해체되고 흩어졌다. 위세가 대단했던 종교적 이단이 인간을 만물의 척도로 받들었다면, 지금 우리는 인간을 무(無)의 척도로 만들고 있는 형국이다.⁽¹³⁾

하나님은 그분의 형상대로 인간을 만드셨다. 그렇기 때문에 하나님을 알아야만 우리 자신을 알 수 있다. 하나님 없이는 우리가 누구인지 더 이상 알 수 없다. 전체 문화뿐 아니라 각 개인에게도 해당되는 말이다.

20세기의 잔재를 물려받은 21세기는 모순으로 가득하다. 인간이 어떤 존재인지 모르면서 인권을 옹호하고 확대하려고 애쓴다. 학생들에게 대상과 방법에 대해 가르치지만 이유에 대한 일관성 있는 관점은 제시하지 못한다. 태아를 보호하고 치료하고 구하는 기술에 있어서는 극적인 발전을 이루었지만 한편으로는 장애아를 비롯한 일부 태아를 표적으로 삼아 제거하려 한다. 인생을 오락, 기기, 경험, 활동, 기타 즐길 거리로 채우고 있지만 분명한 *목적인*(telos, 아리스토텔레스가 말한 네 가지 원인 가운데 운동의 원인이 되는 목적 – 옮긴이 주)이 없다. 즉, 하나님 없이 인간이 번성하기를 원하는 것이다. 하지만 그런 일은 일어나지 않는다.

물론 하나님을 거부하는 사람들은 다른 제단에서 제사를 지낼 것이다. 과거에 나무토막에 귀를 새겨 놓고 거기에 기도하던 사람들을 비웃겠지만 우리에게도 거짓 신들이 있다. 우리의 형상을 따라 만든 신들이다. 시편 기자는 "그것을 만든 자와 그것을 의지하는 자가 다 그것과 같으리로다"라고 기록했다.(시편 135편 18절)

현대판 우상의 신전에서는 다음과 같은 우상을 섬긴다.

자기 자신. 십계명 중 제1계명은 "너는 나 외에는 다른 신들을 네게 두지 말라(출애굽기 20장 3절)"이다. 오늘날 우리는 *자기 자신* 외에는 다른 신들을 두지 않는다.

국가. 사도 바울은 "나의 하나님이 (중략) 너희 모든 쓸 것을 채우시리라(빌립보서 4장 19절)"라고 기록했다. 오늘날 우리는 국가가 쓸 것을 채워 주고 심지어 욕구를 채워 주기를 점점 더 바라고 있다.

성. 성은 사랑과 부부의 하나됨을 표현하는 수단으로, 하나님이 주신 멋진 선물이지만 많은 사람들에게 가장 열렬하게 추구하는 대상이자 그 자체로 목적이 되었다.

과학. 과학, 정확하게는 과학자의 말이 하나님 말씀을 대신하여 절대 진리의 원천이 되었다. 과학은 세상을 창조한 하나님에게 우리를 인도하는 대신 인간이 세상을 재창조하고 심지어 원하는 대로 인간 자체를 개조할 수 있도록 해 준다.

물질. 블레즈 파스칼은 하나님이 모든 인간에게 하나님만 채우실 수 있는 빈 공간을 만드셨다는 유명한 말을 남겼다.[14] 오늘날 끊임없이 쏟아지는 광고와 마케팅 슬로건은 빈 공간이 물질로 채워진다고 주장한다. 하지만 우리 삶을 물질로 채울수록 점점 더 만족을 모르게 된다.

우상은 절대 하나님을 대체할 수 없으며 무엇보다 인간성을 말살시킨다. 인간은 그것이 무엇이든 예배하는 대상의 형상으로 우리 자신과 타인을 인식한다. 사람들은 본질적으로 존엄성과 가치를 지닌 주체가 아닌 성적 대상으로 전락했으며 겉모습으로 가치를 평가받고 쾌락을 위해 이용된다. 마치 유용하고 편리한 물건을 평가하듯 장애인의 가치를 낮게 여기며 큰 도움이 되지 않거나 적합하지 않은 존재는 표적으로 삼아 자궁에서 제거한다. 20세기에 많은 정부가 신이라도 된 듯 마르크스주의, 파시즘, 나치의 계획에 방해가 되는 사람들을 숙청했다. 21세기에는 많은 정부가 성적 관념에 대한 강령에 반대하는 사람들을 배척하고 의견을 묵살한다.

문화적 정체성의 위기는 개인의 정체성 위기를 일으킨다. 특히 청년들은 자신이 누구이며 존재 이유가 무엇인지에 대해 많은 고민을 한다. 다수의 청년들이 '내가 할 수 있는 것이 곧 나', '다른 사람이 생각하는 내가 곧 나', '성적 성향이 곧 나' 혹은 '겉으로 보이는 내 모습이 곧 나'와 같은 그릇된 정체성에 현혹된다.

자녀들이 인간 존재의 의미를 이해하지 못한다면 기독교인이 된다는 것의 의미를 어떻게 알 수 있겠는가? 한 학생이 "게이가 되는 것이 힘겨운 싸움이라고만 생각했는데 그게 바로 저의 정체성이라는 것을 깨닫게 되었어요"라고 말했다.

안타깝지만 얼마나 애통한 일인지 충분히 짐작이 갈 것이다. 이 학생이 속한 문화에서는 성적 취향이 그리스도 안에서 자신의 정체성을 표현하는 것이라고 가르치기보다는 성적 정체성이 기독교 신앙에 우선한다고 굳게 가르쳤다. 이러한 혼란을 없앨 수 있는 유일한 해결책은 제자가 되는 것이다. 청년들은 무엇을 믿고 어떻게 행동할지 뿐만 아니라 자신이 창조주의 형상을 닮은 구원받은 자라는 것을 알아야만 한다.

진정으로, 나는 누구인가?

어떻게 하면 자녀들이 정체성을 형성하고 무엇이 나를 나답게 만드는지에 대한 거짓과 진실을 구분할 수 있을까? 필자들은 정체성 형성에 기여하는 세 가지 분야인 이야기, 질문, 공동체에서 중요한 통찰력을 얻었다.

- **이야기**

세상에서 다른 누구보다 가장 잘 알고 있다고 자신할 수 있는 사람을 떠올려 보라. 그 사람에 대해 잘 아는 이유가 몸무게, 키, IQ, 혈액형, SAT 점수를 외우고 있기 때문일까? 당연히 아니다! 내가 아내에 대해 설명할 때 아내의 조건을 읊지는 않을 것이다. 우선, 그건 정말 이상한 방식이고 둘째로는 아내가 나를 가만히 두지 않을 것이기 때문이다!

우리는 이야기를 통해 사람을 기억한다. 사람들은 자신이 어디에서 왔고 가족들은 어떤 사람들이며 무엇을 좋아하는지에 대해 말하면서 자신에 대한 이야기의 퍼즐 조각들을 제공하여 자신이 누구인지를 드러낸다. 이야기와 정체성은 긴밀하게 연결되어 있다. 포스트모더니즘은 역사와 인간성에 대한 보편적인 이야기의 존재를 부인한다.[15] 청년들이 자신이 누구인지 모르는 데는 일관된 이야기가 부재한 포스트모던 문화에서 살고 있다는 점이 한몫한다.

구약에서 시편 기자들과 선지자들은 이스라엘 백성들에게 그들이 누구인지 상기시키면서 순종하라고 당부한다. 이를 위해 하나님이 어떻게 그들을 백성으로 선택하고 이끄시고 구원하셨는지에 대한 이야기를 들려주고 또 들려준다. 신약, 특히 바울과 베드로의 서신서에서는 하나님이 그리스도를 통해 그분의 백성들을 선택하고 이끄시고 구원하신 이야기를 계속 반복하여 성도들이 하나님의 새로운 백성이라는 사실을 상기시킨다.

이야기가 없는 오늘날의 문화에서 자녀들은 기독교가 단지 신념, 규칙, 역사적 사실의 나열이 아니라 모든 현실에 대한 진정한 이야기이며, 따라서 나 자신에 대한 이야기라는 것을 깨달아야 한다. 종종 기독교인들은 '그리스도 안에서 정체성'을 발견하는 것에 대해 대화를 나누지만 그것이 어떤 의미인지 정의하는 경우는 드물다. 하지만 성경적으로 말하자면, 성경에 나타난 그분의 이야기를 이해하지 않고는 그리스도 안에서 우리의 정체성을 발견할 수 없다.

앞서 설명했듯 성경의 이야기는 창조, 타락, 구속, 회복이라는 네 개의 장으로 이해할 수 있다. 각 장은 하나님의 형상을 한 사람들의 정체성에 대한 중요한 진리를 보여 준다. 인간은 하나님의 영광을 위해 그분의 세상을 다스리며 이 세상을 사용하도록 창조되었다.(창조) 하지만 인간은 반역하였고 인간의 죄로 인해 세상에 사망이 들어왔다.(타락) 아담이 하나님의 형상을 닮는 데 실패하자 그리스도가 오셔서 순종하시고 인간의 불의와 그분의 의로우심을 맞바꾸셨으며 우리를 대신하여 구원을 이루셨다.(구속) 하나님의 형상을 하고 구속된 인간은 '만물을 새롭게 하시는' 부활한 그리스도의 사자이자 대리인으로서 온전한 인간성을 되찾았다.(회복) 이 이야기를 통해 성경은 우리의 정체성을 비롯한 모든 현실을 설명한다.

안타깝게도 많은 자녀들이 현실에 대한 이야기인 성경을 배울 때 마구잡이로 맥락에서 동떨어지게 선택되어 입맛에 맞게 삶에 적용하는 서로 관련성이 없는 이야기, 구절, 교훈으로 배우고 있다. 성경을 읽고 가르치는 이러한 방식을 필립 얀시(Philip Yancey)는 '도덕적 맥너겟(moral McNugget)' 접근법이라고 불렀다. 성경의 가치를 제대로 인정하지 않을 뿐만 아니라 하나님이 우리 정체성을 어떻게 말씀하시는지에 대한 틀을 세울 수 없는 접근법이다. 그 결과 탄탄한 뼈대에 기반한 성경의 진리가 정체성, 도덕성, 목적이 그리스도가 아닌 문화로 인해 형성되는 세대에게 한낱 포스트잇 메모지로 전락하고 만다.(정체성 형성을 위해 성경을 어떻게 읽고 가르칠 것인가에 대해서는 16장 '성경을 어떻게 읽을 것인가'를 참고)

- **질문**

4장에서는 부모와 멘토가 자녀들이 하나님, 삶, 신앙에 대한 까다로운 질문을 할 수 있는 환경을 조성해야 한다고 설명했다. 이는 정보화 시대를 살아가는 데 중요할 뿐만 아니라 자녀들이 정체성을 발견하는 데 큰 도움이 된다. 제임스 마르시아(James Marcia)는 청소년의 정체성 형성에 대한 심도 있는 연구를 수행한 캐나다의 행동 심리학자인데 그의 통찰력은 주목할 만하다.[16]

마르시아는 (1) (기원, 정체성, 의미, 도덕성, 운명 등) 인생의 중요한 질문에 대해 고민했는가? (2) 대안에 대한 탐색을 바탕으로 특정 인생관을 따르고 있는가? 라는 두 가지 핵심적인 질문에 따라 정체성이 혼미, 유실, 유예, 획득이라는 네 개의 단계로 형성된다고 주장했다.

혼미(diffusion) 단계의 사람들은 인생의 의미를 살핀 적이 없거나 구체적인 인생관을 가진 적이 없다. 자신의 정체성에 대한 현실적인 감각이 없는 사람들이다. *유실(foreclosure)* 단계의 사람들은 인생관이 있기는 하지만 스스로 질문을 고민한 적 없은 없다. 부모나 공동체 등 다른 사람들이 제시한 관점을 따른다. *유예(moratorium)* 단계의 사람들은 대안이 될 만한 인생관을 끊임없이 살피지만 어떤 것에도 전념하지 않는다. 항상 질문을 하지만 어떤 답에도 정착하지 않는 사람들이다. 끝으로, *획득(achievement)* 단계의 사람들은 중요한 질문을 충분히 고민하고 인생관에 오롯이 집중한다. 자신이 누구이며 세상에서 어떻게 어울리고 있는지 잘 알고 있다.

오늘날의 문화는 자녀들이 영원한 *유예* 단계에 머물도록 만든다. 새로운 신념과 정보에 쉼 없이 노출되는 가운데 쾌락과 자기 실현을 추구하라는 유혹을 받으며 무엇을 믿고, 어떻게 살아가고, 무엇을 구매하고, 어디에 가고, 무엇에 마음을 쏟을지에 대한 수많은 선택이 주어진다. 또한 모든 것에 의문을 품고 모든 대안을 살피며 정치부터 종교, 성별에 이르는 모든 문제에 열린 자세를 취하라는 말을 끊임없이 듣는다. 유예 상태의 자녀들은 매우 불안정하며 남에게 속고 실망하고 냉소에 빠지기 쉽다.

이와는 반대로 마르시아가 *유실* 상태로 정의한 사람들을 보면 기독교가 정말로 진리인지 한 번도 고민해 본 적이 없는 십 대 기독교인들이 떠오른다. 이들이 부모의 신앙으로 살아가기 때문일 수도 있고, 중고등부 모임이 매주 특별 활동과 피자 파티 같은 오락 중심의 친목회이면서 5분 정도 "예수님은 너희들의 가장 좋은 친구"라는 믿음의 고백을 덧붙이는 방식으로 운영되기 때문일 수도 있다. 이 자녀들이 무신론자인 교수, 성적으로 실패하는 경험, 개인적인 비극을 겪고 나면 믿음과 연약한 정체성을 잃고 만다. 간단히 말해 이들의 세계관은 실제 세상의 문제를 헤쳐 나갈 정도로 단단하지 않다.[17]

부모와 멘토는 정체성 문제로 고민하는 자녀들을 태평스럽게 방관하는 자세로는 도움이 될 수 없다. 그렇다고 훈련 교관이 되어 자녀들을 신앙에 문제될 만한 모든 장애물에서 보호하고 자녀들이 어떻게 생각하고 어떻게 살아야 하는지 명령하는 방식도 도움이 되지 않는다. 물론 지도가 필요하기는 하지만 자녀들을 *향해* 말하는 것이 아닌 고난 가운데 *함께* 걸으며 헌신의 자리로 나아갈 때 자녀들은 제자가 된다.[18]

함께 걸으면 자녀들의 질문과 의문점을 진지하게 나눌 수 있다. 호기심을 가지고 고민하는 역량은 하나님이 우리에게 주신 가장 큰 선물이다. 하지만 질문의 궁극적인 목적은 단순히 질문을 하거나, 많은 사람들이 자녀들에게 말하듯 답을 찾고 논쟁에서 이기는 데 있지 않다. 진리이신 하나님을 섬기는 삶에 헌신할 때 비로소 정체성을 발견하게 된다.

때로는 청년들이 의문을 품어야 함에도 그렇게 하지 않는 질문들을 꺼내어 정면으로 부딪쳐야 할 수도 있다. 존재하는지도 몰랐던 기독교를 향한 근본적인 문제를 맞닥뜨린 청년들이 대학이나 문화에서 소외감을 느끼는 경우가 너무나 많다. 그런 경험을 하고 나면 더 이상 기독교는 신념이 각축전을 벌이는 시장에서 버텨낼 수 없다고 단념하게 된다. 자녀들이 동성 결혼과 자연 진화를 지지하는 주장이나 성경과 부활에 반대하는 주장을 처음 마주칠 때 *부모가 함께* 답을 찾을 수 있는 환경에 있어야 한다.

다시 말해 자녀들에게 기초적인 변증론을 가르쳐야 하며 혼자 씨름하도록 방치해서도 안 된다. 정체성에는 믿음이 필요하고, 믿음에는 소속감이 필요하다.

• **공동체**

자신의 형상대로 인간을 만드신 하나님 자체가 삼위일체라는 영원한 공동체를 이룬다. 이 말은 하나님이 단순히 관계를 맺는 분이 아니라 본질상 관계이심을 뜻한다. 그분의 형상을 한 인간은 다른 사람들과 동떨어진 상태에서는 자신이 누구인지 절대 이해할 수 없다.

『신실함의 구조(The Fabric of Faithfulness)』에서 스티븐 가버는 그리스도 안에서 굳건한 정체성을 가진 청년들에게 세 가지 특징이 있다고 밝힌다. 가버의 표현을 인용하자면 그 특징은 "무엇이 진실되고 참되고 옳은지에 대한 뿌리 깊은 확신에 기반한 일관성 있는 삶"으로 요약된다.[19] 우선, 이 청년들은 세상을 이겨낼 만큼 굳건한 세계관을 가지고 있다. (여기에 대해서는 이미 다룬 바 있다.) 나머지 두 가지 특징은 특별한 관계와 관련이 있다. 이 청년들은 인생을 동행하는 헌신적인 멘토에게 큰 영향을 받으며, 기독교인의 삶을 함께 살아내는 공동체에 속해 있다.

기독교인에게 교회가 선택 사항이 아닌 이유가 여기에 있다. 교회는 우리가 속해 있으며 함께 살아가고 섬기는 하나님의 공동체이다. 믿는 자들에게 교회를 대신할 수 있는 공동체는 없다.

십 대 후반과 청년들 사이에서 교회를 이탈하는 비율이 깜짝 놀랄 정도로 높다. 많은 이유가 있겠지만 교회에서 교인들을 연령별로 나누는 경향이 한몫하고 있다. 어린이와 청년을 위한 연령별 프로그램은 도움이 될 수 있고 필요한 경우도 많지만, 많은 자녀들이 교회 공동체에 속해 있더라도 결국 교회 바깥에서 성장하게 된다. 이는 자녀들이 멘토를 만나지 못하고, 이들에게 절실하게 필요한 공동체의 일원이 된다는 것이 무슨 의미인지 배우지 못한다는 의미이다.

20년 동안 오락 거리와 게임을 즐기다가 청년부 모임을 벗어나게 되었을 때 교회에 흥미를 잃는 20대가 무척 많다는 사실은 어찌 보면 당연한 일이다. 자녀들은 처음부터 교회 공동체의 일원이 되어 어른들과 관계를 맺고 섬기는 법을 배우고 사명에 참여해야 한다. 특히 인생의 중요한 여러 결정을 내려야 하는 새로운 삶의 단계에 접어들 때 교회가 필요하다.

교회에도 이들이 필요하다는 것을 잊어서는 안 된다.

나눌 질문

1. *하나님의 형상(imago Dei)*에 대한 성경의 관점을 설명해 보세요. 다른 세계관에서 제시하는 인간성에 대한 관점과 어떻게 다른가요?

2. 친구, 가족, 동료, 문화 전반에서 목격한 정체성 위기의 사례를 들어보세요.

3. 5장에서 현대판 우상 신전을 언급한 부분을 다시 읽어 보세요. 세상을 살아가면서 직접 경험한 우상의 사례를 들어 보세요.

4. 제임스 마르시아가 제시한 정체성 형성의 네 가지 범주(혼미, 유실, 유예, 획득)를 사용해 자신의 정체성에 대해 평가해 보세요. 그렇게 평가한 이유는 무엇인가요?

Chapter 06

무리 속의 외톨이

> 오늘날의 거대한 이단은 인간의 정신에 맞춰
> 이 시대의 사회적 조건을 바꾸는 것이 아니라
> 시대의 사회적 조건에 맞춰 인간의 정신을 바꾸는 것이다.
> G. K. 체스터턴(G. K. Chesterton)

"항상 있는 일이에요"라고 학생들은 말했다.

학생들이 말하는 그 '일'이란 필자에게는 기이하게 느껴지는 현상이다. 물리적으로 휴대 전화와 분리되어 있는 상태에서도 문자 메시지가 온 것을 느낄 수 있는 사람들이 있다는 것이다. 학생들은 그럴 법한 일로 여기는 듯했다. 즉, 교실에 앉아 있는데 사물함 안에 넣어 둔 휴대 전화에 문자 메시지가 오면 시공 연속체를 기묘하게 거슬러 메시지가 온 것을 감지하는 것이다. *그냥 알 수 있다*고 한다.

처음 이 현상을 알려준 사람은 심리학자이자 매사추세츠 공과대학(MIT)에서 사회학 및 기술을 가르치는 셰리 터클(Sherry Turkle) 교수였다. 터클은 내가 매주 진행하는 라디오 프로그램의 게스트였고 우리는 터클이 펴낸 『무리 속의 외톨이, 기술에 더 많은 것을 바라면서 서로에게는 무관심한 이유(Alone Together: Why We Expect More from Technology and Less from Each Other)』에 대해 대화를 나눴다.⁽¹⁾ 대부분의 사람이 실제로는 울리지 않은 전화 벨소리나 문자 수신음을 들었다고 착각하는 '벨소리 환청'을 경험한 적이 있겠지만, 이 사례는 다르다. 마치 기술적인 초능력 같은 것으로, "아이가 휴대 전화와 한 몸이 되었다."는 말이 과장이 아닌 것이다.

터클은 30년 가까이 컴퓨터와 인터넷 기술이 인간과 관계에 미치는 영향을 연구했다. 터클은 "얼마 전만 해도 인간이 컴퓨터가 최대한 바쁘게 돌아가도록 만들 방법을 연구했다면 [이제는] 컴퓨터가 인간을 분주하게 만듭니다. 인간이 컴퓨터의 킬러 앱(새로운 기술의 보급에 결정적 계기가 되는 앱 – 옮긴이 주)이 된 셈이죠"라고 지적했다.⁽²⁾ 연구 대상인 기술이 발전함에 따라 디지털 시대의 삶에 대한 터클의 관점도 변화했다.

터클이 첫 번째 저서인 『두 번째 자아, 컴퓨터와 인간의 영혼(The Second Self: Computers and the Human Spirit)』을 펴낸 시기는 월드와이드웹(WWW)이 발명되기 한참 전인 1984년이었다.⁽³⁾ 당시 컴퓨터는 기본적으로 거대한 계산기에 불과했으며 스프레드시트, 코드 프로그래밍, 원시적인 게임을 수행하는 수준이었다. 하지만 터클은 컴퓨터가 단순히 인간이 사용하는 기계 이상으로 발전하리라 내다봤다. 인간 자아의 확장으로 발전하리라는 터클의 예상은 적중했다.

1997년에는 『화면 속의 인생(Life on the Screen: Identity in the Age of the Internet)』을 펴냈다.⁽⁴⁾ 많은 사람이 인터넷을 사용하기는 했지만 웹사이트는 정보를 제공할 뿐 인간과 상호 작용하는 단계에 이르지 못했다. 사용자들은 채팅방에서 대화를 주고받았지만 페이스북, 인스타그램, 스냅챗과 같은 소셜 미디어 플랫폼이 등장하기까지 아직 십 년은 더 기다려야 했다. 스마트폰은 그리 스마트하지 않았고(아이폰은 아직 등장하지 않았다) 이메일은 거슬리는 '획' 소리를 내면서 전송되었으며 사람들은 대부분의 시간을 오프라인에서 보냈다.

전작에서처럼 터클은 예언을 내놨다. 사람들이 온라인에서 단순히 자신을 표현하는 것을 넘어 *대안적 자아*를 탐색하리라 예상한 것이다. 터클은 실제 삶과 달리 온라인에서의 삶은 정체성에 대한 새로운 사고를 가능케 하리라 내다봤다. 분산되어 있는 가상의 자아는 성별, 나이, 신체 조건, 인종, 지리적 한계에 얽매일 필요가 없다. 온라인에서는 자신이 되고 싶은 사람으로 얼마든지 변신할 수 있다.

터클이 처음에 펴낸 두 권은 등골이 오싹할 정도로 적중했다는 점 외에도 공통점이 있는데, 낙관적이었다는 것이다. 필자는 신학교에 다닐 때 처음 『화면 속의 인생(Life on the Screen)』을 읽었는데 터클이 불만에 찬 57세 남성이라도 가상 세계에서는 18세 소녀가 될 수 있다고 경탄한 부분에서 다소 불편한 감정을 느꼈던 기억이 난다. 저자는 우리가 인간의 진화와 포스트모던 정체성이 교차하는 한복판에 있다고 생각했으며 그에 따른 부정적인 면은 미처 발견하지 못했다. 더 이상은 아니다.

최신작인 『무리 속의 외톨이(Alone Together)』의 논조가 이전 책들과 다른 이유를 묻자 터클은 "앞을 내다보지 못했던 거죠"라면서 "지금은 십 대인 딸이 있다는 점도 달라졌어요"라고 답했다. 두 번째 책이 나온 후 세 번째 책이 나오기까지 15년 동안 터클이 온라인에서의 삶에 대해 품고 있던 낙관주의는 인간 관계에 대한 깊은 우려로 변했다. 터클은 "인간은 우정을 쌓을 필요 없이 교제할 수 있다는 환상을 심어 주는 기술을 설계하고 있어요"라고 말했다.[5] 모두가 자기만의 작은 전자 기기 세상을 지배하고 있는 세상에서는 그 누구도 연약하지 않다. 서로 눈을 맞추는 일은 좀처럼 일어나지 않는다. 터클의 책 제목처럼 갈수록 인간은 무리 속의 외톨이가 되는 법을 배우고 있다.

기술이 인간을 빚어 가는 방식

"인간이 철도로 이동하는 것이 아니라 인간이 철도 기술을 움직이는 것이다."[6] 역사적으로 신기술이 발명될 때마다 그 기술의 사용을 막지 않으면 인류가 재앙을 맞을 것이라고 예상하는 반대론자들은 늘 존재했다. 대부분의 경우 이러한 과학 기술 공포증에는 과장된 측면이 있었다. 그렇긴 해도 오늘날 인간이 온라인에서 살아가는 삶, 기술이 인간, 특히 자녀들에게 미치고 있는 영향에 대한 터클의 우려에는 일리가 있다.

대부분의 사람들은 휴대 전화, 태블릿, 텔레비전이나 컴퓨터 모니터 앞에서 얼마나 많은 시간을 보내는지 모르고 있고 사용량을 크게 과소평가하는 경향이 있다.[7] 하지만 미국인들이 빛나는 화면 앞에서 보내는 평균 시간은 급증하는 추세다. 브루킹스 연구소의 보고서에 따르면 아동과 십 대가 텔레비전 시청, 웹 탐색, 비디오 게임에 하루 평균 사용한 시간이 2004년부터 2009년 사이에 90분 증가했다.[8] 기술적인 면에서 2009년은 무척 오래 전이라는 사실을 기억해야 한다. 최근 CNN은 미국인들이 *하루 10시간*을 각종 화면 앞에서 보낸다고 보도했다.[9]

오늘날 기술과 관련하여 발생하는 문제가 과거와 다른 점은 기술이 어디에나 존재하는 편재성에서 비롯된다. 생활에서 화면이 가장 중요한 위치를 차지하고 있지 않은 부분을 찾기 어려운 실정이다. 직장, 학교, 자동차, 비행기, 주머니, 침실 탁자, 식탁, 휴가지, 교회의 설교 시간, 매장의 대기 줄, 자녀들이 부모의 관심에서 멀어져 있는 놀이터, 유물의 가치가 퇴색된 박물관, 아름다운 것들로 둘러싸인 국가적 명소를 떠올려 보라. 지금 인간은 각종 기기를 통해 경험, 대화, 관계를 이어 가며 직접적이 아닌 간접적인 삶을 살고 있다고 해도 과언이 아니다.

이러한 생활 방식에는 결과가 따른다.[10] 첫째, 세상에 대한 감각을 상실한다. 특히 트위터, 페이스북, 인스타그램과 같은 소셜 미디어로 인해 우리는 일상 생활에서 기이한 태도를 보이고 있다. 지금 눈 앞에서 펼쳐지고 있는 순간을 즐기고 경험을 최대한 누리며 깨달은 교훈이나 기억을 곱씹기 보다는 *이 사진이 얼마나 많은 '좋아요'를 얻고 공유될까?*를 생각한다.

최근 알래스카 여행을 갔는데 가족들과 고래를 가까이서 구경하는 체험을 하기로 했다. 운이 얼마나 좋았던지 혹등고래 무리가 배에서 약 50미터 떨어진 지점까지 다가왔다. (우리를 포함해) 배에 타고 있던 모든 승객이 어떤 행동을 했는지 짐작이 갈 것이다. 하나님이 지으신 가장 거대한 생명체가 만들어 내는 눈부신 순간을 직접 감상하는 것이 아니라 모두가 휴대 전화로 동영상을 남기기에 바빴다. 순간을 직접 체험하면서 하나님이 만드신 세상을 누리는 대신 소셜 미디어를 위한 삶을 담아내느라 불꽃놀이, 일몰, 스포츠 경기, 심지어 자녀들 성장의 중요한 단계를 놓치는 일이 얼마나 많은가?

기기를 통해 삶을 살아갈 때 벌어지는 두 번째 결과는 다른 사람과의 접촉이 사라지는 것이다. 언젠가 직원들은 요즘 세대가 시선을 맞추는 데 어려움을 느끼며 비언어적인 의사소통을 이해하지 못한다고 토로했다. 친구, 배우자, 부모나 자녀가 직접 대화를 나누는 대신 디지털 대화에 몰입하는 모습에 좌절감을 느꼈을 것이다. 저녁 식사와 회의 중에 벨소리와 진동, 문자 알림이 수시로 끼어드는 경험을 모두가 해봤을 것이다.

셰리 터클은 학생들이 부모와 눈을 맞추기 원하고 있다고 전했다. 그 말이 놀랍게 느껴진 것은 요즘 세대가 지금과는 사뭇 달랐던 세상에 대해 알지 못하기 때문에 자신들이 무엇을 놓치고 있는지도 모르리라 짐작했기 때문이다! 하지만 이들은 잘 알고 있다. 하교 길은 "얘, 오늘은 학교가 어땠어?"라는 질문으로 온전히 관심을 받던 시간이었지만 이제는 그 관심마저 분산된다. 부모가 한 손으로는 아이 손을 붙들고 다른 한 손으로는 문자와 이메일을 스크롤하느라 바쁘기 때문이다. 저녁 식사 시간은 어떤가? 엄마는 텔레비전을 시청하고 아빠는 휴대 기기로 헤드라인 뉴스를 확인하고 자녀들은 문자를 보내느라 대화를 나누지 않는다. 자녀들은 부모로부터 기술을 이용하는 습관을 배운다.

또한 온라인에서의 삶은 다른 사람들에게 약한 부분을 솔직하게 내보이려는 마음을 좌절시킨다. 소셜 미디어 프로필은 친구와 가족이 살펴보고 질투를 느끼게끔 한껏 편집하여 구성한 삶의 단편을 보여준다. 온라인에서 우리는 고난이 없는 사람들이다. 가식적으로 행동하는 이러한 태도는 '엄마들 간의 신경전(mommy wars)'에 큰 책임이 있다. 핀터레스트나 인스타그램 유명인의 페이지를 둘러보면, 언제나 준비가 되어 있고 집이 깨끗한 상태를 유지하며 항상 말끔한 차림의 아이들에게 먹일 화려한 장식의 아침 식사 아이디어를 공유하는 엄마들을 따라가기란 무척 버겁게 느껴진다.

또한 소셜 미디어는 다른 사람과의 친밀도와 관계에 대해 거짓된 감각을 조장한다. 오늘날 우리들은 수천 명의 '친구'를 자랑하지만 실제로 의미 있고 깊은 관계를 맺고 있지 않다. 어쩌면 우리는 진짜 친구보다는 '팔로워'를 원하고 있는지도 모른다. 디지털 시대 이전의 인간 관계에 대해 전혀 알지 못하는 청년들은 인터넷에서 만들어진 관계와 끈끈한 관계를 구분할 방법이 없을 것이다.

지미 키멜(Jimmy Kimmel)은 자신이 진행하는 심야 텔레비전 프로그램에서 '얄궂은 트윗'을 종종 소개하는데, 기술로 인해 타인도 나와 같은 인간이라는 사실을 잊고 살아감을 잘 보여주는 코너다. 직접 얼굴을 보고선 절대로 하지 못할 말을 인터넷에서는 내뱉을 수 있다. 혼자 있으면 절대 하지 않을 위험한 행동에 참여하게 될 가능성도 있다. 많은 자녀들이 남은 인생을 계속 괴롭힐 디지털 발자국을 남기고 있다.

종종 자녀들은 책임을 피하기 위해 이른바 '사생활 권리'를 주장한다. 양육 전문가인 줄리 히라마인(Julie Hiramine)은 부모가 자녀의 모든 온라인 활동을 확인할 수 있는 비밀번호를 알아야 한다고 조언한다. 하지만 이러한 조언을 들은 많은 부모는 디지털 시대의 암묵적인 절대적인 규칙을 어기는 것이라는 생각에 당황한다.[11] 필자의 딸이 중학생일 때 인터넷 공간에서의 사생활을 지켜 달라고 요구한 적이 있었다. 하지만 부모인 나조차 그런 혜택을 누리고 있지 않다. 배우자가 이메일, 소셜 미디어 계정, 온라인 활동에 대해 모든 액세스 권한을 가지고 있기 때문이다.

온라인 생활의 세 번째 결과는 자기 자신과의 관계를 잃는다는 것이다. 오늘날 사람들은 고민하면서 선별해서 꾸민 순간들로 자신만의 온라인 미술관을 채우는 큐레이터가 되고 있다. 그런 활동을 통해 남들에게 인정받는 이미지와 듣기 좋은 어구로 꾸민 개인적인 브랜드가 실제의 나라고 착각할 수도 있다. 인간은 공동체에서만 진정으로 자기 자신에 대해 알 수 있기 때문에 다른 사람과의 접촉이 사라지면 곧 자기 자신과의 관계도 사라진다.

또한 온라인 생활은 공적 영역과 사적 영역의 자아를 분리할 수 있다는 거짓된 생각을 심어 준다. 특히 포르노에 중독된 자녀는 자신의 영혼에 악영향이 없는 양 온라인에서 다른 정체성을 가지고 치명적인 죄를 저지르게 된다. 다른 한편으로는 온라인에서 자신의 뿌리 깊은 신념과 단절하는 압박을 받게 된다. 동성애, 동성 결혼, 트렌스젠더 정체성과 같이 논쟁적인 문제에 대해 기독교인으로서 의견을 밝히는 일에는 큰 대가가 따른다. 그러면서도 친구가 기독교 윤리에 어긋나는 의견이나 행동을 자랑하는 게시물에 '좋아요'를 눌러야 할 것만 같은 느낌을 받곤 한다.

기술이 우리에게 가르치는 거짓말

교육 심리와 학습 방법 전문가이자 인기 있는 연설가인 케시 코크(Kathy Koch) 박사는 오늘날 기술이 십 대들을 속일 수 있다고 주장한다. 『화면과 십 대(무선 세상에서 자녀와 관계 맺기)』라는 무척 유용한 저서에서 코크 박사는 기술이 만들어 낸 문화에서 부모와 자녀가 듣게 되는 다섯 가지 거짓말을 소개했다.[12]

- **거짓말 1: 내 우주의 중심은 나다.**

청소년기는 비교적 최근에 등장한 개념인데 십 대를 직접 겨냥하는 메시지, 마케팅, 음악, 대중 문화에서 집중적으로 활용되고 있다. 과거와 달리 요즘 십 대는 어른과 분리된 세상에서 살아갈 수 있다. 또한 기술은 십 대가 타인과 분리되어 자신이 직접 만든 인터넷 세상에서 살 수 있도록 도와준다.

떼 지어 돌아다니고 있지만 각자 자기 기기만 들여다보고 있는 십 대 무리를 종종 만날 수 있다. 코크 박사의 말대로 오늘날 자녀들은 한계가 존재하는 세상을 전혀 경험하지 못했다. 마음에 들지 않는 곡도 포함된 앨범을 사야 하고, 기대한 대로 찍히지 않은 사진이 들어가 있는 필름을 전부 현상해야만 했던 일은 오래 전의 추억이 되었다. 지금은 모두가 재생 목록, 사진 앨범, 인터넷 캐릭터를 직접 만들 수 있는 창작자이다. 심지어 구글은 사용자의 온라인 활동을 추적하면서 사용자가 원할 것으로 판단되는 맞춤 검색 결과를 제공한다.

하지만 현실이 항상 자기 뜻대로 흘러가지는 않는다. 신념과 바람이 나와 맞지 않는 사람들과 교류해야만 할 때가 있다. 자신이 자기 우주의 중심이라고 생각하는 자녀는 상처와 실망을 맛보게 된다. 설상가상으로 "하나님과 같이 되어 선악을 알 수 있다(창세기 3장 5절)"는 인류 최초의 거짓말에 속아넘어가고 만다.

- **거짓말 2: 나는 항상 행복할 자격이 있다.**

즐길 거리와 기기가 넘쳐나는 문화에서 자녀가 항상 무료함에 시달리는 것처럼 보이는 현실은 큰 모순이 아닐 수 없다. 비극적이게도 많은 자녀가 무관심과 우울감으로 고통을 겪고 있다. 미국 질병통제예방센터(CDC)에 따르면 자살은 10~24세의 사망 원인 중 2위에 해당한다.[13]

오늘날 기술은 자녀에게 즉각적인 만족을 약속한다. 무엇이든 원할 때 손에 넣을 수 있다. 자녀들은 영화, 음악, 성적 쾌락, 모험, 폭력, 복

수, 장치, 게임을 주문형으로 얻을 수 있는 세상에 살고 있다.

다른 가르침을 받지 않는 한 청년들은 편리함, 효율성, 선택이라는 현대 사회의 삼대 덕목을 받아들일 것이다.(14) 다시 말해, 기술의 영향으로 인해 최고의 인생이란 더 빠르고 더 쉽게 자신이 원하는 대로 이루어지는 삶이라고 배운다. 이 과정에서 자녀들이 인내, 신중함, 오래 참음과 같은 중요한 덕목을 키울 기회가 사라진다.

• 거짓말 3: 내게 선택권이 주어져야 한다.

자메이카 몬테고 베이의 식료품 구멍가게에 들렀을 때의 일이다. 필자는 대학교를 갓 졸업한 상태였고 이듬해에 몬테고 베이에서 선교 단체를 섬기는 단기 사역팀을 이끌기로 되어 있었다. 아침 시리얼을 선택하는 데 진심을 다하는 남자였던 나는 각종 시리얼로 가득한 미국의 흔한 매장 코너는 고사하고 시리얼 선반조차 찾을 수 없다는 사실에 당황하고 말았다. 고를 수 있는 선택지는 단 세 개였고 '허니 번치 오브 오트(Honey Bunches of Oats)' 브랜드의 제품은 아예 없었다!

오랫동안 서양인들은 선택에 중독되었고 기술 발전으로 중독은 점점 더 심해졌다. 언제나 더 낫고 더 새롭고 더 발전되고 더 멋진 선택지가 존재했다. 영화, 노래, 게임, 태블릿, 전화, 경험, (실제 혹은 가상) 관계의 무한한 선택 가능성은 자녀들에게 그런 선택지야말로 행복과 성취를 위해 꼭 필요한 것이라고 가르친다.

선택 자체가 나쁜 것은 아니다. 하지만 자녀가 선택이 행복에 필요한 전제 조건이라는 거짓에 넘어가면 두 가지 결과가 벌어진다. 첫째, 눈 앞의 기회를 잡는 대신 다음에 올지 모를 더 나은 기회를 계속 기다린다. 둘째, 선택에 중독되면 감사가 사라진다.

- **거짓말 4: 내 결정은 내가 내린다.**

 현대 세계의 환상 중 하나는 내가 주도권을 쥐고 있다는 것이다. 기술의 발전으로 인간의 생각대로 움직이는 세상이 오면서 그러한 환상이 생겼다. 디지털 현실에서는 한없이 맞춤 설정할 수 있다. 삶의 많은 부분을 온라인에서 보내게 되면 모든 현실이 온라인에서처럼 펼쳐져야 한다고 생각하게 될 가능성이 높다.

 앞서 오늘날의 지배적인 세계관으로 소개한 바 있는 도덕주의적 심리요법적 이신론의 핵심은 이 세상이 하나님이 아닌 인간의 것이라는 잘못된 가정이다. 크레이그 게이(Craig Gay)는 이를 '사실상의 무신론'이며 하나님이 존재하더라도 세상을 움직이는 것은 인간이라고 생각하는 신념이라고 꼬집었다.[15] 기술이 드러내 놓고 표현되지는 않지만 매우 실제적인 이러한 착각을 얼마나 부추기고 있는지 어렵지 않게 확인할 수 있다.

- **거짓말 5: 내게 필요한 것은 선생님이 아닌 정보다.**

 현재 부모와 멘토는 많은 경쟁 상대들과 겨뤄야 한다. 목사와 교사도 마찬가지다. 자녀가 구글에 검색하기만 하면 궁금증에 대한 답을 얻을 수 있는데 현명한 조언을 왜 구해야 하는가? 시리가 언제나 대기하고 있는데 엄마와 아빠에게 질문을 해야 할 이유가 있는가?

 앞서 정보화 시대를 살아가면서 마주치게 되는 많은 문제를 다뤘다. 예를 들어 자녀들은 정보를 지식과 혼동하며, 지혜를 추구하는 일은 완전히 포기했다. 그 외에도 다른 문제가 있다. 모든 대답을 즉각적으로 얻을 수 있는 오늘날의 현실은 학생들에게 선생님이 필요 없다고 가르친다. 과거에 백발은 곧 지혜를 뜻했지만 오늘날의 백발은 뒤떨어진 사람을 의미할 뿐이다.

자녀가 무리 속 외톨이가 되지 않도록 돕기

그렇다면 부모와 멘토는 자녀와 가정을 삼키고 있는 기술 쓰나미에 어떻게 대응해야 할까? 실질적으로 취할 수 있는 분명한 조치는 화면, 특히 스마트폰에 노출되는 시간을 최대한 제한하는 것이다. 부모는 자녀들이 친구와의 관계가 유지되도록 도와야 하는 엄청난 압박을 받을 수 있으며 이기기 어려운 싸움을 하고 있다고 느낄지도 모른다. 그렇더라도 원칙을 고수해야 하며, 잘못된 판단에 따라 기술이 자녀의 삶에서 사용되는 시기와 방법이 정해지도록 놔두면 안 된다. 자녀가 기기를 사용할 준비가 되었는지를 판단하는 데 도움이 되도록 습관, 품행, 성숙도 지표와 같은 기준을 정해야 한다.

또한 식구들이 기기를 사용하지 않는 시간을 정한다. 가령 매일 저녁 식사 후, (축구 경기가 있는 날은 제외한) 주일 오후, 주중 하루 혹은 주말을 사용 금지 시간으로 정할 수 있다. 이미 가족들이 기기에 과몰입한 상태라면 약간의 제한을 가하더라도 자녀들이 지나친 조치라고 느낄 수 있다. 따라서 사용 금지 시간을 어떻게 보낼지에 대한 계획도 마련해야 한다.

셰리 터클과 케시 코크는 기기 사용 금지 시간과 장소를 정하라고 권한다. 고려할 만한 네 가지 예를 소개한다.

1. **자동차.** 어린 아이들의 부모로서 영화, 오디오북, 게임이 장거리 여행에서 시간을 보내는 데 얼마나 도움

이 되는지 잘 알고 있다. 하지만 자동차 이동 시간의 대부분은 기기를 사용하지 않는 시간이 되어야 한다. 운전 중에 문자를 주고받는 것은 위험천만한 행위다. 그뿐만 아니라 학교, 교회, 마트에 차로 이동하는 시간에는 부모의 말을 어쩔 수 없이 들을 수밖에 없다.

2. **저녁 식사.** 연구에 따르면 식사 시간은 건강한 가정을 이루는 중요한 요소이자 자녀의 장기적 성공을 암시하는 지표이다.[16] 그러나 요즘에는 식구들이 기술의 힘을 빌어 자기만의 세상에 빠져들어 식사에 방해가 되는 경우가 너무나 많다.

3. **침실.** 자녀가 자기 방에서 별다른 제약과 여과 없이 인터넷에 접속할 수 있도록 허용하는 것은 미친 짓이다. 인터넷 포르노가 자녀를 기다리고 있기 때문이다. 끝. 게다가 빛을 내는 화면, 늦은 밤의 문자, 소셜 미디어는 충분한 휴식을 방해한다. 부모 역시 침실을 기기 금지 구역으로 정해야 한다. 기기는 부부가 육체적으로나 감정적으로 가까워질 수 있는 시간을 빼앗는다. 아침이 될 때까지 기기를 끄는 야간 소등 시간을 정해 보라.

4. **휴가.** 가족이 함께하는 휴가는 깊은 관계를 맺을 수 있는 더 없이 좋은 기회다. 기기가 그러한 기회를 방해해서는 안 된다.

기기 사용 금지 시간을 지혜롭게 사용해야 한다는 것을 잊지 말아야 한다. 자녀의 신념, 소망, 꿈, 실망, 열망에 대해 자세히 알아볼 수 있는 질문 목록을 작성하면 좋다. 그날의 중요한 뉴스를 대화 주제로 삼거나 부모의 어린 시절 이야기를 들려줘도 좋다. 꼭 진지한 대화로 이어질 필요는 없다. 함께 웃고, 생각하고 상상하는 시간이면 된다. 시선을 맞추고 '예', '아니오', '모르겠어요'보다 깊은 대화가 오가는 시간을 만들어본다. 시작은 자녀와 부모 모두에게 쉽지 않지만 충분히 그럴 만한 가치가 있다.

때로는 기기, 온라인 활동, 앱을 영구적으로 금지하는 어려운 결정을 내려야 하는데 결정 과정에 자녀를 참여시킨다. 중독이 진행 중인 것으로 확인되면 초기에 문제를 직시하고 자녀와 함께 적절한 경계와 제한을 정하는 대화를 나눈다. 필자의 가정에서는 공개된 장소에서만 기기를 사용할 수 있다. 분리는 유혹의 시작을 의미하기 때문이다.

무엇보다, 자녀를 한 개인으로서 이해하고 자녀가 부모에 대해 알아가도록 마음을 여는 시간을 따로 보내는 경험은 그 무엇으로도 대신할 수 없다. 관계가 바로 서야만 부모가 자녀에게 기기, 프로필, 온라인이라는 가면 너머의 자신에 대해 들려줄 수 있다. 자녀는 이를 부모에게 직접 들어야 한다.

그러려면 부모도 자녀와 마찬가지로 연약함에 처해야 한다. 좋은 기억뿐 아니라 힘든 기억도 기꺼이 나누고 성공하고 승리한 경험 외에도 고난과 실패를 겪은 경험도 들려줘야 한다. 그러면 자녀도 부모가 소셜 미디어에 투영되지 않은 모습에서도 굳건한 정체성을 가지고 있음을 확인하고 부모 역시 소속감을 느끼고 인정받기 원하는 사람이라는 사실을 깨닫게 된다.

빛나는 화면은 사라지지 않을 것이다. 대재앙이 벌어지지 않는 한 어둡고 고요한 세상은 다시 오지 않을 것이다. 자녀들은 온라인 세상에 살고 있지만 그들, 그리고 그들이 만나는 사람들이 디지털 부속물보다 더 큰 존재임을 깨닫도록 도와줄 수 있다.

나눌 질문

1. 휴대 전화나 휴대 기기를 잃어본 적이 있나요? 그때 어떤 반응을 보였나요? 누군가가 기기를 잃었을 때 기술에 심각하게 중독된 반응을 보이는 것을 목격한 경험이 있나요?

2. 소셜 미디어로 인해 큰 상처를 받은 적이 있거나 그런 일을 당한 사람을 알고 있나요? 어떤 일이 있었나요?

3. 직접 경험하거나 목격한 기술 관련 다섯 가지 거짓말에는 무엇이 있나요? 어떤 일이 벌어졌나요?

4. 일상에서 기기 사용 금지 구역을 정했나요? 정했다면 어떤 구역을 설정했으며 그렇게 정한 이유는 무엇인가요?

Chapter 07

거세된 말과 영원한 청소년기

> 인류 역사상 처음으로 청년이 기성 세대의
> 모방 대상이 되면서 그 이전까지의 태세가 역전되었다.
> 문화적 측면에서 우리가 살고 있는 세상은 복장,
> 사고방식, 생활 양식, 마케팅 부분에서 믿기 어려울
> 정도로 젊음을 추구하며 많은 면에서 유아기적 상태다.
> 로버트 포그 해리슨(Robert Pogue Harrison),
> 『청춘: 우리 시대의 문화사(Juvenescence:
> A Cultural History of Our Age)』

"십 대가 없는 세상이 있었다."[1] 다이애나 웨스트(Diana West)의 『어른의 죽음(The Death of the Grown-up)』을 여는 이 첫 문장은 세상에 *십 대*가 존재하지 않았다는 의미가 아니다. 아동, 성인과 구분되는 별도의 집단으로서 *십 대*가 대두된 것이 비교적 새로운 인간 현상이라는 뜻이다.

얼마 전만 해도 세계 역사상 거의 모든 문화에서 아동은 통과 의례를 거쳐 성인이 되었다. 더 이상은 아니다. 아동기 이후에는 십 대, 학문적인 용어로는 청소년기로 넘어간다. 웨스트에 따르면 이 모든 변화가

처비 체커(Chubby Checker, 〈트위스트(Twist)〉, 〈레츠 트위스트 어게인(Let's Twist Again)〉으로 전 세계에 트위스트 붐을 일으킨 가수 – 옮긴이 주)로부터 시작되었다.[(2)]

1950년대에 트위스트 열풍이 불기 전에는 청소년 문화라는 것이 따로 존재하지 않았다. 청소년은 금요일 저녁의 댄스 파티에 어른들과 함께 참석했으며 어른 같은 옷을 입고 어른의 음악에 맞춰서 춤을 췄다. 트위스트의 등장으로 모든 것이 변했다. 트위스트는 젊은이들만의 댄스였으며 무대 밖으로 밀려난 어른들은 눈 앞의 광경을 바라보며 이 얼마나 방탕한 몸짓인가 혀를 내두를 뿐이었다.

그러다 자가용의 시대가 왔다. 금요일 저녁에도 집에 갇혀 지내던 청소년들은 자가용의 보급으로 새로운 생활 양식을 추구할 수 있게 되었다. 차를 빌려서 친구들과 시간을 보내고 드라이브를 하거나 시간제 일자리를 구하고 자동차 극장으로 향했으며, 무엇보다 어른의 간섭을 받지 않는 세상이 펼쳐졌다. 여기에 엘비스와 비틀즈가 인기를 끌면서 십 대들의 존재가 더욱 부각되었다.

게다가 십 대들의 주머니에는 돈이 있었다. 마케팅 회사 중역과 광고 전문가들이 십 대라는 새로운 광고 타겟을 발견한 이후 십 대를 겨냥한 제품, 메시지, 영화, 음악이 줄을 이었다. 별안간 청소년 문화가 탄생한 것이다.

신경학적으로 보자면, 십 대를 인생의 한 단계로 따로 접근해야 할 이유가 있다. 십 대의 뇌는 아동보다는 발달했지만 여전히 성인의 완전한 '연결(wiring)' 상태에는 못 미친다. 따라서 위험한 행동에 이끌리기 쉬우며 행위와 결과를 연결짓지 못하는 경우도 있다. 과거에는 대다수 문화에서 십 대를 어른처럼 대하고 그에 걸맞은 책임감과 기대를 투영하여 성숙 과정을 도왔다.

이제는 그렇지 않다. 지금은 자녀가 십 대에 접어들면 으레 이성을 잃을 것이라고 간주한다. 청소년기라는 개념은 최근에 생겼음에도 인간 발달에서 하나의 단계로서 그 취약성에 대해 대체로 의문을 제기하지 않는다. "애들은 애들일 뿐"이라고도 말한다. 그런데 우리가 지칭하는 대상은 '애들'이 아니다. 대다수 문화에서 적어도 1950년대까지 성년 초반으로 분류하던 집단이다. 이 '애들'이 농장을 관리하고 가업을 잇고 결혼해서 자녀를 낳고 전쟁터에서 싸워야 했던 것이 불과 얼마 전의 일이다.

엄밀히 말하면 청소년기는 더 이상 십 대에 국한되지 않는다. 부모에게서 독립하고 사회 생활을 하고 결혼을 하거나 자녀를 낳는 등 어른이 되었음을 알리는 일반적인 조건이 그 어느 때보다 늦은 나이에 충족된다. 과거에는 18세가 되면 청소년기를 졸업했지만 지금은 청소년기의 중반에 겨우 이르렀을 뿐이다. 청소년기를 벗어나는 연령이 높아졌을 뿐만 아니라 청소년기에 진입하는 나이도 어려졌다. '사춘기 직전의 아동(preteen)'을 겨냥한 전용 텔레비전 방송국, 음악, 휴대 전화, 패션 라인, 하위문화 등이 있다.

그뿐만이 아니다. 여러모로 오늘날 청소년은 문화의 타겟이며 이 사실을 간과해서는 안 된다. 언제부턴가 아동이 어른이 되기를 열망하는 문화가 사라지고 어른이 아동기나 청소년기에 영원히 머무르기를 바라는 문화가 자리잡았다. '얼간이' 영화의 역사를 떠올려 보라.

필자는 영화의 황금기였던 1980년대에 성장했는데, 허튼 짓을 하는 주인공은 여지없이 십 대였다. 페리스 부엘러(Ferris Bueller), 마티 맥플라이(Marty McFly), 구니스(Goonies)를 기억하는가? 1990

년대에 대학에 진학하자 얼간이들도 나이를 먹었다. 이 시대의 바보들은 대학생과 성년 초반이었으며 주로 애덤 샌들러(Adam Sandler)나 크리스 팔리(Chris Farley)가 바보처럼 굴면서 성장을 거부하는 역할을 맡았다. 오늘날에는 영화 〈행오버〉 시리즈부터 에이미 슈머(Amy Schumer)나 제이슨 서데이키스(Jason Sudeikis)가 출연하는 프로그램에 이르기까지 결혼, 출산과 같은 어른의 일이나 책임을 회피하려는 성인이 얼간이 역할을 맡고 있다.

혹자는 이를 피터 팬 증후군이라고 부르며 '발사 실패(failure to launch)'라고 표현하는 이들도 있다. 다이애나 웨스트는 '영원한 청소년기'라고 부른다.[3] 어떻게 이름 붙이든 자녀, 그리고 이들을 사랑하는 모든 사람들이 해결해야 할 문제다.

퍼펙트 스톰

영원한 청소년기에는 세 가지 추가적인 요인이 다른 시기보다 더 큰 영향을 미친다. 첫째, 자녀들이 로맨스, 노골적인 성적 표현, 과도한 폭력 등에 노출되는 나이가 갈수록 낮아지고 있다. 다시 말해 문화가 매우 어린 자녀들의 순수함을 더럽히고 있음에도 불구하고 부모는 자녀가 성장하는 데 필요한 도구를 제공하지 못하고 있다. 재앙이 벌어지기에 안성맞춤인 환경이다.

둘째, 청년들이 결혼을 미루고 있다. 20여 년 전 브렛은 청년 사역자로서, 존은 서밋 미니스트리(Summit Ministries) 소속으로 십 대를 위한 사역을 시작했는데 당시에는 4~5년 후나, 가능하다면 7년 후까지 학생들이 성적 순결을 유지하도록 도울 방법을 고민했다. 지금은 청년들이 20대 후반까지 결혼을 고려하지 않기 때문에 부모와 멘토는 음란물이 범람하여 성적 표현이 과도한 문화에서 십 대가 향후 10~15년 동안 성적 순결을 지킬 수 있도록 도울 방법을 고민해야 한다.

결혼 연령의 상승은 젊은 여성에게 더 큰 타격을 준다. 마크 레그너러스(Mark Regnerus) 박사는 '성의 경제학'이라는 모델을 통해 그 이유를 설명한다.[4] 경제학의 요체는 수요와 공급이다. 남성은 성관계의 수요자가 되는 경향이 있으며 공급을 좌우하는 여성은 그러한 관계에 남성이 지불해야 하는 대가를 결정할 수 있다. 순결과 결혼에 대한 사회적 기대를 통해 성의 공급이 적게 유지되지 않으면 남성은 성장하여 결혼하거나 취업하지 않고도 성관계를 맺을 수 있다. 다시 말해 성이 값싼 상품이 되는 것이다. 여성은 안정적 관계와 같이 필요한 바를 얻기 위해 성적으로 타협하라는 압박을 받는다.[5]

가장 중요한 세 번째 요인은 죄, 도덕적 책임, 덕과 같은 강력한 도덕적 개념이 폐기된 문화에서 영원한 청소년기를 살아간다는 점이다. 청년들은 훌륭한 인생이 아니라 행복한 인생이 성공한 것이라고 배운다. 베네딕토 교황이 '상대주의의 독재(dictatorship of relativism)'라고 표현한 이 환경에서는[6] 취약하고 빈번하게 피해를 당하는 사람들을 '안전 공간'과 '사전 고지(충격적 내용이 포함될 수 있음을 미리 알림 – 옮긴이 주)'를 통해 위협 요소로부터 보호한다. 이러한 피해자들에게 "당신이 틀렸다."라거나 "감정이란 신뢰할 수 없는 대상이다."라고 말하는 경우는 드물다. 델 타켓(Del Tackett)의 설명처럼 "나를 정죄하지 않으면 나도 당신을 정죄하지 않겠다."가 문화적 주문(mantra)이 된 듯하다.[7]

즉, 영원한 청소년기는 도덕적 유아 상태에 머무르는 것이다. 〈뉴욕

타임스〉의 칼럼니스트 데이비드 브룩스(David Brooks)는 『인간의 품격(The Road to Character)』에서 다음과 같이 설명했다.

> 죄는 우리 정신 세계를 완성하는 데 꼭 필요한 요소다. 삶이라는 것이 도덕과 관련된 일이라는 걸 환기시켜 주기 때문이다. (중략) 현대 문화가 죄를 '실수'나 '무감각' 같은 단어로 대체하고 '덕', '인격', '악', '부도덕'과 같은 단어를 아예 없애 버리려 한다 해도 우리 삶에서 도덕적인 요소가 없어지지는 않는다. 그저 피할 수 없는 삶의 도덕적 핵심을 피상적인 단어로 모호하게 만들었을 뿐이다. 우리 앞에 놓인 선택에 대해 덜 명확하게 생각하고 이야기하게 되었다는 의미이자, 그 결과 일상 생활 속 도덕적 문제들을 점점 더 백안시하게 되었다는 의미일 뿐이다.[8]
>
> 번역서 『인간의 품격』, 부키

자녀를 사랑하고 그들의 미래를 걱정한다면 영원한 청소년기에 안주하도록 놔둬서는 안 된다. 그러한 문제를 직시하고 자녀가 성숙하고 도덕적인 책임감을 키우도록 이끌어야 한다. 그렇지 않으면 C. S. 루이스가 다음과 같이 인상적인 구절에서 묘사한 '가슴 없는 사람'이 되고 말 것이다.

> 그런데 우리의 현재 상황의 희비극은 우리가 불가능하게 만들고 있는 바로 그 특질들을 여전히 소리 높여 요구하고 있다는 점입니다. 우리 문명이 필요로 하는 것은 더 많은 '동력', 역동성, 자기희생, '창조성'이라고 주장하는 문구가 들어 있지 않은 잡지를 만나기가 어려울 정도입니다. 소름끼치리만큼 단순하게도 우리는 담당 기관은 제거해 놓고선 그 기능만은 계속해서 요구하는 형국입니다. 우리는 가슴 없는 사람들을 만들어 놓고선

그들에게서 덕과 모험적 기상을 기대하고 있습니다. 우리는 명예를 비웃으면서도 우리 중에 배신자가 생기면 충격을 받습니다. 우리는 생식력을 거세해 놓고선 다산을 기대하고 있습니다.

번역서『인간 폐지』, 홍성사, 35페이지

청소년기에 안주하는 자녀는 악과 부당함에 저항하는 사람이 되지 못한다. 진, 선, 미를 지향하는 문화를 만드는 주역이 되지 못하고 오히려 문화의 지배를 받게 된다.

덕, 영원한 청소년기의 해결책

도덕적인 인간은 도덕적 책임을 이해하고 기꺼이 떠맡는다. 설사 옳은 일을 하는 것이 쉽지 않으며 무엇이 옳은지 분명하지 않은 상황이라도 옳고 그름을 구분하려는 열망과 역량을 지니고 있다. 에드먼드 버크(Edmund Burke)는 이를 '도덕적 상상력(moral imagination)'으로, 달라스 윌라드(Dallas Willard)는 '잘 지켜 낸 마음(a well-kept heart)'이라고 불렀다. 필자는 '성숙함'이라고 부르겠다.

앞서 설명했듯 하나님은 세상을 다스리도록 인간을 창조하셨다. 실제로 도덕적 책임은 청지기의 임무를 수행하는 것이며 인간의 정체성을 반영한다. 윌라드는 "마음을 잘 지키는 사람은 인생의 다양한 상황에서 선하고 옳은 방향으로 반응할 준비와 능력을 갖춘 사람"이라고 밝혔다.[10] 다시 말해 다음 세대의 성숙을 돕는 가장 좋은 방법은 덕(virtue)을 함양하는 것이다.

문화에서 도덕적 언어를 사용하고 덕을 받들거나 올바른 인간으로서 사고하는 경우가 드물기 때문에 불완전한 수단에 기대어 사람들이 규칙을 지키도록 만든다. 기독교인인 부모와 멘토 역시 자녀에게 원하는 행동을 유도하기 위해 이러한 방법을 활용하는 경향이 있다. 자녀가 특정 연령대이거나 특정 상황에서 처해 있다면 유용하고 필요한 방법일 수도 있다. 하지만 장기적으로는 덕을 함양하지 않는다면 청소년기를 영구화할 뿐이다.

가장 흔히 덕을 갈음하는 것은 *규칙과 제재를 강화하는 것*이다. 모기지 사태나 테러 공격이 발생하거나 감정이 상할 때 등 일이 잘못될 때마다 문화에서는 구성원을 '보호'하기 위해 주로 연방 정부를 중심으로 감시를 강화한다. 규칙과 제재를 활용하는 기독교 공동체도 있다. "자매들이 긴 치마를 입고 형제들이 짧은 머리 스타일을 하면 문제가 없을 것"이라는 사고방식이다.

규칙이 현명하고 적합한 경계를 정해줄 수도 있지만 규칙의 준수를 기독교인의 성숙과 혼동해서는 안 된다. 규칙은 사람의 마음을 보여 줄 수 없다. 규칙이 나쁜 영향과 유혹이 '바깥에' 머무르도록 제한하는 데 도움이 되더라도 '안에' 있는 문제는 해결되지 않은 상태로 남아 있다. 규칙이 엄격한 환경에서 자란 아이들은 전략적으로 규칙을 따르지만 들키지 않는 훈련이 잘 되어 있다. 덕에 관한 질문은 "따라야 할 규칙이 없을 때에도 옳고 그름을 분별하는 사람이 되려면 어떻게 해야 하는가? 들키지 않더라도 옳은 일을 할 것인가?" 등이다.

물론, 오늘날 문화에 *규칙이 없어야 한다*는 신념이 팽배해 있다 보니 부모와 멘토 입장에서는 규칙을 적용하는 방식을 원할 것이다. 자녀들은 자유라는 미명 아래 자신의 마음을 따르고 만족감을 느낄 수 있다면 무엇이든 해도 된다는 말을 듣고 있다. "내면을 들여다보고 네 자신을 찾으렴"이라고 부추기는 것이다.

내면을 성찰할 수 있을 정도의 도덕성을 갖추지 못한 사람에게 이런 말을 하는 것은 항상 내 자신을 향하고 있는 나침반을 사용해서 광야를 빠져나갈 방법을 찾으라고 조언하는 것과 다름없다. 나침반이 제 기능을 하는 것은 그 침이 정해져 있고 변하지 않아 위치를 파악하고 길을 찾을 수 있게 해 주는 기준점에 고정되어 있기 때문이다. 그렇기 때문에 우리가 도덕적 결정을 내릴 수 있도록 도와주는 외부의 변하지 않는 도덕적 기준점이 없다면 길을 잃기 마련이다. 내 마음이 어디로 가고 있는지 알지 못한다면 마음을 따르는 것은 소용이 없는 일이다. 액튼 연구소(Acton Institute)의 마이클 밀러(Michael Miller) 연구원은 "모든 세대가 나 자신을 찾으라는 말을 들어 왔는데 정작 자신을 찾고 보니 멍청이라면 어떻게 해야 하는가?"라고 지적했다.[11]

덕이 없다면 자유는 지속될 수 없다. 내 자신이 신뢰할 만한 존재가 아니라면 스스로를 믿을 수 없는 일이다. 옳은 일을 *하려면* 올바른 사람이 *되어야* 한다. 에드먼드 버크는 다음과 같이 말했다.

> 인간은 자신의 욕구에 도덕적 굴레를 씌우는 성향에 비례하여 시민으로서의 자유를 누릴 자격을 얻는다. (중략) 무절제한 인간이 자유를 누릴 수 없다는 것은 만물의 영원한 법에 정해져 있는 바다. 인간의 열정은 스스로를 속박시킨다.[12]

덕을 대신하는 또 다른 일반적인 개념으로 *동기 부여*가 있다. 놀라운 이야기나 설득력 있는 연설은 분명 행동을 이끌어 낼 수 있지만 점화시킨 불씨가 열정을 계속 유지시키는 경우는 드물다. 많은 기독교 가정의 자녀가 수련회에서 감정이 한껏 고조된 '절정'의 순간에 영적 결정을 내렸다가 일단 흥분이 가라앉고 나면 그 결정을 지켜나가는 데 어려움을 겪는다. 감정에 휘둘리는 것이 청소년기의 대표적인 특징이기는 하지만 덕의 특징은 *내키지 않는 순간에도 옳은 일을 하는 것이다.*

또한 우리는 *보상*을 통해 선한 행동을 유도하려는 경향이 있다. 물론 뇌물은 종종 효과를 발휘한다. 필자의 예를 들자면 자녀들의 배변 훈련을 할 때 보상을 활용해 큰 효과를 거뒀다. 하지만 십 년이 지나서도 '유아용 변기' 사용을 유도하기 위해 사탕을 주고 있다면 어떻게 되겠는가? 그 시점에는, 아니 이미 한참 전에 심각한 문제가 벌어진 것이다.

얻는 것이 있어야만 옳은 일을 하는 자녀는 도덕적이라고 할 수 없다. 어리석을 뿐이다. 게다가 보상을 받는 것에 적응하면 오늘날처럼 도덕적 삶이 아닌 즉각적인 만족을 보상하는 문화에서는 그릇된 일을 저지르게 된다.

각 방법은 마음이 아닌 겉으로 드러나는 행동을 움직이는 것이며, 이보다 더 나은 방법이 있다.

덕의 함양: 고전에서 얻는 현명한 조언

자녀가 맞닥뜨릴 모든 윤리적 문제에 대해 미리 대비시키기란 불가능한 일이다. 대신 자녀를 덕 있는 사람으로 키워야 한다. 이때 과거의 두 위인으로부터 도움을 얻을 수 있다.

- **아리스토텔레스와 습관**

아리스토텔레스는 윤리학에 관한 서양 문명 초기의 작품을 남겼다.[13] 요즘 윤리에 관한 대다수의 교과서와 대학 강의는 윤리 이론을 비교하는 수준에 머물러 있다. 하지만 아리스토텔레스는 훌륭한 시민이 될 수 있는 윤리적 인간을 배출하는 일에 관심을 기울였다.

아리스토텔레스는 *습관*의 역할을 강조했다. 대다수는 신발끈을 묶고 양치를 할 때나 출근길에 스타벅스에 들를 것인지에 대해 굳이 생각하지 않는다. 습관적으로 하는 일이기 때문이다. 하지만 윤리적 습관의 경우 수동적으로 형성되거나 유지되지 않는다고 아리스토텔레스는 주장했다. 문화가 습관 형성에 강력한 영향을 미치기 때문에 올바른 습관을 기르는 일에 관심을 기울여야 한다.

다음의 다섯 가지 분야는 언뜻 보기에는 습관처럼 생각되지 않을 수 있으나 습관에 해당하며 적극적이고 의도적으로 관심을 기울여야 한다. 특히 삶에서 문화의 영향에 가장 취약한 분야이며 관계를 비롯한 일상에 큰 영향을 미친다.

나는 무엇을 사랑하는가? 예수님은 가장 큰 계명이 먼저 주 하나님을, 그 다음으로는 이웃을 사랑하는 것이라고 말씀하셨다. 따라서 성 어거스틴의 가르침처럼 우리는 올바른 대상을 올바른 순서에 따라 사랑해야 한다. 우상 숭배는 하나님이 아닌 것을 하나님보다 더 사랑하는 것이다. 하나님을 향한 올바른 사랑은 다른 사람을 포함해 하나님을 제외한 나머지 모두에 대한 사랑을 바로 세운다.

하지만 사랑을 신중하게 정의할 필요가 있다. 우리가 품는 애정이라는 감정이 강렬한 것이라고 여기곤 하지만 습관적으로 친밀하게 지내면서 사랑을 배워가기 마련이다. 사랑은 수동적이 아닌 적극적인 행위다. 입으로는 배우자를 사랑한다고 고백하면서 개인적인 시간의 대부분을 비디오 게임을 하거나 업무를 처리하거나 배우자가 아닌 다른 여성을 만나는 데 쓴다면 거짓말을 하는 것이다. 오늘날 너무나 많은 자녀들이 사랑해야 하는 주변 사람들보다는 빛나는 화면에 표시되는 가상 이미지에 친밀함을 쏟아붓는다.

나는 무엇을 열망하는가? 사랑이 친밀함을 나타내듯 갈망은 상상력을 가리킨다. 우리는 간절히 열망하는 인생의 목표를 소중히 여기며 그러한 열망은 무엇을 사랑하고 어떤 결정을 내릴지에 대한 방향을 정한다. 열망은 인간이 가진 가장 강력한 자산에 해당하기 때문에 주의를 기울여 지켜야 한다. 우리는 열망하는 것을 뒤쫓는다.

인간은 관계, 성공, 복수, 승인, 관심, 애정 등 매우 다양한 것을 열망한다. 내가 무엇을 열망하며 내면에 그러한 열망을 일으키는 것이 무엇인지 끊임없이 돌아봐야 한다. 예를 들어 오락 거리는 열망을 강하게 일으킨다. 광고에서는 단순히 상품을 판매하는 데 그치지 않고 가장 깊은 내면의 필요를 충족시킬 수 있는 생활 방식을 약속한다. 하지만 기독교인들은 하나님 나라를 소망하고 뜻이 "하늘에서 이루어진 것 같이 땅에서도" 이루어지기를 기도한다.(마태복음 6장 10절)

나는 무엇에 충성하는가? 어떤 일을 하고 싶지 않을 때 가장 흔히 내놓는 변명이 "시간이 없다"는 것이다. 하지만 정말 원하는 일이 생기면 우리는 어떻게 해서든 시간과 자원을 찾아낸다. 우리의 시간과 관심을 노리고 있는 사람들이 너무나 많기 때문에 주의를 기울이지 않으면 충성할 가치가 없는 대상에 마음을 빼앗길지 모른다.

우리의 충성심이 극적인 방식으로 시험대에 오르는 경우는 거의 없다. 그리스도를 부인하지 않으면 목숨을 잃게 되는 일이 일어날 가능성은 희박하다. 하지만 우리의 충성심은 그분에게서 마음이 멀어지게 만드는 것들로 날마다 시험을 받으며, 시간을 어디에 쓰는가에서 충성심을 확인할 수 있다. 자녀보다 아이폰을 사랑한다고 말할 부모는 없겠지만 관심을 자녀에게 둘지, 아니면 소셜 미디어 계정에 둘지 선택의 기로에서 어떤 결정을 내리는지 보면 실제로 어디에 충성하는지 드러난다.

예수님은 "네 보물 있는 그 곳에는 네 마음도 있느니라"라고 말씀하셨다.(마태복음 6장 21절)

나는 어떤 일을 하는가? 어떤 일에 열정을 불태우고 노력을 쏟고 있는가? 요즘 많은 십 대들은 관계를 맺는 일보다 비디오 게임을 하는 데 더 능숙하다. 많은 청년들이 시간을 활용하기보다 시간을 낭비하는 일에 더 뛰어나다. 무관심은 이 세대가 앓고 있는 만성 질환이다. 많은 자녀가 그저 다른 일에 관심을 두지 않는다. 심지어 변명할 필요가 없는 방식으로 삶을 사는 대신 변명하는 데 더 노력을 기울이는 경우도 있다!

창세기는 하나님이 인간에게 세상을 다스릴 능력을 주셨다고 말한다. 우리가 일을 하는 이유는 그렇게 창조되었기 때문이다. 일은 예배의 표현이기에 중요한 의미를 갖는다. 자녀가 세상을 다스리는 일에 헌신하고 있는가? 자녀는 만드는 사람인가, 아니면 누리기만 하는 사람인가?

나는 무엇을 예배하는가? *전례(liturgy)*는 루터교, 성공회, 가톨릭 교회에서 순서에 따라 의식을 지키는 것과 같은 '예배 의식'을 가리킨다. 다양한 예배 요소의 주기 또는 습관을 형성하도록 고정적인 의식이 고안되었다.

문화에는 일, 놀이, 스포츠, 쇼핑, 오락, 식사 주기를 비롯해 고유한 의식이 있다. "예수님이 크리스마스를 기념하는 이유"라고 고백하면서도 미국 문화에서는 크리스마스를 쇼핑 시즌으로 보내도록 부추긴다. 앞에서도 이야기했지만 추수감사절에 온 나라가 감사하는 시간을 가진 후에는 최신 장난감과 전자 기기를 차지하기 위해 경비원을 무참히 밟고 지나간다. 쇼핑은 오늘날 문화에 깊숙이 자리잡은 주기적 의식이 되었다.

가정에서는 텔레비전과 컴퓨터 화면 앞에서 시간을 낭비하는 나쁜 습관을 없애기 위해 계획적이고 대안적인 삶의 주기를 만들어야 한다. 예를 들어 저녁 식사 시간을 휴대 전화와 같은 기기를 사용하지 않는 온전한 시간으로 정할 수 있다. 얼굴을 맞대고 대화를 나누는 경험을 날마다 반복되는 평범한 일상으로 만들어 보라. 말로 전달할 수 있는 것을 문자로 보내지 않도록 한다. 또한 교회 활동이 스포츠 경기 일정이나 다른 활동에 부수적인 일이 되지 않도록 우선순위로 삼는다. 주일은 가족이 쉬면서 대화를 나누는 날로 정한다. 배우자와 자녀들과 함께 요일별로 일정을 정해 보라.

많은 가정에서 교회가 세상과는 다른 대안적인 일정을 세워 놨다는 사실을 모르고 있다. 교회에서 준비하고 추모하고 기념하는 휴일과 중요한 기념일은 일반 달력의 일정과 다르다. 우리는 스포츠 이벤트, 텔레비전 프로그램 일정, 쇼핑 시즌으로 채워진 문화 달력이 우리의 가치를 형성하는 데 얼마나 큰 영향을 미치는지 깨닫지 못하고 산다. 필자는 교회력을 사용하여 사순절과 같은 절기를 지키면서 가족들이 더 좋은 것을 우선순위로 삼는 반문화적 주기가 형성되었음을 깨달았다.[14]

위의 다섯 가지 질문에 답하면서 뿌리 깊이 자리한 습관을 점검할 수 있다. 질문을 효과적으로 활용하기 위해서는 다음과 같은 지침을 염두에 두고 첫 번째 질문부터 신중하게 답한다.

- 혼자만의 시간을 내어 질문에 답한다. 성령님께 나의 진실된 생각과 마음을 알게 해달라고 부탁한다. 나만의 공책에 솔직한 생각을 기록한다.
- 신뢰할 만한 멘토, 부모나 친구에게 나에 대한 질문에 답해달라고 요청한다. 시작하기 전에 겸허한 마음을 달라고 성령

님께 부탁한다. 지인들에게 나에 대해 관찰한 내용을 최대한 구체적으로 알려 달라고 요청하고 답변을 기록한다.
- 변화가 필요한 부분을 살펴보고 내 속에 자리잡은 나쁜 습관에 대해 낮은 마음으로 하나님께 회개한다. 다른 사람들에게 책임지는 방안을 비롯하여 변화하기 위한 계획을 세운다.
- *가정을 위한 질문:* (매일 밤, 주말 등) 정해진 시간에 부모로서 가족에 관한 질문을 해본다. 여가 시간을 어떻게 보내는지, 휴일을 어떻게 보내는지, 가정에서 오락 거리와 기술이 어떤 역할을 하고 있는지 등을 떠올린다.
- *교회와 중고등부 모임을 위한 질문:* 리더라면 모임의 관행에 대해 평가한다. 설교, 프로그램, 주일학교에서는 어떤 사랑, 열망, 충성심, 일, 의식을 장려하는가?

- **C. S. 루이스, 유스터스, 리피치프**

자녀들의 덕을 함양하는 데 도움을 줄 수 있는 두 번째 인물은 C. S. 루이스다. 모든 부모, 청년 사역자, 멘토, 리더는 『인간 폐지』의 첫 번째 에세이인 '가슴 없는 사람'을 반드시 읽고, 또 읽어야 한다.[15] 이 글에서 루이스는 지식으로 머리를 채우고 열정으로 배를 채우지만 가슴을 키우는 데 실패하는 교육을 비판한다. 아리스토텔레스는 윤리학에 대한 글에서 머리가 이성의 본거지이고 배는 열정이나 열망의 본거지라고 가르쳤다. 덕이 있는 사람은 머리로 배를 다스리며, 아리스토텔레스는 이것이 습관을 통해서만 가능한 일이라고 생각했다.

습관이 도움이 되기는 하지만 우리는 지식과 열망 사이에서 갈등이 벌어질 수 있으며 많은 경우 배가 승리를 거둔다는 것을 경험으로 알고 있다. 이 때문에 루이스는 머리에 도움이 필요하다고 생각했다. 열정을 다스리기 위해서는 도덕적인 의지가 필요하며 루이스는 이를 '가슴'이라고 불렀다. 루이스의 설명을 보자.

> 덕에 대한 어떠한 정당화도 사람을 덕스럽게 만들 수는 없다는 사실을 기억해야 합니다. 지성은 훈련된 감정의 도움 없이는 동물적 유기 조직에 맞서기에 무력합니다. (중략) 머리는 가슴을 통해 배를 다스립니다.[16]
>
> 번역서 『인간 폐지』, 홍성사, 33페이지

마이클 밀러의 표현을 빌리자면 배는 "밥 줘! 밥 줘! 배가 고프단 말이야!"라고 끊임없이 울부짖는 몸무게 800파운드(약 360kg)의 고릴라와 같다. 반면 머리는 나비 넥타이 차림으로 자제력을 발휘해야 하는 이유를 설명하는 몸무게 80파운드(약 36kg)의 교수와도 같다. 일반적으로는 고릴라가 승리한다. 가슴이 필요한 이유가 여기에 있다.

루이스의 세계가 정말 멋진 이유는 그의 비소설 산문에서 벽을 만날 때마다 나니아를 참고할 수 있기 때문이다. 예를 들어 『사자와 마녀와 옷장』에는 루이스가 『순전한 기독교』에서 설파한 많은 내용이 환상적으로 설명되어 있다. 마찬가지로 『새벽 출정호의 항해』에서는 가슴이 없는 소년을 만날 수 있다.

책은 "유스터스 클래런스 스크러브라는 남자 아이가 있었는데, 그 아이는 그런 이름에 정말 어울리는 아이였다."라는 문장으로 시작한다.[17] (번역서 『나니아 연대기』

(시공주니어) 581페이지 인용) 유스터스는 루이스가 '가슴 없는 사람'에서 비판했던 유형의 교육이 낳은 인물로, 사물에 대한 지식은 있지만 어떻게 살아가야 할지는 모르는 아이다. 스스로를 얼간이(jerk)라고 부르면서도 유스터스는 자신을 실제보다 더 나은 사람으로 여겼다. 이야기 끝부분과 나니아에서 보낸 대부분의 시간에 유스터스는 가슴을 키워 나간다. 전체 이야기를 여기에서 소개하는 것은 불가능하거니와 독자들이 직접 읽어보기를 추천한다. 다만 유스터스의 삶에서 덕의 함양에 대해 배울 수 있는 내용을 짧게 요약하여 소개한다.

첫째, 옳고 그름을 분별하는 것만으로는 충분하지 않다. 기독교 관점은 단순히 악을 어떻게 회피할 수 있는가에 국한되지 않는다. 이야기에서 유스터스는 선박에 대한 지식이 많은 아이지만 목적지를 향한 항해에서 한 사람의 선원으로 제 역할을 할 방법은 알지 못했다. 이 과정에서, 특히 생쥐 리피치프의 조언을 통해 유스터스는 옛 나니아의 영광에 대해 알게 되었고 자신보다 더 큰 대의를 위한 전쟁에서 승리하고 삶을 살아가는 방법을 터득했다.

잠언은 "묵시가 없으면 백성이 방자히 행하거니와"라고 말한다.(29장 18절) 아이들이 주일 학교에서 묻는 질문에 한결같이 정답을 말하면서 삶에서는 반항하고 옳다고 알고 있는 모든 것에 반하는 선택을 하는 이유가 궁금할 것이다. 잠언은 이러한 궁금증에 답을 준다. 자녀는 무엇에 궁극적으로 충성을 바칠 만한지에 대한 안목이 필요하다. 기독교가 어떻게 행동해야 하는가 뿐만 아니라 내가 누구인지와도 관련되어 있음을 알아야 한다. 무엇을 멀리할 것인가와 더불어 무엇을 위해 살아야 하는가도 알아야 한다.

예를 들어 자녀들에게 "성관계를 하지 말아라"라고 말하는 것도 중요하다. 하지만 더 중요한 것은 자녀들이 성관계의 선한 목적에 대해 알고, 하나님이 우리의 목적을 이루는 수단으로 성을 선물하셨음을 아는 것이다. 성이 나쁜 것이라고 말해서는 안 된다. 성은 좋은 것이고, 가치가 있기에 보호해야 한다는 것을 알아야 한다.

둘째, 가슴은 근육이다. 역도 선수가 되려면 바벨을 들어 올리는 연습을 해야 하듯 덕 있는 사람이 되려면 덕 있는 일을 행해야 한다. 덕은 헬멧처럼 쓸 수 있는 것이 아니라 근육처럼 키워야만 한다.

유진 피터슨(Eugene Peterson)은 "인생은 한 방향으로 오래 순종하는 것"이라고 했다.[18] 부모와 멘토는 학생들에게 커서 무엇을 할 것인지 종종 묻는다. 하지만 *언젠가* 무엇을 할 것인지보다 훨씬 더 중요한 질문은 *바로 다음에* 무엇을 할 것인가다. 다음에 일어날 상황, 문제, 실패, 유혹, 성공, 관계에 대처하지 못한다면 덕 있는 삶에 이르지 못한다.

셋째, 인간이 다음 번에 항상 옳은 일을 할 수는 없기 때문에 회개를 해야 한다. 루이스의 이야기에서 유스터스는 형편없는 결정을 거듭하다가 용이 되고 만다. 나니아 연대기에서 그리스도를 상징하는 아슬란은 유스터스에게 호수에서 쉬어 가라고 권한다.

하지만 먼저 옷을 벗어야 한다고 아슬란은 말했다. 유스터스는 겉에 있는 비늘은 벗겨 냈지만 갑갑한 껍질을 제 손으로 벗겨 낼 수 없었다. 벗겨 내려 할수록 가려움이 심해졌다.

아슬란은 "네 옷은 내가 벗겨야 한다."고 말했다. 나니아 전체 이야기에서 가장 위대한 구속의 장면에서 아슬란은 날카로운 발톱으로 용의 껍질을 벗겨 내고 유스터스를 물 속으로 밀어 넣었다. 물에서 나온 유스터스는 소년의 모습을 되찾았지만 이전과는 다른 사람이 되어 있었다.[19]

우리는 스스로를 고칠 수 없다. 자기 힘으로는 더 나은 사람이 될 수 없다. 회개는 하나님이 죄에 물든 인간에게 주시는 선물로, 인간이 자신의 죄와 나쁜 선택에서 벗어나 새로운 피조물로 태어날 수 있도록 만든다.

너무나 많은 자녀와 부모가 하나님이 회개를 요구하시는 것이 우리에게 화를 내고 있는 증거라고 생각한다. 물론 하나님은 인간의 죄를 미워하시지만 회개는 하나님이 인자하심을 보여주는 증거라고 성경은 말한다.(로마서 2장 4절) 프레데리카 매튜스 그린(Frederica Mathewes-Green)은 "자비에 대한 확신과 기대는 두려움을 몰아내 가려져 있던 회개를 끌어낸다. (중략) 하나님은 인간이 죄로 인해 고통받는 대신 회개하기를 원하신다."라고 설명했다.[20]

회개는 하나님과 인간의 관계를 바로 세운다. 나아가 회개는 도덕적인 운동과도 같다. 정면으로 마주하고 하나님께 용서를 구하지 않고 죄를 숨긴다면 같은 죄를 또 다시 저지를 가능성이 훨씬 높다.

끝으로, *인간은 스스로 덕 있는 사람이 될 수 없다*. 유스터스를 가장 크게 변화시켰지만 주목받지 못한 영웅은 바로 리피치프다. 첫 만남에서 두 인물의 관계는 껄끄러웠지만 유스터스의 가슴이 자라는 여정에서 리피치프는 멘토이자 친구이면서 신뢰할 수 있는 인도자 역할을 했다.

척 콜슨은 "자기 합리화에 관한 한 인간의 능력에는 한계가 없다."는 말을 종종 했다. 콜슨은 그 말의 의미를 너무나도 잘 알고 있었다. 성실한 해병대였던 콜슨은 리처드 닉슨 대통령의 특별 보좌관이 되었고 권력에 취해 부패하지 않겠다고 결심했다. 하지만 워터게이트 사건으로 유죄를 인정받아 수감되고 말았다. 워터게이트 사건이 진행되는 중에 그리스도를 만난 콜슨은 위대한 기독교 지도자로 거듭났고 남은 생을 책임감 속에 살았다.

인간에게 책임감이 필요한 이유는 단순하다. *죄가 우리를 둔감하게 만들기 때문*이다. 지혜로운 목소리와 책임감이 없다면 자신을 속이기 때문에 다른 사람의 도움이 필요하다.

잠언 27장 17절은 "철이 철을 날카롭게 하는 것 같이"라고 말한다. 따라서 부모와 멘토는 자녀들이 어떤 친구와 어울리는지 항상 관심을 기울여야 한다. 청년에게는 훌륭한 친구 외에도 *인생의 선배*도 필요하다. 삶에서 마주치는 문제를 헤쳐나갈 때 경륜이 있고 지혜로운 어른들의 도움이 필요하다.

오늘날의 문화는 자녀에게 고립을 유도한다. 6장에서 언급했듯 기술은 인간이 서로 연결되어 있다는 환상을 심어주지만 자녀는 빛나는 화면 뒤로 얼마든지 자신을 숨길 수 있다. 다른 사람과 관계를 맺고 소통하지 않는 것은 문제가 있음을 알리는 징후다.

나눌 질문

1. 오늘날 문화에서 미디어가 청소년기를 어떻게 묘사하는지 설명해 보세요. 지난 수년 동안 청소년기라는 인생의 단계를 바라보는 시각은 어떻게 변화했나요?

2. 덕을 잘못된 대안으로 대체한 적이 있나요? 어떤 일이 일어났나요?

3. 습관에 관한 다섯 가지 질문의 답을 나눠 보세요. 어

떤 문화적 힘이 사랑, 열망, 충성심, 일, 예배에 영향을 미쳤나요?

4. 『새벽 출정호의 항해』와 같이 덕을 다루는 이야기를 알고 있나요? 그 이야기에서는 덕을 함양하는 과정을 어떻게 묘사하나요?

Part III

문화의 조류 헤쳐 나가기

이제 본격적으로 실제적인 내용을 다룰 차례다. 3부에서는 오늘날 청년들에게 밀려오는 여덟 가지의 문화적 도전 과제를 다루고 각각의 강력한 파도를 헤쳐 나가도록 도울 수 있는 방법을 소개한다. 각 장은 네 개의 섹션으로 구성되어 있다.

첫 번째 섹션은 '문화의 거짓말 떨쳐 내기'다. 이 섹션에서는 문화가 속삭이는 거짓말을 폭로하고 어떤 부분에서 잘못되었는지를 설명한다. 문화의 거짓말은 하나님의 진리를 훼손하기 때문에 예수님의 제자들은 "하나님을 아는 것을 대적하여 높아진 것을 다 무너뜨릴" 의무가 있다.(고린도후서 10장 5절) 각 장에서 이러한 의무를 행할 것이다.

두 번째 섹션인 '하나님의 놀라운 이야기로 돌아가기'에서는 하나님의 이야기에서 찾을 수 있는 깊은 진리를 되새긴다. 기독교인은 성경을 현실을 살아가는 지혜를 얻는 기본적인 출처로 삼아야 한다. 두 번째 섹션에서는 각 주제를 성경 속의 관련된 신념이나 구절과 연결지어 살펴본다. 성경의 세계관으로 돌아오면 피조물에 대한 하나님의 아름답고 장엄한 계획을 다시금 발견할 수 있다.

세 번째 섹션인 '행동 단계'는 성경적 진리를 실제로 적용하는 데 도움이 되도록 고안되었다. 제안한 목록에 나열된 모든 단계를 당장 실천해야 한다는 압박감을 느낄 필요는 없다. 한두 가지 제안부터 시작하면 된다. 우리의 목표는 완벽한 상태에 이르는 것이 아니라 점차 발전하는 것이다.

문화의 조류를 헤쳐 나가는 것은 힘겹고 두렵기까지 하며 결국 낙담하게 될 수도 있다. 하지만 예수님을 따르는 자들은 절망에 빠져서는 안 된다. 주님은 "세상에서는 너희가 환난을 당하나 담대하라 내가 세상을 이기었노라"라고 말씀하셨다.(요한복음 16장 33절)

네 번째 섹션인 '소망 품기'에서는 하나님의 이야기가 오늘날에도 계속 펼쳐진다는 것을 상기시키며 희망에 찬 미래를 제시한다.

Chapter 08

음란물

사람에게서 인간적인 차원을 벗겨내면
존엄성이란 남아 있지 않다.
즉, 음란물의 문제는
사람의 너무 많은 부분을
드러내는 것이 아니라
너무 적은 부분을 보여 주는 것이다.
요한 바오로 2세, 『몸의 신학』

기독교 변증론자인 조시 맥도웰(Josh McDowell)은 "우리가 해야 할 질문은 '자녀가 음란물을 보게 될까?'가 아니라 '음란물을 보게 된 자녀가 어떻게 대처해야 할까?'이다."라고 말했다. 옳은 말이다. 상당수의 자녀들이 독립하기 전에 음란물에 일정 부분 노출된다. 많은 자녀가 일부러 찾아보겠지만 굳이 찾지 않더라도 음란물이 자녀를 찾아간다.

웹사이트 커버넌트 아이즈(Covenant Eyes)의 통계를 살펴보자.

- 남자 아이들의 90퍼센트와 여자 아이들의 60퍼센트가 18세가 되기 전에 음란물에 노출되었다고 응답했다.
- 기독교인 남성의 64퍼센트와 기독교인 여성의 15퍼센트가 한

달에 한 번 이상 음란물을 시청한다고 답했다.
- 온라인 검색 8건 중 1건, 모바일 검색 5건 중 1건은 음란물에 관한 것이다.
- 음란물은 인터넷 대역폭의 3분의 1을 차지하고 있다.[1]

상황은 갈수록 나빠지고 있다. 무엇보다, 음란물에 대해 요즘 세대는 이전 세대와는 다른 도덕적 관점을 가지고 있다. 주변 사람들이 음란물 시청을 나쁜 일이라고 생각하고 있다고 답변한 응답자는 성인 20명 중 1명, 십 대 10명 중 한 명에 불과했다. 사실 십 대와 청년들은 음란물을 시청하는 것보다 쓰레기 재활용을 하지 않는 것이 *더 비도덕적이라고* 생각한다.[2] 자녀들은 음란물을 시청할 뿐만 아니라 그것이 나쁜 행동이라고 생각하지 않는다.

음란물 시청은 특정 성별, 인종이나 사회경제적 상태의 집단에 국한되지 않는다. 인구 통계학적 경계가 존재하지 않는 것이다. 비디오 대여점의 은밀한 공간이나 동네의 지저분한 곳에서만 시청할 수 있는 것도 아니다. 지리적 경계도 없다. 그저 클릭 한 번이면 된다. 이 시대는 음란물이 문제인 정도가 아니라 음란물 *전염병이 창궐한 상태*라고 해도 무방하다.

문제가 정말 심각하다. 자신의 음란물 문제와 씨름하고 있는 사람들은 가망이 없다고 느낄지도 모른다. 하지만 그렇지 않다. 이 힘겨운 문제와 맞서 싸울 때 언제나 예수 그리스도의 복음 안에서 소망을 찾을 수 있다. 예외 없이.

문화의 거짓말 떨쳐 내기

- **거짓말 1: 음란물은 인간 성생활의 무해한 표현일 뿐이다.**

  도덕적으로 둔감한 문화에서는 음란물 관련 통계에 대수롭지 않게 반응한다. 음란물은 합법적인 성적 표현의 한 방식이며 개인적 취향의 영역이므로 반대할 수 없다고 주장한다. 문화에 도덕적 무관심이 팽배한 상태에서 즉각적인 만족을 원하는 채워지지 않는 욕망이 더해지면 재앙이 닥치는 것은 당연한 결과다.

  우선, 음란물에는 중독성이 있다. 조 매킬하니 주니어(Joe McIlhaney Jr.)와 프레다 매키식 부시(Freda McKissic Bush) 박사의 역작인 『가벼운 만남, 낯선 이와의 성관계가 자녀에게 미치는 영향(Hooked: New Science on How Casual Sex is Affecting Our Children)』에는 성 행위 중에 뇌에서 분비되는 화학 물질이 어떻게 중독을 야기하는지 잘 설명되어 있다.[3] 실제로 음란물에 중독된 사람들의 뇌 구조는 약물이나 알코올에 중독된 사람들의 뇌 구조와 비슷한 모습으로 변화한다. 뇌가 발달하는 단계에 있는 청소년에게 중독의 영향이 평생 이어질 수 있다.[4]

  둘째, 음란물은 개인에게 심각한 영향을 미친다. 성 행위에 대한 왜곡된 사고방식을 갖게 되며 성적 자유방임적 태도를 취하고 위험한 성 행위를 할 수 있다. 또한 결혼 생활에 만족감을 느끼지 못하며 배우자와의 신뢰가 무너진다. 결국에는 사람들에게 지울 수 없는 수치심과 죄책감을 남긴다.[5]

- **거짓말 2: 음란물은 개인적인 문제이므로 타인의 사생활에서 벌어지는 일에 관심을 가질 필요가 없다.**

음란물의 영향은 개인에 국한되지 않는다. 인간성을 말살시키기 때문이다. 다른 사람을 자신의 욕망을 만족시키기 위해 이용하는 대상으로 취급하므로 막대한 사회적 비용이 발생한다. 음란물은 성매매를 조장하고 폭력과 성폭행이 증가하며 여성과 아이들의 착취를 부추긴다. 또한 결혼과 가정을 파괴시킨다.

그런데 음란물의 폐해를 이해하는데 꼭 통계가 필요할까? 상식적으로 생각해 봐도 음란물은 해롭다. 인간의 생식 기능을 말살시키고 성적 친밀감을 없앤다. 결혼 생활을 깨뜨리며 우리의 영성 생활을 해친다. 음란물은 파괴를 불러올 뿐이다.

하나님의 놀라운 이야기로 돌아가기

현실에 대한 면면을 알려주는 진정한 이야기인 하나님의 이야기는 창세기 1장 1절의 "태초에 하나님이 천지를 창조하시니라"로 시작한다. 인간은 원자가 아무 목적 없이 충돌하여 생성된 부산물이 아니다. 위대한 설계자가 빚어낸 작품이며 그분의 뜻을 이루는 풀무에서 정련되었다. 각 사람의 육체와 혼은 각자의 목적에 따라 섬세하게 빚어졌다. 인간은 "심히 기묘하게 지어진(시편 139편 14절)" 존재다.

따라서 인간의 정체성은 그 기원을 살펴야만 제대로 파악할 수 있다. 인간은 어디에서 왔을까? 시편 100편 3절은 "[그는] 우리를 지으신 이요 우리는 그의 것이니"라고 선포한다. 인간이 *무엇을 위해* 지어졌는지 알고 싶다면 지으신 이가 누구인지를 먼저 알아야 한다. 어떻게 살아가야 하는 지 궁금하다면 설계자와 상담을 해야 한다. 특히 설계자의 지침이 담긴 안내서인 성경을 읽어야 한다.

하나님의 이야기는 삼위일체 하나님이 그분의 형상대로 인간을 창조하고 빚으신 것에서 시작한다. 여기에서 얻을 수 있는 매우 중요한 시사점은 인간이 관계를 위해 만들어졌다는 것이다. 성부, 성자, 성령께서 서로 사랑하는 관계를 맺듯 인간도 관계를 맺도록 지어졌다.

무엇보다 인간은 하나님과 올바른 관계를 맺어야 한다. 에덴 동산 이야기는 아담과 하와가 하나님과 친밀한 관계였음을 알려 준다.

둘째, 다른 사람과 올바른 관계를 맺어야 한다. 성은 인간의 연합에서 중요한 부분에 해당하며, 따라서 본질적으로 관계와 관련되어 있다. 성은 홀로 떨어져 있는 상태가 아니라 남편과 아내가 한 몸을 이루는 연합을 통해 경험해야 한다. "이러므로 남자가 부모를 떠나 그의 아내와 합하여 둘이 한 몸을 이룰지로다 아담과 그의 아내 두 사람이 벌거벗었으나 부끄러워하지 아니하니라.(창세기 2장 24~25절)" 하나님이 설계하신 성에는 부끄러움이란 없고 오직 아름다움과 기쁨이 넘친다.

성경은 고립된 상태에서 성을 경험하는 것을 지지하지 않는다. 절대로! 음란물은 성을 관계의 맥락에서 끊어낸다. 앞서 설명했듯 음란물은 비인간화를 통해 관계를 해치고 타인을 성적 만족을 위한 단순한 이용 대상으로 취급하도록 만든다. 성을 서로 사랑하는 두 사람 간의 관계에서 분리시키고 한 개인의 탐닉을 위한 수단으로 변질시킨다. 음란물을 보는 것은 철저히 이기심을 추구하는 행위다.

이와 더불어 하나님은 모든 형태의 음욕을 분명하게 금하신다. "또 간음하지 말라 하였다는 것을 너희가 들었으나 나는 너희에게 이르노니 음욕을 품고 여자를 보는 자마다 마음에 이미 간음하였느니라.(마태복음 5장 27~28절)" 음란물의 기본적인 목적이 바로 음욕을 품고 여인을 바라보는 것이기 때문에 하나님의 계획을 훼손하고 심각한 결과를 낳는다.

몸과 마음으로 행하는 간음은 인간을 수치와 파멸의 길로 인도한다. 잠언 6장의 엄중한 경고에 귀를 기울여보자.

> 내 아들아 네 아비의 명령을 지키며 네 어미의 법을 떠나지 말고 그것을 항상 네 마음에 새기며 네 목에 매라
>
> 그것이 네가 다닐 때에 너를 인도하며 네가 잘 때에 너를 보호하며 네가 깰 때에 너와 더불어 말하리니
>
> 대저 명령은 등불이요 법은 빛이요 훈계의 책망은 곧 생명의 길이라
>
> 이것이 너를 지켜 악한 여인에게, 이방 여인의 혀로 호리는 말에 빠지지 않게 하리라
>
> 네 마음에 그의 아름다움을 탐하지 말며 그 눈꺼풀이 홀리지 말라
>
> 음녀로 말미암아 사람이 한 조각 떡만 남게 됨이며 음란한 여인은 귀한 생명을 사냥함이니라
>
> 사람이 불을 품에 품고서야 어찌 그의 옷이 타지 아니하겠으며
>
> 사람이 숯불을 밟고서야 어찌 그의 발이 데지 아니하겠느냐
>
> 남의 아내와 통간하는 자도 이와 같을 것이라 그를 만지는 자마다 벌을 면하지 못하리라
>
> 도둑이 만일 주릴 때에 배를 채우려고 도둑질하면 사람이 그를 멸시하지는 아니하려니와
>
> 들키면 칠 배를 갚아야 하리니 심지어 자기 집에 있는 것을 다

내주게 되리라

여인과 간음하는 자는 무지한 자라 이것을 행하는 자는 자기의 영혼을 망하게 하며

상함과 능욕을 받고 부끄러움을 씻을 수 없게 되나니

(잠언 6장 20~33절)

하나님은 성을 미워하시는가? 그렇지 않다! 아가서만 봐도 이를 알 수 있다. 하나님의 감동으로 기록된 아가서는 하나님의 이야기 속에서 관계라는 맥락을 통해 인간의 성에 멋진 계획을 가지고 계시다는 점을 보여준다. 문화에 욕정이 가득하고 절제함 없는 성적 욕망이 충만한 것과 달리 하나님 이야기는 축복받은 가정을 숨막힐 정도로 아름답게 그려 낸다.

행동 단계

1. **깨어나라!** 음란물이 미치는 결과가 얼마나 광범위하고 깊은지 똑똑히 살펴봐야 한다. 바나 그룹(Barna Group)의 선도적인 연구자들이 조시 맥도웰 사역팀과 협력하여 오늘날의 음란물 위기를 심도 있게 분석하고 평가한 『음란물 현상(The Porn Phenomenon)』을 읽어 보라.(6) 미국 국립성착취예방센터(National Center on Sexual Exploitation)의 웹사이트 www.endsexualexploitation.org를 방문하여 무료로 배포되는 전자책 『음란물, 공중 보건 위기(Pornography: A Public Health Crisis)』를 다운로드하여 음란물의 파괴적인 영향에 대해 알아보라. 진실을 알게 되면 당장 행동에 나서야 한다는 생각이 들 것이다.

2. 먼저 *나의* 음란물 문제를 직시한다. 말했다시피 음란물은 인구 집단을 가리지 않는다. 자녀만의 문제가 아니라 우리 모두의 문제다. 이 책을 읽고 있는 독자도 음란물과 외로운 싸움을 벌이고 있는지 모른다. 자녀에게 도움을 줄 수 있는 리더가 되기 위해서는 부모도 이 싸움에 동참해야 한다. 남성들이여, 하나님뿐 아니라 가깝고 신뢰할 수 있는 지인, 목회자나 상담사 등에게 자신의 음란물에 관한 습관을 고백하라. 여성들도 마찬가지다. 남편들이여, 아내에게 고백하라. 아내들이여, 남편에게 고백하라. 목회자들이여, 다른 목회자와 교회의 믿을 만한 지도자들에게 고백하라. 음란물로 무너진 삶을 다시 세우기 위해 기독교 상담 전문가의 도움을 받아야 할 수도 있다. 하나님의 용서를 체험하면서 복음으로 깨끗하게 되는 은혜를 누리고, 내 삶에서 죄를 멸하시는 과정이 시작되면 성령님이 권능으로 나를 정결케 하시도록 내맡긴다. 이제 삶 속에 큰 책임감이 생길 것이다.

3. 미리 조치를 취한다. 음란물이 자녀의 삶에 침투해 있는 것을 발견할 때까지 *기다려서는 안 된다*. 음란물에 노출되는 나이는 평균 열한 살이지만 자녀가 통계의 범주에 해당한다는 보장은 없다. 당장 행동에 나서야 한다. 언젠가 조시 맥도웰은 "산 밑에 앰뷸런스를 대기시키느니 절벽 위에 난간을 설치하겠다."라고 말했다. 사후에 회복시키는 것보다 미리 방지하는 편이 더 현명한 조치다. 음란물이 자녀를 향해 다가오고 있기 때문에 지금 난간을 만드는 것이 좋다. 우선적으로 취할 수 있는 조치는 다음과 같다.

- *필터링.* 인터넷 필터링은 외설물에 대한 접근을 제한하고 음란한 콘텐츠를 차단시킨다. 따라서 가정의 모든 인터넷 기기에서 액세스를 필터링할 수 있고, 그렇게 해야만 한다. 기기에

는 데스크톱 컴퓨터, 노트북, 태블릿, 스마트폰, 게임 콘솔이 포함된다.

- *모니터링.* 인터넷을 모니터링하면 온라인 활동을 추적할 수 있어 책임감 있게 사용하도록 이끌 수 있다. 아울러, 기술에 능숙하여 필터링 소프트웨어를 우회하는 방법을 알고 있는 십 대의 부모에게 모니터링은 이차 방어선 역할을 한다. 필터링과 마찬가지로, 가정에서 인터넷이 연결되어 있는 모든 기기에 모니터링 소프트웨어를 설치해야 한다.
- *제한.* 아이폰이나 아이패드와 같은 iOS 기기를 사용 중이라면 '일반 설정'에서 '제한' 기능을 사용하도록 설정할 수 있다. 그러면 특정 기기에 비밀번호로 보호되는 관리 기능을 설정할 수 있다. 예를 들어 자녀가 부모의 허락 없이 앱을 다운로드하지 못하도록 만들고 인터넷 브라우저 사용을 끄거나 콘텐츠 등급을 설정할 수 있다.

인터넷을 필터링하고 모니터링할 수 있는 많은 옵션이 있지만 신뢰할 만한 리소스 다섯 가지를 추천한다.

- OpenDNS Family Shield – www.opendns.com/home-internet-security/
- Net Nanny – www.netnanny.com
- Mobicip – www.mobicip.com
- Covenant Eyes – www.covenanteyes.com
- Circle with Disney – https://meetcircle.com

미리 조치를 취하는 것이 음란물로부터 가정을 보호하는 데 중요한 단계이기는 하지만, 물 샐 틈 없이 완벽하게 보호할 수 있는 방법이란 없다. 기술 사용에 능숙한 학생이라면 필터링과 모니터링을 우회할 방법을 얼마든지 찾아낼 수 있다. 따라서 선제적인 조치는 음란물과의 싸움에서 사용할 수 있는 하나의 도구일 뿐이며 절대 자녀와의 친밀한 관계와 솔직한 대화를 대신할 수 없다.

4. 음란물 산업의 어두운 면을 알린다. 사도 바울은 "열매 없는 어둠의 일에 참여하지 말고 도리어 책망하라(에베소서 5장 11절)"라고 경고한다. 음란물에 대한 환영을 깨뜨리는 한 가지 전략은 음란물 산업을 덮고 있는 커튼을 걷어내 진실을 밝히는 것이다. 음란물 산업은 성매개감염병(STD), 매춘, 약물 남용, 정서적 학대, 폭력, 심지어 성매매를 위한 여성과 아동에 대한 착취의 온상이다. 보이지 않는 곳에서 실제로 어떤 일이 벌어지고 있는지 아는 것은 음란물을 합리화하는 근거를 무너뜨리는 데 도움이 된다.[7]

5. 음란물에 대한 대화를 시작한다. 먼저, 어른들은 음란물에 대한 대화를 주도적으로 시작해야 한다. 대다수의 자녀가 어른과의 대화에서 자발적으로 성을 주제삼지 않는다. 둘째, 훈계를 하는 시간이 아닌 대화를 나누는 시간이 되어야 한다. 자녀에게 다음 질문을 해보라.

- 음란물이 무엇인지 알고 있니?
- 음란물을 본 적이 있니?
- 친구들이 음란물에 대해 이야기하거나 보고 있니?
- 음란물에 대한 너의 생각은 어때?
- 음란물이 해롭다고 생각하니, 아니면 해롭지 않다고 생각하니? 그렇게 생각하는 이유는 무엇이니?

처음에는 답이 정해져 있지 않은 질문을 통해 대화를 이어간다. 심문하는 것이 아니라 대화를 나누는 방향이어야 한다. 자녀가 자유롭게 생각을 나눌 있는 여지를 주되 지혜를 나누고 분명한 지침을 줄 기회를 엿봐야 한다.

6. 음란물 시청에 어떠한 결과가 따르는지 분명하게 설명한다. 자녀에게 음란물에 내재된 분명하고 실제적인 위험을 경고한다. 구글에 '음란물의 부정적 영향'만 검색해봐도 음란물이 뇌의 연결을 재배치하고 중독을 일으키며 특히 청소년에게 해롭다는 사실을 보여주는 연구 결과를 찾을 수 있다. 음란물과 사회 불안, 우울증, 낮은 동기, 생산성 결여, 죄책감과 수치심 유발 간의 관계를 나타내는 데이터도 확인할 수 있다. 또한 음란물이 결혼에 어떤 해로운 영향을 미치는지에 대해서도 알 수 있다. 음란물은 배우자와의 성관계에 대한 관심을 떨어뜨리고 중독자의 이혼 증가로 이어진다. 문제는 그 밖에도 많다.

7. 항상 용서와 은혜로 대할 준비를 한다. 음란물이 크게 문제시되지 않는 세상에서 대다수의 자녀가 음란물을 보게 되고 그리스도와의 관계를 단절시킬 수 있는 죄책감, 수치심과 씨름할 것이다. 자녀를 보호하고 미리 경고하고 대화를 나누는 가운데 복음 선포를 중단해서는 안 된다. 그리스도의 십자가를 통해서만 죄사함을 받을 수 있다는 복음을 선포해야 한다. 자녀와 부모 자신에게 "그러므로 이제 그리스도 예수 안에 있는 자에게는 결코 정죄함이 없나니 이는 그리스도 예수 안에 있는 생명의 성령의 법이 죄와 사망의 법에서 너를 해방하였음이라(로마서 8장 1~2절)"를 상기시켜야 한다. 오직 그리스도를 통해서만 중독에서 해방되고 죄책감과 수치심에서 벗어나 소망을 찾을 수 있다. 오직 그리스도를 통해서만 죄와 유혹을 이겨낼 수 있는 의지를 회복할 수 있다. 설사 문화에서 음란물의 폐해가 무엇이며 사회를 어떻게 좀먹게 하는지 깨닫더라도 자유를 얻게 하는 참된 길을 마련해 주지 못한다. 오로

지 복음의 권능으로 무장된 새 언약의 교회만이 중독에 찌든 문화에 소망과 치료책을 제시할 수 있다.

8. 배우자와 자녀를 사랑한다. 그 어떤 인터넷 필터링과 모니터링 시스템도 남편과 아내 또는 부모와 자녀의 사랑하는 관계를 대신할 수 없다. 음란물에 대한 최선의 방어는 가족이 친밀한 관계를 맺는 것이다. 끈끈한 가족 관계를 맺는 데 중요한 두 가지 방법을 소개한다. 첫째, 함께 시간을 보낸다. 식구들이 함께하는 소중한 시간은 무엇으로도 대신할 수 없다. 매주 저녁 식사를 같이 하거나 한 달에 한 번 여행을 가는 등 간단한 방법으로 시작해보라. 둘째, 함께 예배드린다. 동네의 신뢰할 수 있는 교회를 찾아서 헌신하고 공동체의 일원이 되는 일에 힘쓴다. 그리스도의 몸된 교회는 우리가 영적으로 성장하고 가정이 성장하는 데 중요한 역할을 한다.

- **더 많은 자료**

    - Covenant Eyes – www.covenanteyes.com
    - 미국 국립성착취예방센터(National Center on Sexual Exploitation) – www.endsexualexploitation.org
    - Protect Young Eyes: 온라인 위험에서 자녀를 보호– https://protectyoungeyes.com

소망 품기

암울하기 짝이 없는 내용으로 8장의 문을 열었는데, 우리는 과연 음란물의 거센 파도를 거스를 수 있을까? 희망의 징후는 있다. 2015년,

6개 대륙의 80여 개 국에 540개 체인을 거느린 힐튼 호텔은 객실에서 제공하는 채널에서 음란물을 제외시킬 것이라고 발표했다.⁽⁸⁾ 국립성착취예방센터가 앞장서서 3년간 실시한 공익 캠페인에 응답한 결정이었다.

헐리우드 유명인들도 음란물에 반대하는 외침에 동참하고 있다. 영국의 코미디언 겸 배우인 러셀 브랜드(Russell Brand)는 음란물이 관계에 미치는 해로운 영향을 경고하는 유튜브 동영상을 올렸다.⁽⁹⁾ NFL 선수로 활동하다 배우가 된 테리 크루즈(Terry Crews)는 페이스북에 〈추잡하고 은밀한 비밀(Dirty Little Secret)〉이라는 동영상 시리즈를 게시했다. 동영상에서 크루즈는 음란물에 중독되었던 과거를 고백하고 전문적인 도움이 필요한 문제라고 밝혔다.⁽¹⁰⁾ 현재 크루즈는 음란물의 위험을 알리는 캠페인을 펼치고 있다.

심지어 〈플레이보이〉 잡지의 모델이었던 파멜라 앤더슨(Pamela Anderson)도 반대 운동에 나섰다. 앤더슨은 〈월스트리트저널〉에 '더 이상 음란물에 빠지지 않겠다는 맹세(Take the Pledge: No More Indulging Porn)'라는 제목의 칼럼을 유대교 랍비와 공동으로 기고했다. 칼럼은 음란물이 "남성의 혼을 좀먹고 남편으로서, 나아가 아버지로서 제 역할을 할 수 있는 역량을 떨어뜨린다. 오늘날 음란물을 자유롭게 접할 수 있고 익명으로 접근할 수 있으며 손쉽게 퍼뜨릴 수 있다는 점에서 공공에 미치는 해악이 전례 없을 정도로 심각하다."라고 경고했다.⁽¹¹⁾ 〈플레이보이〉를 주름잡던 모델마저 진지한 경고에 동참했으니 희망의 불씨는 살아 있는 셈이다!

음란 문화는 브레이크가 없는 듯 보이기도 하며 완전히 해결하기 위해서는 음란물에 대한 사회적 접근에 대대적인 변화가 불가피하다. 하지만 기독교인에게 이 전염병은 음란이라는 성적인 죄악과 무너진 관계의 그림자에서 신음하는 문화를 그리스도의 빛 가운데로 나아가도록 인도하는 기회가 될 수도 있다. 그 출발점은 자신의 가정에서 소망을 회복하고 치유되는 것이다.

나눌 질문

1. 음란물에 가장 처음 노출된 것은 언제이며 어떻게 반응했나요? 마지막으로 음란물에 노출된 것은 언제이며 어떻게 반응했나요?

2. 음란물이 삶과 가정에 악영향을 미치는 것을 본 적이 있나요?

3. 자신의 온라인 활동에 대한 적절한 필터링과 모니터링을 실시하고 있나요? 빠진 조치가 있다면 무엇인가요?

Chapter 09

가벼운 만남(Hook-up)이 만연한 문화

*기독교인은 더 적절하게,
즉 신학적으로 말하는 방법을
터득할 수 있도록
성에 대해 계속 이야기해야 한다.*
마크 조던(Mark Jordan),
『성의 윤리(The Ethics of Sex)』

21세기에 사랑할 사람을 찾기란 어려울지 모르나 성관계를 맺을 상대를 찾는 일은 그리 어렵지 않다. 가벼운 만남이 만연해 있는 오늘날 문화의 단편이다.

가벼운 만남이란 정확하게 무엇을 의미하는가? 누구에게 질문을 하느냐에 따라 답이 달라진다. 많은 청년들은 서로 상충되는 사회적 압력에 처해 있기 때문에 모호한 정의를 내리기를 선호한다. 구체적인 내용을 숨기면 완전히 문란한 상태에 이르지는 않으면서 사회적으로 용납되는 수준에서 성욕을 채울 수 있다.

'가벼운 만남'은 애무에서부터 성적인 신체 부위의 접촉, 구강 성교, 성관계에 이르기까지 다양한 성 행위를 의미할 수 있지만, 모두 약속된 관계 *밖에서* 일어난다는 공통점이 있다. 일시적이고 큰 의미를 부여하지 않으며 상대에게만 헌신하지 않는 경우가 대부분이다. 성 행위가 일어날 뿐 관계가 생기지는 않는다. 성관계 파트너가 있다면 자녀는 복잡한 인간 관계로 굳이 골머리를 앓을 필요가 없는 것이다.

수년간 미국의 대학과 칼리지 22곳에 재학 중인 2만 4,000명 이상의 학생들을 대상으로 조사한 결과 가벼운 만남을 즐기는 학생 수가 정식으로 교제하는 학생 수와 맞먹는 것으로 나타났다. 응답자의 62퍼센트가 대학 입학 이후 가벼운 만남을 즐긴 적이 있다고 답했으며 61퍼센트는 교제한 적이 있다고 답변했다.[1] 가벼운 만남이 만연해 있는 것은 부인할 수 없는 사실이며, 그에 따른 역효과도 분명하다.

문화의 거짓말 떨쳐 내기

- **거짓말 1: 모두가 가벼운 만남을 즐긴다.**

모든 사람이 그런 만남을 하지는 않는다. 통계 수치가 놀라운 수준인 것은 사실이지만 가벼운 만남은 줄어드는 추세에 접어든 것으로 보인다. 〈성적 행동 기록(Archives of Sexual Behavior)〉의 최신 연구에 따르면 밀레니얼 세대는 이전 세대와 비교해 성관계를 *맺고 있지 않을 가능성이* 두 배 높다.[2] 연구에서 밀레니얼 세대는 1960년대 이후 모든 집단을 통틀어 성관계 상대가 가장 적은 것으로 나타났다. 즉, 오늘날 자녀 세대는 부모 세대보다 성관계 상대가 더 적은 것이다. 성관계를 경험한 고등학생 비율은 2015년 30퍼센트로 2013년 34퍼센트, 1991년 37.5퍼센트보다 낮은 수준에 머물렀다.[3]

그렇다고 오해해서는 안 된다. 여전히 청년들은 성관계를 시도하며 대다수의 미국인이 결혼 전에 성관계를 맺을 것으로 예상했다.[4] 하지만 데이터를 통해 알 수 있는 것은 문란한 성행위가 가벼운 만남을 조장하는 문화에서 피할 수 없고 불가피한 결과가 아니라는 점이다. 밀레니얼 세대의 성관계 감소가 곧 문화에 도덕적 피로감이 쌓인 징후라고 볼 수 있을까?

- **거짓말 2: 데이트는 끝났다.**

　데이트가 사라진 것은 아니지만 생명 유지 장치로 겨우 연명하는 상태다. 청년들은 때때로 가벼운 만남을 즐기는 것 외에 데이트도 한다. 하지만 데이트가 가벼운 만남을 대신할 정도로 청년들의 태도에 변화가 생긴 것은 아니다. 지금은 데이트에 관한 규범이 없다고 봐도 무방한 수준이다. 성관계를 먼저 하고 그 다음에 데이트하면 어때? 문제될 거 없지. 저녁 식사를 하고 영화를 보러 가야 할까? 원한다면 그렇게 하지. 그런데 밤 늦게 문자 메시지를 주고받는 것이나 가벼운 만남도 괜찮지 않겠어? 여자친구의 아버지에게 데이트 허락을 받아야 할까? 문을 대신 열어 주고 식사비를 내야 할까? 그럴 필요까지는 없겠지. 구식이잖아. 가벼운 만남이 만연하면서 데이트 문화도 바뀌었는데 그 방향은 당황스럽기 그지없다.

- **거짓말 3: 가벼운 만남에는 책임져야 할 결과도 없다.**

　하룻밤 상대. 조건 없는 성관계. 고민 거리 없는 쾌락. 낙인이 남지 않는 성관계. 그리 나쁜 일은 아니겠지? 전혀 그렇지 않다.

우선, 가벼운 만남은 성병에 감염될 위험을 높인다. 미국 질병통제예방센터(CDC)에 따르면 클라미디아, 임질, 매독과 같은 성병의 감염률이 청년층을 중심으로 상승하는 추세다. "CDC는 미국에서 해마다 약 2,000만 건의 신규 감염이 발생하는 것으로 추정하며 감염자의 절반이 15~24세의 청년이다." 이 연령대가 성관계를 맺고 있는 인구에서 차지하는 비율은 25퍼센트에 불과하다.[5] 임질과 클라미디아 감염률은 15~24세 청년에서 가장 높게 나타난다.[6] 그 결과는 참혹하다. 클라미디아는 여성의 생식 기능을 영구적으로 손상시킬 수 있으며 불임을 유발하기까지 한다. 가장 흔히 발병하는 성병인 인체유두종바이러스(HPV)의 일부 유형은 두경부암, 자궁경부암, 생식기 혹을 유발할 수 있다. 설상가상으로 HPV는 현재 밝혀진 치료법이 없다.[7]

둘째, 대학생 시절의 가벼운 만남은 우울증과 취약한 정신 건강과 연관되어 있다.[8] 오하이오 주립 대학이 약 만 명의 청년을 대상으로 연애 생활을 조사한 결과 우울증을 겪고 있는 십 대가 낯선 사람과 성관계를 맺을 가능성이 더 높다는 사실을 발견했다.[9] 2014년 연구진은 "성인이지만 아직 발달이 진행 중인 대학생들이 낯선 사람과 성관계를 맺을 경우 심리적으로 부정적 영향을 받을 위험이 커질 수 있다."라고 결론 내렸다.[10]

셋째, 가벼운 만남은 다른 위험한 행동과 연관된다. 〈성 연구 저널(Journal of Sex Research)〉에 따르면 가벼운 만남 중에 여성의 53퍼센트가 술을 마셨으며 38퍼센트는 과음을 했다. 만나는 상대에 대해 잘 모를수록 성관계 전에 술을 많이 마실 가능성이 높아진다. 낯선 상대를 대하는 가벼운 만남에서는 무려 89퍼센트의 응답자가 술을 마신 것으로 나타났다.[11]

- **거짓말 4: 어린 시절의 철없는 행동이 미래에 영향을 주지는 않는다.**

 오늘날의 가벼운 만남이 훗날의 결혼 생활을 망가뜨린다. 청년의 80퍼센트는 인생 계획에서 결혼이 중요한 부분을 차지한다고 생각한다.[12] 하지만 자유방임적인 성 행위는 결혼의 안정성을 떨어뜨린다. 결혼 전에 성관계 상대가 많았던 사람일수록 결혼 만족도가 낮은 것으로 나타난다. 반대로, 성관계 상대가 적었던 사람일수록 만족스러운 결혼 생활을 유지한다.[13] 오늘날 성사되는 결혼의 3분의 1이 가벼운 만남에서 시작된다. 이렇게 결혼한 부부는 결혼 만족도가 낮은 것으로 보고된다.[14]

 동거는 결혼에 대한 불만을 크게 증가시킨다. 사회 과학 데이터를 보면 이를 분명히 확인할 수 있다. 첫째, 결혼 전에 동거한 경험은 이혼율을 높인다. "결혼 전에 동거를 한 적이 있는 사람들은 동거 경험이 없는 부부와 비교해 이혼 가능성이 50~80퍼센트 높다."[15] 둘째, 동거 경험은 부부 관계를 나쁘게 만든다. UCLA 연구진은 "동거 경험이 있는 부부는 동거 경험이 없는 부부와 비교해 간통, 음주, 약물, 독립성 문제로 인해 결혼 생활에 훨씬 더 큰 어려움을 겪는다는 것으로 나타났다."[16] 동거는 결혼을 대체할 수도, 결혼의 연습 게임도 될 수 없다.

 오늘날 사회 통념은 성적 자유를 외치고 서로 합의된 상태라면 모든 성 행위가 문제될 것이 없다고 여긴다. 따라서 성적 표현을 방해하거나 제한하는 것은 본질적으로 나쁜 행위라고 생각한다. 하지만 확실한 것은 성적 자유가 약속한 바를 충족시켜 주지 못한다는 사실이다. 오히려 청년들을 파멸시키는 부메랑으로 돌아온다.

하나님의 놀라운 이야기로 돌아가기

기독교인이여, 제발 성에 대해 침묵하는 태도를 바꾸면 *안 될까*? 너무나 오랫동안 기독교인은 성에 대한 문화적 대화를 다른 사람들이 좌지우지하고 장악하도록 방치했다. 교회에서 기여한 거라곤 그저 주변부에 서서 "하지 마시오!"라고 외치는 것 뿐이었다. 기독교는 성에 대해 부정적인 관점을 가지고 있다는 인상을 주었다. 하지만 하나님의 이야기는 허락되지 않은 성관계에 단순히 '안 된다'고 외치는 것 이상의 내용을 담고 있다. 모든 부정에는 아름답고 생명을 주는 긍정이 존재한다!

기억하겠지만, 하나님의 이야기는 창조자이자 설계자이신 하나님으로 시작한다. 인간의 모양과 정체성은 그분의 본성에 따라 창조되었다. "나는 누구인가?", "나는 어떤 사람인가?", "어떻게 해야 제 역할을 할 수 있는가?"와 같은 질문에 답하기 위해서는 하나님의 존재와 창조 행위를 출발점으로 삼아야 한다.

인간의 정체성에 대한 모든 논의는 하나님의 형상에서 시작된다. "하나님이 자기 형상 곧 하나님의 형상대로 사람을 창조하시되 남자와 여자를 창조하시고.(창세기 1장 27절)" 남자와 여자의 창조 뒤에는 창조하신 목적이 이어진다. "이러므로 남자가 부모를 떠나 그의 아내와 합하여 둘이 한 몸을 이룰지로다.(창세기 2장 24절)"

인간을 향한 하나님의 계획에는 남자와 여자가 남편과 아내로서 전인적인 합일을 이루는 것이 포함되어 있다. 남자와 여자는 '한 몸'을 이루도록 지어졌으며, 한 몸으로 연합하는 데에는 성관계가 수반된다. 남자와 여자가 서로에게 품는 성적 욕망은 선한 것이다. 하나님이 성을 설계하신 분이라면 성에 어떻게 접근해야 하는지 그분에게 관점, 안내, 지혜를 구하는 것이 옳다.

가장 중요한 첫 번째는 성에 대한 하나님의 *주된* 목적이 쾌락이 아닌 출산이라는 사실이다. 그렇다. 성관계는 자녀를 낳기 위한 것이다. 하나님이 아담과 하와에게 내린 첫 번째 명령은 "생육하고 번성하여 땅에 충만하라(창세기 1장 28절)"였다. 그러므로 성관계를 생식과 완전히 분리해서 생각해서는 안 된다. 왜 그럴까? 창조주는 남편과 아내 사이의 영원한 약속이 자녀를 낳고 길러 땅에 충만하는 데 적절하고 이상적인 환경을 만들도록 가정을 설계하셨기 때문이다. 남편과 아내는 성적 쾌락을 나누면서도 인간의 성에 대해 하나님이 번성이라는 또 다른 계획을 품고 계심을 잊지 말아야 한다.

둘째, 성욕과 쾌락 자체가 아니라 문란한 성욕과 쾌락이 문제다. 하나님은 남편과 아내 사이의 성관계는 얼마든지 지지하시지만 욕정에 대해서는 그렇지 않다. 청년들은 성이 선한 것이며, 따라서 보호하고 잘 보살펴야 한다는 점을 기억해야 한다. 잠언 5장 15~19절을 살펴보자.

> 너는 네 우물에서 물을 마시며 네 샘에서 흐르는 물을 마시라
> 어찌하여 네 샘물을 집 밖으로 넘치게 하며 네 도랑물을 거리로 흘러가게 하겠느냐
> 그 물이 네게만 있게 하고 타인과 더불어 그것을 나누지 말라
> 네 샘으로 복되게 하라 네가 젊어서 취한 아내를 즐거워하라
> 그는 사랑스러운 암사슴 같고 아름다운 암노루 같으니 너는 그의 품을 항상 족하게 여기며 그의 사랑을 항상 연모하라

그렇다. 이 구절은 하나님 말씀에 영감을 얻어 기록되었다.

생각해 보라. 놀라우신 하나님만이 성관계를 아름답고 멋지고 두근거리는 행위로 고안하실 수 있으며, 이러한 관계를 통해 세상을 충만하

게 한다는 그분의 목적을 이룰 수 있다. 하나님의 설계에서는 기쁨과 목적이 어우러진다. 성관계는 하나님의 선물이며 그분의 선물은 선하다. 디모데전서 4장 4절은 "하나님께서 지으신 모든 것이 선하매"라고 말한다. 반면 오늘날의 문화에서는 성관계가 개인의 만족을 충족시키기 위한 수단일 뿐이라고 묘사하며, 하나님이 계획하신 출산의 목적으로부터 기쁨을 분리시킨다. 하지만 하나님의 이야기는 성관계에 관한 완전한 이야기다.

성관계라는 선물은 오직 남편과 아내의 결혼이라는 맥락에서만 성립된다.(고린도전서 7장 2절) 이유가 무엇일까? 첫째, 결혼의 배타성과 서로에 대한 약속은 성관계의 열매인 자녀를 돌보기에 가장 좋은 환경이다. 둘째, 결혼은 성적 친밀함을 키우는 데 필요한 사랑, 안전, 보호, 신뢰가 굳건해지기에 가장 좋은 환경이다.

놀랍게도, 그리스도께서 부부의 사랑에 본이 되신다. "남편들아 아내 사랑하기를 그리스도께서 교회를 사랑하시고 그 교회를 위하여 자신을 주심 같이 하라.(에베소서 5장 25절)" 신부인 교회를 향한 그리스도의 사랑은 우리를 위해 목숨을 바치신 희생에서 잘 드러난다. 생명을 버리신 사랑과 헌신이 결혼의 표상이다. 이러한 맥락에서만 성관계를 비롯한 부부 간 사랑의 모든 면을 하나님이 계획하신 대로 경험할 수 있다.

가벼운 만남이 만연한 문화에서는 그러한 사랑과 친밀함을 키울 수 없다. 청년에게 성적 순결을 유지하고 가벼운 만남을 부정하라고 당부해야 하는 이유는 하나님이 성을 향해 품으신 거대하고 담대하며 아름다운 계획을 긍정해야 하기 때문이다.

기독교인은 성에 대한 하나님의 설계를 따르기 위한 노력을 기울이는 한편, 가벼운 만남을 거부하는 일에도 주의를 기울여야 한다. 하나님의 이야기는 인간 본성의 또 다른 중요한 면을 비춘다. 인간은 하나님의 형상대로 창조되었지만 타락하여 죄를 짓는 존재이기도 하다. 아름답지만 *한편*으로는 무너져 있는 상태다. 존귀하지만 부패한 존재다. 타락한 인간 본성의 추한 모습은 성의 영역에서 분명하게 드러난다. 성경이 불법적인 성 행위를 강력하게 경고하는 이유가 여기에 있다.

- **성적 음란을 거부**: "하나님의 뜻은 이것이니 너희의 거룩함이라 곧 음란을 버리고 각각 거룩함과 존귀함으로 자기의 아내 대할 줄을 알고(데살로니가전서 4장 3~4절)"
- **음욕을 거부**: "나는 너희에게 이르노니 음욕을 품고 여자를 보는 자마다 마음에 이미 간음하였느니라(마태복음 5장 28절)"
- **간음을 거부**: "모든 사람은 결혼을 귀히 여기고 침소를 더럽히지 않게 하라 음행하는 자들과 간음하는 자들을 하나님이 심판하시리라(히브리서 13장 4절)"

하나님이 도덕적 계명을 통해 부정하시는 것은 인간을 보호하고 대비시키기 위한 조치다. 문화는 청년들이 성경에서 배운 도덕을 버리고 이용 가능한 모든 성적 방종을 누리라고 길들인다. 그러면서 혼인하여 부부의 사랑을 나누는 일을 최대한 미루라고 속삭인다. 어떤 결과가 벌어졌는가? 청년들은 두 마리 토끼를 모두 놓치고 있다. 가벼운 만남을 추구하는 문화에서 청년은 진정한 사랑을 모방한 저급한 감정에 안주한다. 그 결과는 아픔, 고통, 후회, 수치심이다. 하나님이 미리 정하시고 영화롭게 하신 멋진 성을 청년들이 되찾을 때다.

행동 단계

1. 자녀에게 성의 권위자가 된다. 자녀가 이 주제에 대해 의논할 권위자로 부모와 기독교 지도자들을 찾지 않는다면 다른 누군가 또는 다른 무엇을 찾아가게 된다. 성에 관해 언제나 나쁜 메시지를 쏟아내다시피 하는 문화에서 성에 대한 대화를 자녀가 먼저 꺼낼 때까지 기다려서는 안 된다. 부모가 먼저 대화를 시작해야 한다. 자녀와 부모 모두에게 부담스러운 종합적인 '성교육 대화'를 한 번에 해내라는 말이 아니다. 끝을 정하지 말고 지속적으로 대화를 나눠야 한다.

아들이 열 살이었을 때 성에 관한 대화를 처음 나눴던 것이 기억난다. 아들이 그런 주제를 꺼내도 괜찮다는 것을 알려 주기 위해 "성이 무엇인지 알고 있니?"라고 물었다.

아이는 확신에 찬 목소리로 망설임 없이 답했다. "그럼요, 아빠와 엄마 운전면허증에 써 있잖아요. 아빠 면허증에는 '*남*', 엄마 면허증에는 '*여*'라고 나와 있어요."

아이의 순수한 모습에 미소가 절로 지어졌지만, 그 대답은 아이가 어디까지 알고 있는지 가늠하는 데 도움이 되었다. 청소년기에 아들이 성을 안심해도 되는 주제로 생각하고 아빠가 지식과 지혜를 나눠줄 수 있는 사람이라고 인식할 수 있도록 매번 내가 먼저 대화를 시작했다. 그러한 대화를 통해 아들에게 성에 관한 권위자가 되었으며 궁극적으로는 성을 향한 하나님의 계획으로 안전하게 인도할 수 있었다.

2. 성에 관한 자녀의 질문을 절대 차단하지 않는다. 설사 이 주제에 관한 자녀의 질문을 부모가 차단하더라도 자녀의 의문 자체를 막을 수는 없다. 다만 자녀는 다른 누군가에게 질문을 하거나 구글에 검색할 것

이다. 이는 부모가 감당할 수 없는 수준의 위험이다. 동료, 교사, 교수, 심지어 음란물 판매자들은 얼마든지 자녀에게 성에 대해 가르칠 의지가 있고 준비도 되어 있다.

3. 부정뿐 아니라 긍정도 강조한다. 많은 경우에 부모들은 성에 관한 대화를 도덕적 규칙과 금기 사항으로 시작하며 자신도 모르는 사이에 성에 대해 가지고 있는 부정적 관점을 내비친다. 금기 사항으로 시작된 대화는 잘못된 질문으로 이어지기 마련이다. 너무나 많은 자녀가 "어느 정도가 선을 넘는 것인가?"를 알고 싶어 한다. 하지만 성적 순결은 단순히 넘지 말아야 할 선이 아니라, 결혼을 향해 가는 인생의 방향이다. 자녀가 결혼을 장기적으로 바라볼 수 있는 관점을 심어 줘야 한다. 결혼이란 남자와 여자를 만드신 하나님의 계획을 아름답게 긍정하는 결정이며, 성관계는 하나님의 형상을 닮은 두 사람이 함께 살아간다는 그분의 목적을 이루도록 주어진 멋진 선물이라는 점을 일깨워 준다.

4. 자녀가 데이트에 대해 혼자 알아보도록 만들지 않는다. 거절의 고통은 외로움에 몰아넣을 수 있다. 성적인 죄로 인한 죄책감과 수치심은 자녀를 파괴할 수 있다. 그렇게 되지 않도록 부모가 자녀와 함께 걸어야 한다. 지뢰밭일지 모르는 앞길을 헤쳐 나가는 데 도움이 되겠다고 말해 보라. 자녀가 데이트하는 상대와 가정에 대해 알고 있어야 한다. 두 사람의 감정이 고조될 때 데이트에 관한 이성적인 결정을 내릴 수 있도록 도와 준다. 또한 어려움을 겪을 때 하나님의 사랑과 용서를 누릴 수 있도록 자녀의 곁을 지켜야 한다.

5. 건전한 데이트를 장려한다. 딸들을 키우는 아버지 입장에서 딸들이 데이트하는 모습을 상상만 해도 괴로운 게 사실이다. 하지만 자녀가 이성과 건전하고 올바른 관계를 발전시킬 수 있는 방법을 발견하도록

도와야 한다. 첫째, 자녀가 어릴 때 데이트의 목적에 대해 대화를 나눈다. 데이트에 대한 지혜를 이른 시기부터 심어 주는 것이 좋다. 감정과 호르몬 분비가 고조될 때는 이미 늦은 것이다. 데이트가 어떻게 결혼으로 연결되는지 설명하고 올바른 때를 기다리는 지혜가 생기도록 돕는다. 이를 통해 자녀는 데이트가 무엇인지와 더불어 데이트를 해야 하는 이유도 이해할 수 있을 것이다.

둘째, 자녀에게 데이트를 경험시켜 준다. 자녀가 또래와 교제하기에 앞서 데이트를 체험하도록 도울 수 있다. 어머니는 아들과, 아버지는 딸과 데이트 체험을 해보는 것이다. 자녀와 일대일 시간을 보낼 좋은 기회인 동시에 다른 사람들을 어떻게 대해야 하며 데이트에서 어떤 대접을 받아야 하는지 알려 줄 수 있다. 자녀가 실전 데이트를 시작하는 날 두 사람을 축복해 주고, 데이트를 즐길 수 있는 자신들만의 방식을 찾도록 도와 준다. 가끔 데이트에 함께 할 방법도 찾아본다. 자녀 인생에 찾아온 이 특별한 기간이 걱정될 수도 있지만 기뻐하고, 무엇보다 관심의 끈을 놓지 않는다.

셋째, 건전한 데이트를 위한 규칙을 지키도록 돕는다. 필자의 경우 자녀들과 다음과 같은 규칙을 만들었다.

- *데이트 상대와 단 둘이 시간을 보내지 않는다.* 둘만 떨어져 있으면 성적 유혹이 커지기 마련이다.
- *공공 장소에 머문다.* 공공 장소에 머무르면 책임이 따른다. 공공 장소에 있더라도 얼마든지 둘만의 대화를 나눌 수 있다.
- *합리적인 통금 시간을 지킨다.* 남녀가 늦게까지 바깥에 머물면 별로 좋지 않은 일이 벌어진다.
- *동반 데이트를 권장한다.* 매번 동반 데이트를 할 필요는 없지

만 다른 커플이 주변에 있으면 압박감이 줄어들 수 있다.
- *고등학생 때는 서로를 구속하는 데이트를 하지 않는다.* 배타적인 관계를 피하면 어린 학생들이 너무 이른 시기에 진지한 관계로 발전하는 것을 막을 수 있다. 여학생이 감정적으로 설익은 애착을 느끼고, 남학생이 상대의 애정을 토대로 권리를 누리는 관계를 막을 수 있다.
- *부모의 말에 귀를 기울인다.* 부모는 불건전한 관계와 현명하지 않은 계획을 거부할 권리가 있다.

6. 아들에게 신사답게 행동하는 법을 가르쳐 준다. 구식이라고 생각하겠지만 필자는 여전히 남성이 데이트를 이끌어야 한다고 생각한다. 남성이 먼저 데이트를 신청하고 예의를 갖추고 문을 열어 주고 여성의 부모를 만나고 데이트 계획을 세우고 식사 비용을 내야 하는 것이다. 한 걸음 더 나아가 신사가 되는 법도 배워야 한다. 신사는 우연히 되는 것이 아니며 오늘날과 같은 거친 문화에서는 그러한 노력에 의문을 제기한다. 그러므로 기독교인 남성들은 젊은 신사들의 품격을 높이는 일에 귀한 역할을 하는 것이다. 특히 아버지가 아들을 가르치는 일에 관심을 기울여야 한다.

7. 사랑, 교제, 성관계에 대한 부모의 경험담을 들려준다. 일반적으로 자녀들은 부모의 인생 경험담을 듣기를 좋아한다. 자녀에게 짝사랑 추억에 대한 재미있는 일화를 들려 줘도 좋다. 과거에 어떤 상대를 무슨 이유로 어떻게 만나게 되었는지 들려준다. 부모 자신이 저질렀던 성적인 실패와 실수를 인정하고 하나님의 은혜를 어떻게 체험했는지 나눈다. 자녀의 나이에 맞춰 진솔한 경험을 나누면 자녀와 부모 간 공감대가 형성되고 성이라는 주제에 대해 마음을 열 수 있다.

8. 부모가 본받을 만한 결혼 생활을 한다. 부모의 결혼 생활에 상처받은 자녀가 결혼이 아닌 다른 선택을 원하도록 만들어서는 안 된다. 배우자와 다정한 관계를 맺도록 애쓰고 건강한 부부 관계를 유지하도록 노력해야 한다. 부부가 종종 데이트를 즐기고 결혼에 대한 책을 읽어 본다. 부부 관계를 향상하는 프로그램에 참석한다. 필요하다면 상담을 받고 문제를 해결해 나간다. 가벼운 관계를 즐기는 문화에서 자기 이익만을 추구하는 것과 달리 결혼은 자기 희생적인 관계라는 것을 자녀에게 직접 보여 준다. 끈끈한 부부 관계를 통해 부모가 성적 완전함을 체현하고 자녀에게 부부 간의 사랑이 얼마나 아름다운 것인지 몸소 보여 준다.

9. 기도하고 하나님을 신뢰한다. 성은 많은 부모에게 다루기 두려운 주제임에 틀림없다. 부모 자신이 성적인 죄로 인해 상처를 안고 있어 자녀가 같은 경험을 하지 않기를 간절히 바랄 수도 있다. 혹은 부모의 성장기에 가정에서 이 주제에 대해 본받을 만한 건전한 대화를 하고 방향을 제시한 적이 없었는지 모른다. 어떤 이유에서 두려움을 가지고 있든 하나님의 발 아래 문제를 내려놓고 그분을 신뢰해야 한다. 하나님의 능력은 성이 상품화된 문화가 미치는 영향력보다 훨씬 더 크다는 것을 잊지 말아야 한다.

- **더 많은 자료**

    - '결혼 서약'을 하기 전에: 갈레나 K. 로즈(Galena K. Rhoades)와 스콧 M. 스탠리(Scott M. Stanley)가 공동 집필한 〈오늘날 청년의 혼전 경험이 결혼 만족도에 미치는 영향(What Do Premarital Experiences Have to Do with Marital Quality among Today's Young Adults?)〉,

Charlottesville, VA: National Marriage Project, 2014 www.nationalmarriageproject.org에서 전자 책자를 무료로 다운로드 가능
- 글렌 T. 스탠턴(Glenn T. Stanton), 『결정적 차이를 만드는 반지, 동거의 숨겨진 결과와 결혼의 강력한 이점(The Ring Makes All the Difference: The Hidden Consequences of Cohabitation and the Strong Benefits of Marriage)』, Chicago: Moody, 2011

소망 품기

성적으로 문란한 문화에서 성장하는 자녀가 어떤 소망을 품을 수 있을까? 하나님의 도덕적 현실을 벗어나 문화를 쫓다 보면 진리, 선, 아름다움에 목이 마르게 된다. 성에 대한 하나님의 진리야말로 참되고 선하며 아름답다. 성적으로 무너진 문화에서 우리는 이 하나님의 진리를 자신 있고 담대하게 선포할 수 있다.

최근 캘리포니아의 고등학교 여름 수련회에서 질의응답 시간이 있었는데 한 여학생이 마이크를 잡더니 물었다. "친구의 사례에 대한 질문이 있습니다. 기독교인으로서 성관계를 하고 있지만, 건전한 관계이고 성관계에 좌우되거나 그러한 관계로만 정의되는 사이는 아니에요. 두 사람이 자신들의 상황에 대해 기도했고 정욕이 아닌 사랑으로 성관계를 맺었다면 그런 상황에 있더라도 그리스도에게 온전히 헌신한다고 할 수 있을까요?"

나는 성관계를 맺으면서 건전하다고 말할 수 있는 유일한 경우는 남

편과 아내의 관계밖에 없다고 부드럽지만 단호하게 말했다. 성경에서 분명히 그렇게 가르치고 있다. 두 고등학생이 결혼하지 않고 성관계를 맺는 것은 당연히 건전하다고 말할 수 없다.

답변을 들은 다른 여학생이 마이크를 잡았다. 학생은 "사실 그 질문은 저에 관한 이야기에요. 제가 그런 관계를 맺은 지 일 년 정도 되었고요. 심리학자, 간호사, 교회 리더들에게 이 문제에 대해 상담했고 10개월 정도 같이 기도하고 그런 결정을 내렸어요. 그런데도 그리스도에게 온전히 헌신하지 않는다고 할 수 있나요?" 별안간 질문은 답을 기다리는 단순한 문의가 아닌 인생이 걸린 중대한 문제가 되었다. 나는 좀 더 온화한 목소리로 답했지만 진실에서 물러서지 않았다.

"사실 이 문제는 기도할 필요도 없는 결정입니다. 이미 하나님은 말씀하셨고 남자친구와 여자친구사이의 성관계는 죄가 분명하고요. 혹시 하나님이 그래도 괜찮다고 말씀하신 것으로 들었다면, 그건 하나님의 목소리가 아니에요."

상기된 뺨 위로 눈물이 흘러내렸고 질문을 던진 여학생은 자리로 돌아갔다.

학생의 모습에 마음이 아파서 한마디 덧붙였다. "제가 화가 났거나 거리끼는 마음에서가 아니라 사랑하는 마음에서 한 조언이에요. 저는 여러분을 남동생이나 여동생과 같이 사랑하기 때문에 진실을 말할 수밖에 없습니다. 이런 문제는 여러분에게 해롭고 남자친구와의 관계를 해치고 하나님과의 관계에도 나쁜 영향을 줍니다."

다른 학생들과 수련회 리더들까지 있는 곳에서 나누기 쉽지 않은 대화였기 때문에 하나님의 진리를 타협하지 않고도 친절하게 조언해 주기 위해 노력했다. 그 학생이 성령님의 깨우치심을 솔직하게 받아들일지 확신하지 못하는 상태에서 질의응답이 마무리되었다. 감사하게도 수련회에 참석했던 다른 청년 사역자를 통해 이후에 벌어진 일에 대해 듣게 되었다. 며칠 후 여학생은 남자친구에게 전화를 걸어 관계를 정리했다고 한다. 하나님의 진리 앞에 서자 주님께서 그 학생의 눈을 열어 주셨고 학생은 자신의 죄를 회개하고 순종함으로 나아갔다. 그 학생이 구속과 회복의 길을 선택하도록 인도하신 하나님께 감사드린다. 이러한 이야기는 기독교인이 좌절하고 절망하지 않도록 붙들어 준다. 우리는 그리스도 안에 언제나 소망이 있음을 기억해야 한다.

학생들 자신이 그리스도로 인해 구속될 뿐만 아니라 문화를 구속하려는 노력을 기울이는 시도도 일어나고 있다. 뉴멕시코 대학교에 재학 중인 세이드 패터슨(Sade Patterson)은 학교에서 2년 연속으로 연례 섹스 위크(Sex Week)가 개최되는 것을 목격했다. 성에 관한 모든 것을 학생들에게 '교육하기' 위해 한 학생이 고안한 행사였다. '신사가 되면서도 성관계를 할 수 있는 방법', '쓰리섬을 즐기는 방법'과 같은 워크숍이 열리고 가학 피학증과 기타 일탈적인 성 행위를 지지하는 더티 롤라(Dirty Lola)가 '교육자'로 초대되며 온갖 거짓말이 난무하는 프레젠테이션이 진행된다는 소식에[17] 패터슨은 행동에 나서기로 했다.

패터슨은 자신이 소속되어 있던 생명의 학생들(Students for Life)이라는 낙태 합법화 반대 동아리를 통해 대안적인 학내 행사인 진짜 섹스 위크(Real Sex Week)를 준비했다. 기존의 행사가 조악한 내용으로 성적 만족감을 주는 데 초점을 뒀다면 패터슨의 행사에서는 학생들에게 유익한 성교육을 제공했다. 워크숍에서는 남성과 여성의 몸, 성관계가 학생의 마음과 관계에 미치는 영향, 임신과 양육 중인 학생들을 위한 지원, 낙태의 부정적 영향, 성교 중에 일어나는 생명 활동, 절제의 미덕

과 같은 주제를 다뤘다.⁽¹⁸⁾

물론 우리는 성적으로 무너진 문화 속에서 예수님의 은혜, 용서, 구속을 전해야 한다. 하지만 자녀가 성이라는 바다로 걸어 들어가기 *전에* 인간의 성을 향한 하나님의 계획을 알려야 한다. 성적으로 무너진 사람들을 되돌리는 것보다 자녀에게 건전한 성과 미덕에 대해 알리는 일이 훨씬 수월하다. 그러한 임무는 가정, 기독교 학교, 중고등부 모임, 교회에서 시작된다.

나눌 질문

1. 오늘날 문화에서 성적 행동과 관계에 대해 보이는 태도와 습관에는 어떤 특징이 있나요?

2. 이성을 예우하고 존중하고 생명을 나누는 방식으로 대하려면 관계에서 어떤 습관이 필요한가요?

3. 부모로서 관심을 기울이고 영향을 줄 수 있는 상태에서 성과 관계에 대해 자녀와 어떤 대화를 나눴나요? 앞으로 어떤 대화가 더 필요한가요?

Chapter 10

성적 지향

> 어떻게 유혹에 이끌려 정체성을 정한다는 말인가?
> 내가 욕망하는 것이 내가 누구인지를 짓밟고,
> 나를 유혹하거나 넘어뜨리는 것이
> 앞으로의 나를 짓밟는다.
> 내 정체성을 향해 하나님이 나타내신 목적은
> 언제나 나를 그분의 십자가에 못 박는다.
> 로자리아 버터필드,
> 『담대하게 거침없이(Openness Unhindered)』

기독교인들은 동성애 문제에 집착하고 있다. 많은 사람들은 기독교인이 동성애에 대한 논의를 그칠 줄 모른다고 판단한다. 설상가상으로, 기독교인이라고 밝히면 동성애자를 싫어할 것이 분명하다고 짐작하는 사람들이 많다. "팔에 동성애 반대, 게이 혐오, 동성애 공포증이라는 문구를 새겼는지도 모르겠군."[1] 그런데 이러한 인식은 실제에 부합하는 것인가?

기독교인들이 2,000년의 교회 역사를 통틀어 일관된 관점을 유지한 것은 사실이나 교회에서 동성애가 중요한 화두였던 적은 한 번도 없었다. 성경에서 동성애 주제를 유난히 강조하는 것도 아니다. 성경은 구원, 가난, 물질, 하나님 나라, 천국, 지옥 등 동성애보다 훨씬 더 중요한 여러 문제에 대해 이야기한다.

그렇다면 30년 전까지는 동성애 주제에 대한 기독교의 각종 행동주의와 분노가 어디에서 잠자고 있었을까? 많은 사람들이 궁금하게 여긴다. 답을 말하자면, 사실 30년 전까지 누구도 동성애에 대해 대화하지 않았다는 것이다. 역사적으로 기독교인들은 동성애 문제에 집착하지 않았다. 그 시대의 문화가 동성애에 집착하지 않았기 때문이다. 성소수자(LGBT) 권리는 지금 이 시대의 문제이며 어떤 사람들은 기독교인이 완전히 무조건적으로 항복하기를 바란다.

이러한 상황에 이른 것이 마음에 들지 않겠지만 현실이 그렇다. 우리는 어떤 조치를 취해야 하는지 알아야만 한다. 이 시대의 문화는 '역사의 잘못된 편'에 서 있다며 교회를 매장할 준비가 되어 있으며 자녀들을 위험한 물가로 끌고 간다. 나라 곳곳에서 게이와 레즈비언 관계에 대한 의견을 밝힌 기독교인들이 일자리를 잃거나 폐업 위기에 몰리거나 국가 기관으로부터 거액의 벌금형을 받는 등 처벌을 받고 있다. 설문 조사에 따르면 젊은 세대와 기성 세대는 LGBT 문제에 대해 현격한 시각 차이를 보인다. 이 문제로 우리는 막대한 대가를 치를 수도 있다. 앞으로 어떻게 대처해야 할까?

예수님은 "은혜와 진리가 충만한" 분이셨고(요한복음 1장 14절) 모든 문제에 대해 그리스도인이 따라야 할 본보기가 되신다. 우리는 성적 지향에 관한 지적 문제를 깊이 생각하여 진리의 빛을 비춰야 한다. 또한 사람들을 사랑하고 친절하게 대하고 환대하여 은혜를 베풀어야 한다.

문화의 거짓말 떨쳐 내기

- **거짓말 1: 기독교인의 특징은 게이와 레즈비언을 함부로 대하는 것이다.**

 기독교인은 종교라는 겉모습 아래에 편견과 증오를 숨기고 있지 않은가? 언젠가 십 대 교인과 동성애에 관해 대화를 나눈 적이 있는데, 게이 친구들을 진정으로 사랑하는 마음으로 대하려 했지만 게이와 레즈비언에 대해 교회가 보였던 태도 때문에 주저했다고 토로했다. 그 학생은 "기독교인들은 동성애자를 형편없이 대했어요"라고 비난했다. 기독교인에 대한 그런 인상이 어디에서 비롯되었는지 호기심이 생겨서 몇 가지 질문을 해봤다.

 "너는 교회에서 자라 왔고 적극적으로 활동을 해 왔지?" 학생이 고개를 끄덕였다. "그렇다면, 16년 동안 거의 매주 기독교인들의 행동을 지켜봤겠구나." 이번에도 고개를 끄덕였다. "16년 동안 기독교인이 게이를 함부로 대하는 모습을 몇 번 정도 목격했니?"

 학생은 뒤로 기대 앉아 잠시 생각하더니 "사실 직접 본 일은 없어요."라고 답했다.

 생각해 보라. 이 학생은 성장기를 교회에서 보냈고 기독교인이 동성애자를 함부로 대하는 모습을 직접 목격한 적이 없으면서도 동성애 공동체에 대한 기독교인의 태도에 대해 매우 부정적인 인식을 가지고 있었다. 이 외에도 기독교인들에게 비슷한 질문을 종종 받았는데, 대부분의 경우 다른 기독교인이 동성애자를 친절하게 대하는 것 말고는 다른 경우를 직접 본 적이 없다고 했다.

기독교인들이 동성애자를 함부로 대하는 일이 일어나지 않는다고 말하려는 것이 *아니다*. 그런 일이 있었고 지금도 일어나고 있으며 그러한 행동은 분명히 잘못된 것이다. 동성애자든 이성애자든 모두 하나님의 형상을 하고 있는 존재이기 때문에 존귀하게 대하고 존중해야 한다. 문제는 비기독교인*과* 기독교인 *모두* 이처럼 그릇된 행위가 교회에 만연해 있다고 인식한다는 점이다. 실제 기독교인의 삶에서 분명하게 입증되는 것이 아니라면 대체 이러한 인식은 어디에서 비롯된 것일까? 미디어에서는 웨스트보로 침례교회와 그 교회에서 내거는 '하나님은 동성애자를 증오한다'는 팻말과 같은 '기독교' 집단의 시위를 전 기독교인의 특징으로 만들기 위해 끊임없이 관련 이미지를 게시한다. 평판이 훌륭한 기독교 지도자나 기독교인 중에서 웨스트보로 교회와 같은 행위를 개탄스럽지 않게 여기는 사람을 본 적이 없음에도, 미디어에 점령당한 문화에서 그릇된 인식이 퍼져 나간 것이다. 중요한 사실은 기독교인 대다수가 동성애자를 함부로 대한다는 인식은 현실과 다르다는 점이다.

이것이 왜 중요할까? 문화에 만연한 그릇된 인식은 동성애자 공동체와 기독교 공동체 간에 거대한 벽을 쌓는다. 동성애자 공동체에서 교회가 독설과 증오로 가득 차 있다고 여긴다면 기독교인을 피하게 될 것이다. 하지만 기독교인은 동성애자 공동체를 포함하여 세상이 절실하게 필요로 하는 것, 즉 예수님을 통해서만 얻을 수 있는 구속과 회복으로 인도할 수 있다. 문화가 속삭이는 거짓말이 기독교인과 동성애자의 관계를 단절시키도록 놔둬서는 안 된다. 관대하고 사랑에서 우러난 행동을 통해 증오하고 억압하는 기독교인이라는 거짓된 인식을 떨쳐 내야 한다.

- **거짓말 2: 동성애자는 원래 그렇게 태어났다.**

 레이디 가가의 앨범 〈본 디스 웨이(Born This Way)〉부터 "노력해 봤고 원하기도 해 봤지만 난 변할 수가 없어"라는 맥클모어(Macklemore)의 히트송 '세임 러브(Same Love)'의 가사, 텔레비전 시트콤과 영화에 이르기까지 대중문화에서 앵무새처럼 되풀이하는 주문이 있다. 동성애자는 그렇게 태어났으며 동성에 이끌리는 것은 타고난 성향이고 성적 지향이 바뀔 수 없다는 것이다. 따라서 동성애 행위는 이치에 맞는 형태의 성적 표현인데 어떻게 동성애에 반대할 수 있는가?

 첫째, 단순히 유전적 기원을 두고 있다는 이유로 특정 행위나 성향을 도덕적으로 정당화할 수 없다. 예를 들어 연구에서 알코올 중독이나 폭력 행위를 유발하는 유전자가 발견된다면 술에 취하거나 살인을 저지르는 행위가 정당화될 수 있는가? 설사 동성애 유전자가 실제로 발견되더라도 동성애 행위에 대한 도덕적 의문은 여전히 해소되지 않는다.

 둘째, 동성애가 생물학적으로 결정된다는 것을 입증하는 설득력 있는 과학적 연구 결과가 없으며[2] 오히려 이를 반박하는 증거는 있다. 예를 들어 쌍둥이에 대한 연구는 동성애 유전자가 존재한다는 주장에 설득력이 없음을 방증한다. 일란성 쌍생아는 유전적 특징이 동일하기 때문에 동성애가 생물학적으로 결정된다면 쌍둥이 중 하나가 동성애자일 때 나머지도 동성애자여야 한다. 하지만 연구에 따르면 쌍둥이 중 한 사람이 동성애자인 경우 나머지도 동성애자인 경우는 15퍼센트 미만이다.[3]

 동성애를 지지하는 미국 심리학회(American Psychological Association)는 동성애가 유전 형질이라는 과학적 증거가 불충분하다는 것을 인정한다. "성적 지향에 영향을 미칠 수 있는 유전 형질, 호르몬, 발달, 사회, 문화 영향에 대한 많은 연구가 수행되었으나 과학자가 특정 요인에 의해 성적 지향이 결정된다고 결론 내릴 수 있는 발견이 이뤄지지 않았다."[4] 동성애자 권리 옹호자이자 뉴욕 시립 대학교의 레즈비언 게이 연구 센터(Center for Lesbian and Gay Studies)의 설립자인 마틴 듀버먼(Martin Duberman)조차 이에 동의한다. "사람이 동성애자나 이성애자로 태어난다는 주장을 뒷받침하는 설득력 있는 과학적 연구 결과는 없다."[5]

셋째, 탈동성애자 공동체의 존재는 '그렇게 태어난다'는 이론에 근거가 없음을 분명히 보여 준다. 동성에 이끌리던 감정이 변한 남성과 여성이 있다는 것은 동성애를 유전자로 설명하는 주장에 배치된다. 이들의 이야기가 널리 알려져 있지는 않지만 사례는 매우 많다.[6]

사람들이 동성애자로 태어나는 것이 아니라면 또 어떤 설명을 고려할 수 있을까? 많은 사람은 동성애자가 그저 동성에게 끌리는 감정을 선택한다고 주장한다. 이 때 행위와 감정을 구분하는 것이 도움이 된다. 동성애자인 남성과 여성은 분명 자신이 관여하는 행위나 행동을 선택하는 것이며, 따라서 책임이 있다. 하지만 증거를 따져 보면 이들이 감정이나 지향을 선택한다는 주장을 뒷받침하지 않는다. 이성애자들이 자신의 감정을 선택한 것이 아니라 그저 발견했다고 말하듯, 동성애자들도 자신의 감정을 발견하는 것이며 많은 경우 그러한 감정이 반갑지 않았다고 보고한다. 필자는 성적 지향이 선천적인 것인지 선택한 것인지 따지는 대신 세 번째 설명을 제시하고자 한다. 출생부터 성년 초기까지의 기간에 동성에 이끌리는 감정을 형성하는 데 발달 요인과 환경 요인 모두가 중요한 역할을 한다는 강력한 증거가 있다.[7]

- **거짓말 3: 동성애자의 생활 방식은 이성애자와 마찬가지로 정상적이고 건전하다.**

　동성애자의 생활 방식을 드리우고 있는 커튼을 걷어 보면 이러한 주장이 전혀 사실이 아님을 알 수 있다. 첫째, 동성애 관계에서 한 사람과 배타적으로 성관계를 맺는 경우는 거의 없다. 남성 동성애자 가운데 현재 파트너에게 충실하다고 밝힌 비율은 4.5퍼센트에 불과하다. 반면 이성애자 남성과 여성 가운데 배우자에게 충실하다고 응답한 비율은 각각 75퍼센트와 85퍼센트에 달한다.[8] 연령대가 있는 동성애자 2,583명의 성적 특징을 연구한 결과에 따르면 응답한 남성의 2.7퍼센트만 오직 한 사람의 파트너와 성관계를 맺고 있다고 답변했다.[9] 레즈비언이 문란한 성관계를 맺고 있는 비율은 더 높다. 여성과 성관계하는 여성(WSW) 중 75~90퍼센트가 남성과도 성행위를 한다고 답했으며[10] 레즈비언 여성의 성관계 파트너가 평생 50명 이상일 가능성은 이성애자 여성보다 4.5배 높은 것으로 나타났다.[11]

　둘째, 동성애 행위는 HIV, 클라미디아, 임질, 매독과 같은 성병에 감염될 위험을 크게 높인다. 가령 남성과 성관계하는 남성(MSM)은 매독 감염률이 83퍼센트로 남성 가운데 가장 높다.[12] 미국의 동성애와 양성애 남성은 HIV에 감염될 위험이 다른 어떤 집단보다 더 높다. 이들이 전체 인구에서 차지하는 비중은 약 2퍼센트에 불과하지만 HIV 감염자의 55퍼센트를 차지한다. 13세 이상의 남성 가운데 "동성애자와 양성애자 남성은 HIV 신규 감염자로 진단받은 환자의 83퍼센트를 차지한다."[13]

　많은 동성애자 남성이 성적 정절을 지키지 않는 것은 위험한 성행위와도 관련되어 있다. 2005~2011년에는 콘돔을 사용하지 않고 성관계를 한다고 보고한 MSM이 증가했다.(14) 여러 상대를 만나면서 위험한 성행위를 하는 것은 성병 감염률의 급격한 증가로 이어진다.

셋째, 동성애자 남성과 여성은 정서적, 심리적, 신체적 상해를 입을 가능성이 더 높다. 동성애 지지자로 활동하는 데이비드 아일랜드(David Island)와 패트릭 르틀리에(Patrick Letellier)는 "동성애자 남성이 가정 폭력을 당할 가능성은 이성애자 인구의 약 두 배에 달한다."라고 밝혔다.(15) CDC는 이성애자 학생과 비교해 게이, 레즈비언, 양성애자 학생이 다음을 경험할 가능성이 높다는 것을 발견했다.

- 데이트 중 신체적 폭력 17.5퍼센트(이성애자 학생 8.3퍼센트)
- 데이트 중 성 폭력 22.7퍼센트(이성애자 학생 9.1퍼센트)
- 우울감 또는 절망감 60.4퍼센트(이성애자 학생 26.4퍼센트)
- 심각한 자살 충동 42.8퍼센트(이성애자 학생 14.8퍼센트)
- 자살 시도 29.4퍼센트(이성애자 학생 6.4퍼센트)(16)

많은 사람들이 심리적 장애와 약물 남용이 만연한 현실을 무시하거나 이러한 문제가 동성애자 공동체를 차별하고 부당하게 대우한 결과 벌어졌다고 주장한다. 하지만 동성애자에게 우호적이고 동성애자 결혼을 2001년부터 합법화한 네덜란드, LGBT 시민에게 자유를 부여하는 것으로 알려진 영국, 뉴질랜드 같은 나라에서도(17) 동성애자 남성과 여성의 불안, 우울, 약물 의존, 자살 비율이 높게 나타난다.(18)

동성애자인 가족이나 친구를 폄하하고 나쁘게 보이도록 만들기 위해 이러한 데이터를 열거한 것이 아니다. 오늘날 문화에서는 모든 성 정체성과 다양한 형태의 표현을 지지하기 위해 진리에 눈감는 경우가 많다. 인간의 생명과 안녕이 걸려 있는 문제인 만큼, 위험이 큰 생활 방식을 장려하기 전에 분명하고 냉엄한 현실을 솔직하고 진지하게 살펴봐야 할 필요가 있다. 또한 상처 입은 동성애자 가정과 친구에게 사랑과 연민을 베풀어야 한다.

하나님의 놀라운 이야기로 돌아가기

이미 설명했지만 서양 문명에서는 하나님을 저버리면서 인간 존재의 의미도 상실했다. 성과 성관계에 관한 모든 문제의 핵심에는 정체성에 대한 질문이 자리하고 있다. 성적 지향의 문제가 단적인 예다. 인간은 에덴 동산으로 다시 돌아가야 한다.

결국 예수님이 하신 일이 바로 그것이다. 결혼과 이혼에 대한 질문을 받았을 때 예수님은 질문한 이들에게 창조에 관한 말씀을 꺼내셨다.

> 예수께서 대답하여 이르시되 사람을 지으신 이가 본래 그들을 남자와 여자로 지으시고
> 말씀하시기를 그러므로 사람이 그 부모를 떠나서 아내에게 합하여 그 둘이 한 몸이 될지니라 하신 것을 읽지 못하였느냐
> 그런즉 이제 둘이 아니요 한 몸이니 그러므로 하나님이 짝지어 주신 것을 사람이 나누지 못할지니라 하시니
> (마태복음 19장 4~6절)

하나님의 이야기는 "너희는 이것을 하지 말지니"가 아닌 "하나님이 보시기에 좋았더라(창세기 1장 10절)"로 시작한다. 그분의 이야기에서 주로 강조되는 것은 동성애와 죄악이 아니라 남편과 아내가 되도록 남자와 여자를 지으신 일이다. 이렇게 한 몸을 이루는 것은 인간을 향한 하나님의 참되고, 선하며, 아름다운 계획이다. 남자와 여자는 서로를 위

해 지어졌으며, "생육하고 번성하여 땅에 충만하라(28절)"는 그분의 명령을 따를 더 많은 하나님의 형상들로 땅을 충만하게 할 방법은 남녀가 하나되는 것 뿐이다.

우리는 하나님의 설계를 토대로 동성애 문제를 살피고 교훈을 얻을 수 있다. 첫째, 동성애는 하나님의 창조 질서에 어긋난다. 남자와 여자는 동성 파트너와 성관계를 맺도록 창조되지 않았다. 사도 바울이 게이와 레즈비언의 행위가 "순리대로 쓸 것을 바꾸어 역리로 쓴다(로마서 1장 26절)"고 설명한 이유가 여기에 있다. 동성애 행위는 하나님의 창조 질서를 무시하기 때문에 역리, 즉 바르지 못한 관계다. 하나님의 창조 질서에서 멀어지는 모든 것에는 본질적으로 결함이 있다.

둘째, 동성애 행위는 죄다. 로마서 1장 24~28절은 성경 전체에서 이 주제에 관해 가장 분명하게 선포하는 구절이다.

> 그러므로 하나님께서 그들을 마음의 정욕대로 더러움에 내버려 두사 그들의 몸을 서로 욕되게 하게 하셨으니
> 이는 그들이 하나님의 진리를 거짓 것으로 바꾸어 피조물을 조물주보다 더 경배하고 섬김이라 주는 곧 영원히 찬송할 이시로다 아멘
> 이 때문에 하나님께서 그들을 부끄러운 욕심에 내버려 두셨으니 곧 그들의 여자들도 순리대로 쓸 것을 바꾸어 역리로 쓰며
> 그와 같이 남자들도 순리대로 여자 쓰기를 버리고 서로 향하여 음욕이 불일 듯 하매 남자가 남자와 더불어 부끄러운 일을 행하여 그들의 그릇됨에 상당한 보응을 그들 자신이 받았느니라
> 또한 그들이 마음에 하나님 두기를 싫어하매 하나님께서 그들을 그 상실한 마음대로 내버려 두사 합당하지 못한 일을 하게

하셨으니

성경의 다른 곳에도 동성애를 언급한다.(예: 레위기 18장 22절, 20장 13절, 고린도전서 6장 9~10절, 디모데전서 1장 8~11절) 죄는 하나님의 도덕률을 어기는 것이다. 다른 모든 죄인과 마찬가지로 동성애자인 남성과 여성은 생물학의 피해자가 아니라 자기 선택에 책임이 있는 도덕적 행위자다.

셋째, 동성애는 하나님이 주신 정체성을 자신이 부여한 정체성으로 바꾸려는 시도다. 문화는 하나님의 통치를 인간의 통치로 바꾼다. 인간은 하나님의 부르심에 답하는 것이 아니라 자기 자신의 요구에 응한다. 자주적으로 "내게 권한이 있다"라고 선포하는 인간을 향해 문화는 "자신이 옳다고 생각하는 모든 일을 하라"고 부추긴다. 모든 욕망은 정당하며 모든 사람이 스스로 성적 결정을 승인할 수 있다고 말한다.

정체성조차 인간의 손에 달려 있다. "나는 게이야." 또는 "나는 레즈비언이야."라는 말을 보자. 인류 역사상 처음으로 인간은 성적 성향을 토대로 자신을 규정하고 있다. 게이나 레즈비언이 된다는 것은 단순히 어떤 행위를 하는 것이 아니라 내가 누구인지를 알려준다고 한다. 앞부분에서 설명했듯 이는 탈기독교화 시대의 정체성이다.

인간이 아무리 반박하더라도 하나님의 현실에서 절대 벗어날 수 없다. 현실을 다시 정의하려는 시도는 하나님의 현실과 정면으로 부딪치는 결과를 낳을 뿐이다. 그 여파로 인간은 무너지고 부서진다.

사도 바울은 이를 강력하게 경고한 바 있다.

> 스스로 속이지 말라 하나님은 업신여김을 받지 아니하시나니
> 사람이 무엇으로 심든지 그대로 거두리라
> 자기의 육체를 위하여 심는 자는 육체로부터 썩어질 것을 거두

고 성령을 위하여 심는 자는 성령으로부터 영생을 거두리라

(갈라디아서 6장 7~8절)

불의한 자가 하나님의 나라를 유업으로 받지 못할 줄을 알지 못하느냐 미혹을 받지 말라 음행하는 자나 우상 숭배하는 자나 간음하는 자나 탐색하는 자나 남색하는 자나

도적이나 탐욕을 부리는 자나 술 취하는 자나 모욕하는 자나 속여 빼앗는 자들은 하나님의 나라를 유업으로 받지 못하리라

(고린도전서 6장 9~10절)

바울의 경고는 동성애자인 친구들뿐 아니라 우리 모두에게 나쁜 소식이다. 하지만 복음이라는 기쁜 소식을 주신 하나님께 감사해야 한다. 바울은 이어 "너희 중에 이와 같은 자들이 있더니 주 예수 그리스도의 이름과 우리 하나님의 성령 안에서 씻음과 거룩함과 의롭다 하심을 받았느니라(11절)"라고 외친다. 동성애자든 이성애자든 상관없이 모두가 하나님의 용서와 치료를 받을 수 있다. 하나님의 이야기는 타락한 인간이 죄를 저지른 것을 설명하는 데 그치지 않고 그분의 은혜로 인간이 구속된다고 선포한다.

행동 단계

1. 성적 파탄이 비단 동성애 행위에 국한되지 않는다는 것을 기억한다. 다른 유형의 성적 죄에 대해서는 눈감고 동성애라는 주제에만 천착해서는 안 된다. 우리가 돌아봐야 할 다른 죄악이 너무나 많다. 사실 혼전 성관계, 간음, 음란물이 훨씬 더 흔히 일어나는 죄이기 때문에 자녀들과 이러한 주제에 대해 더 자주 대화를 나눠야 한다.

2. 자녀와 성적 지향이라는 주제에 대해 열린 대화를 이어간다. 청년들은 이 주제에 대해 끊임없이 이야기를 나누고 있다. 기기에서, 소셜 미디어에서, 학교에서 자녀들은 동성애와 성 정체성에 관한 질문에 필요 이상으로 노출되어 있다. 이러한 주제를 금기시해서는 안 된다. 자녀가 화두를 던졌을 때 미처 대답할 준비가 되어 있지 않더라도 대화를 이어 나간다. 자녀에게 질문을 하고 답변을 들어보라. 또한 톰 길슨(Tom Gilson)의 『중요한 대화, 십 대와 동성애에 관한 대화를 나누는 기독교인 부모를 위한 안내서(Critical Conversations: A Christian Parents' Guide to Discussing Homosexuality with Teens)』와 같은 책에서 도움을 얻을 수 있다.

3. 사랑에 대한 문화의 거짓된 관점을 거부한다. 문화는 사랑이란 모든 것을 받아들이는 것이라고 말한다. 동성애자인 친구와 가족을 진정으로 사랑한다면 그들 입장에서 받아들이라고 요구한다. 타인의 생각에 동의하지 않더라도 존중하는 진정한 관용만으로는 충분하지 않으며 오로지 완전하게 받아들이라고 요구한다. 하지만 예수님은 사랑을 베푸시되 진리를 훼손시키는 일이 없으셨다. 부모는 자녀에게 복음에서 예수님이 어떻게 본을 보이셨는지 알려 줘야 한다. (예를 들어 요한복음 4장 1~30절에 나오는 우물가 여인과 예수님의 대화를 살펴보라.) 다른 사람을 사랑한다면, 설사 상대가 호의적으로 반응하지 않더라도 진리를 알려 줘야 하는 경우가 많다.

4. 리빙 호프 사역단체(Living Hope Ministries)의 동영상 프레젠테이션을 시청한다. 아래 자료는 무척 중요하고 유익해서 10장 말미에 있는 '더 많은 자료'에서 따로 떼어 여기에 소개하는 것이다. 책을 잠시 덮어 두고 인터넷에서 DVD를 주문해 보라.

- 왜? 남성의 동성애 및 성 변화 이해(Why? Understanding Homosexuality and Gender Development in Males) – https://livehope.org/resource/why-dvd/
- 왜? 여성의 동성애 및 성 변화 이해(Why? Understanding Homosexuality and Gender Development in Females) – https://livehope.org/resource/femaledvd/

DVD를 받으면 십 대 자녀와 함께 시청할 것을 권한다.

5. 동성애자인 가족이나 친구와 시간을 보낸다. 이들이 믿지 않는 사람들이라면 외면하거나 피하지 않는다. 사도 바울은 "음행하는 자들을 사귀지 말라 하였거니와 (중략) 만일 그리하려면 너희가 세상 밖으로 나가야 할 것이라(고린도전서 5장 9~10절)"라면서 동성애자들과 단절하지 말 것을 분명히 했다. 물론 믿는 자로서 성적으로 부도덕한 경우는 다른 이야기다.(11~13절) 그러므로 믿지 않는 동성애자 이웃들을 저녁 식사에 초대하여 하나님의 자애와 그리스도의 친절을 실천해보라. 다만, 말처럼 쉬운 일이 아니라는 점을 유념해야 한다. 동성애자 커플의 애정 표현과 같은 곤란한 상황에 대비해야 하며 자녀가 어떻게 이들을 대해야 할지 일러 준다. 아울러 손님과 까다로운 대화를 어떻게 풀어 나갈지 고민해야 한다. 무너진 세계의 사람들을 사랑하는 일은 쉽지 않을 수 있기 때문에 동성애자 친구들을 위한 기도를 게을리해서는 안 된다.

6. 성적 지향에 관한 문화의 설명에 대응한다. 문화의 세계관 논평에서는 이 주제가 빠지지 않고 등장한다. 그러한 논평을 찾아서 살펴보라. 예를 들어 영화나 텔레비전 프로그램에 동성애자 배역이 등장한다면 자녀에게 그 역할이 묘사되는 방식이 긍정적인지 부정적인지, 가정과 성에 관해 어떤 메시지가 전달되고 있는지 묻는다. 성적 지향을 주제

로 한 뉴스 기사를 찾아보고 자녀와 토론해 본다. 필자가 〈브레이크포인트(BreakPoint)〉에 날마다 게시하는 논평은 세계관 논평에 대해 참고할 만한 자료다.

7. 동성애가 아닌 예수님을 주된 주제로 삼는다. 자녀가 동성애에 관한 질문을 하면 답변해 준다. 하지만 문화에서 가장 주목받는 주제라고 해서 그 시대에 가장 중요한 주제인 것은 아니다. 어떤 주제든 자녀를 항상 그리스도에게로 다시 인도한다. 예를 들어 십 대 자녀가 동성애자 친구와 어떤 대화를 나눠야 하는지 묻는다면 상대방이 예수님과 어떤 관계를 맺고 있는지에 가장 관심을 두라고 일깨워 준다. 우선순위는 비기독교인인 동성애자 친구를 이성애자로 만드는 것이 아니라 그들이 구원 받을 수 있도록 그리스도에게 인도하는 것이다. 창조, 타락, 구속, 회복으로 구성된 하나님의 이야기를 토대로 성적 지향을 비롯한 모든 문제를 바라본다. 가장 중요한 것은 동성애에 대해 어떻게 생각하느냐가 아니라 그리스도의 요청에 우리가 어떻게 반응하는가이다. 마찬가지로, 우리의 정체성은 성적 지향이 아닌 하나님의 형상에서 찾을 수 있다.

8. 성경적 관점을 지지할 때 발생하는 사회적 비용에 대해 가족들을 준비시킨다. 기독교가 사회적으로 용인되던 시기는 끝났다. 오늘날 기독교인들은 동성애를 성경적 관점으로 바라본다는 이유로 조롱당하고 외면당하고 처벌받는다. 심지어 비이성애자의 모든 행동이나 정체성에 대한 기독교인의 이른바 '차별'을[19] 묘사하는 단어까지 등장했다. 바로 *이성애주의(heterosexism)*다. 과거에는 인종 차별주의자가 무지한 사람 취급을 받았다면 지금은 이성애주의자가 그런 취급을 받는다. 자녀들이 성경의 진리를 굳게 지킨다는 이유로 대가를 치를 수 있음을 주지

시켜야 한다. 자녀들에게 요한복음 15장 18~20절에 기록된 예수님의 말씀을 상기시켜 준다.

> 세상이 너희를 미워하면 너희보다 먼저 나를 미워한 줄을 알라
> 너희가 세상에 속하였으면 세상이 자기의 것을 사랑할 것이나 너희는 세상에 속한 자가 아니요 도리어 내가 너희를 세상에서 택하였기 때문에 세상이 너희를 미워하느니라
> 내가 너희에게 종이 주인보다 더 크지 못하다 한 말을 기억하라 사람들이 나를 박해하였은즉 너희도 박해할 것이요 내 말을 지켰은즉 너희 말도 지킬 것이라

- **더 많은 자료**

  - 앨런 슐레몬(Alan shlemon), 『동성애 이해를 돕는 대사의 안내서(The Ambassador's Guide to Understanding Homosexuality)』, Signal Hill, CA: Stand to Reason, 2013년
  - 조지프 니콜로시(Joseph Nicolosi)와 린다 아메스 니콜로시(Linda Ames Nicolosi) 공저, 『동성애를 방지하기 위한 부모용 안내서(A Parent's Guide to Preventing Homosexuality)』, Downers Grove, IL: InterVarsity, 2002년
  - 션 맥도웰(Sean McDowell)과 존 스톤스트리트(John Stonestreet) 공저, 『동성 결혼, 결혼을 향한 하나님의 계획에 신중하게 접근하기(Same-Sex Marriage: A Thoughtful Approach to God's Design for Marriage)』, Grand

Rapids: Baker, 2014년
- 케빈 드영, 『성경이 동성애에 답하다』, 지평서원, 2016년

소망 품기

오늘날의 문화가 성적 지향과 관련하여 진리에서 멀어졌더라도 예수 그리스도 안에서 구속될 수 있는 희망의 불씨는 언제나 살아 있다. 실제로 있었던 아름다운 이야기에서 이를 알 수 있다.

시러큐스 대학교의 영문학 및 여성학 교수였던 로자리아 버터필드는 레즈비언이었다. 장로교의 켄 스미스(Ken Smith) 목사를 알게 되기 전까지는 동성 파트너와 행복한 나날을 지냈다. 스미스 목사 부부와 2년 동안 교제하는 과정에서 로자리아는 하나님 말씀을 알게 되고 그리스도의 진리를 만났다. 현재 로자리아는 목사의 아내이자 주부로서 네 명의 자녀를 키우고 있다.[20]

크리스토퍼 위안(Christopher Yuan)은 중국인 이민자의 아들로, 유년기에 미국인 학급 친구들과 전혀 어울리지 못했다. 어린 나이에 음란물에 노출된 크리스토퍼는 동성에게 이끌렸고 치과 대학을 다니는 동안 동성애자가 되었다. 가족에게 커밍아웃한 이후 동성애자들의 생활 방식을 빠르게 받아들였고 마약을 취급하고 투약하기에 이르렀다. 결국에는 체포되어 징역형을 선고받았는데 교도소에서 자신이 HIV 양성이라는 사실을 알게 되었다. 크리스토퍼는 기독교인이 된 부모의 기도 덕분에 교도소 쓰레기 통에 버려져 있던 기드온 성경을 발견해 하나님 말씀을 읽게 되었고 그리스도에게 자신의 생명을 맡겼다. 현재 크리스토퍼는 무디 성경학교(Moody Bible Institute)에서 가르치고 있으며

전 세계인에게 강연하는 사역을 맡고 있다.[21]

로자리아와 크리스토퍼의 전기를 읽어보라. 두 사람의 고백 외에도 책으로 발간되지는 않지만 비슷한 경험을 한 수천 명의 사례는 인간이 언제나 하나님의 이야기를 통해 소망을 품고 치료될 수 있음을 알려 준다. 예수님은 동성애자와 이성애자를 가리지 않고 모든 죄인을 하나님 아버지와 화목하게 하시며 부활의 권능을 통해 새로운 생명으로 회복시키신다.

나눌 질문

1. 오늘날 문화에서 성적 지향에 관해 가장 널리 퍼져 있는 거짓말은 무엇인가요?

2. "사랑은 다 같은 사랑이므로, 동성애 행위는 죄가 아니다."라고 말하는 사람에게 어떻게 답할 수 있을까요?

3. 성적 지향은 어떤 방식으로 정체성과 혼동되었나요? 기독교 세계관에서 정체성이란 무엇인가요?

Chapter 11

성 정체성

> 문제의 핵심은 트랜스젠더가 된다는 것이 본질적으로
> 무슨 의미인지에 대해 혼란이 있다는 점이다.
> '성전환'은 생물학적으로 불가능한 일이다.
> 성별을 바꾸는 수술을 하면 남성이 여성으로,
> 혹은 여성이 남성으로 변하는 것이 아니다.
> 여성화된 남성이나 남성화된 여성이 되는 것이다.
> 폴 맥휴(Paul McHugh) 박사,
> 〈트랜스젠더 수술이 답은 아니다〉

독자들은 처음 듣는 단어일지 모르나 십 대 자녀들은 뜻을 알고 있을 가능성이 높다. 위키피디아에 따르면 *시스젠더*는 "태어날 때 부여된 성별과 일치하는 성 정체성을 가진' 사람을 가리킨다.[1] 성별을 누가 부여한다는 의미인가? 부모, 의학 전문가, 사회다. 물론, 지구에 존재했던 거의 모든 사람이 이 정의에 해당할 것이다. 하지만 여기에 해당하지 않는 사람들을 소외시키지 않기 위해 새로운 단어가 탄생했다.[2] 위키피디아의 *시스젠더* 정의에는 두 가지 가정이 깔려 있다. 첫째, 성별은 '부여되는' 것이며 생물학적 현실이 아니라는 가정이다. 둘째, 성별은 타고

나는 것이 아니라 선택하는 것이다.

이 두 가지 가정은 문화에도 깊이 뿌리내린 상태다. 2016년 화장품 회사인 커버걸(CoverGirl)은 17세의 제임스 찰스(James Charles)가 첫 번째 커버 보이로 활동한다고 몇 달 동안 대대적으로 홍보했다.[3] 〈타임〉지는 '남동생의 임신과 새로운 아메리칸 패밀리의 탄생(My Brother's Pregnancy and the Making of a New American Family)'이라는 제목 아래 '가슴 수유(chest-feeding, 산모의 수유(breast-feeding)에 대응되는 단어로 남성의 수유를 지칭한다 - 옮긴이 주)'라는 새로운 현상을 보도했다. 제시 헴펠(Jessi Hempel)은 "남동생 에반은 여자로 태어났다. 16년 전에 트랜스젠더라고 커밍아웃한 에반은 아이를 낳고 싶다는 꿈을 한 번도 포기하지 않았다. 올해 여름에는 고대하던 첫 아이를 출산했다."라고 전했다.[4]

이 대담한 신세계에서는 남성이 아이를 낳을 정도로 성별이 유동적이다. 자녀들이 성 정체성 문제를 헤쳐 나가는 데 부모의 도움이 절실한 시대다.

문화의 거짓말 떨쳐 내기

- **거짓말 1: 성은 사회적 구성일 뿐이다.**

문화에서는 성별과 성관계에 관한 한 객관적 진리란 존재하지 않으며 주관적 성향만 있을 뿐이라고 주장한다. 느끼는 감정을 입으로 내뱉으면 그렇게 이루어지는 것이다. 성별은 생물학에 기반한 정해진 특성이 아니라 문화가 만들어 낸 사회적 구성이라고 말한다. 태어날 때 '부여된' 성별을 자신의 성별로 동일시하는 사람이 있는 반면 트랜스젠더인 사람도 있다.[5] 유치원 아이들에게 '성별을 다양한 방식으로 표현할 수 있다'라고 교육하고 초등학교 3학년 학생들에게 성별을 남성과 여성 중에 선택하거나, 둘 다 선택하거나, 아무것도 선택하지 않을 수 있다고 가르치는 공립학교의 성교육을 마일리 사이러스 같은 유명인들이 지지하고 있다.[6]

아마존의 온라인 텔레비전 시리즈인 〈트랜스페어런트(Transparent, 나이 든 아버지가 성인이 된 자녀들에게 커밍아웃하는 내용의 프로그램)〉로 상을 거머쥔 질 솔로웨이(Jill Soloway) 감독은 "몇 년 후에는 지난날을 돌아보면서 '내가 어릴 때는 사람들이 모든 여성에게는 질이 있고 모든 남성에게는 음경이 있다고 생각했는데 지금은 그게 사실이 아니라는 걸 알지'라고 말하게 될 것"이라고 주장했다.[7] 생물학적 사실이 어떻게 더 이상 진실이 아닐 수 있는지 의문이 드는 독자들도 있을 것이다. 솔로웨이와 지금의 문화에서는 인간이 그렇게 만들 것이라고 한다. 더 이상 인간은 기존의 방식으로 '*남성*'과 '*여성*'이라는 단어를 생각하지 않을 것이며, 새로운 의미를 부여할 것이라고 예상한다. 혹은 성별을 구분하는 단어가 아예 사라질지 모른다.

성별이 사회적 구성일 뿐이라는 주장을 약화시킬 수 있는 한 가지 방법은 이러한 신념을 실제로 시험해 보고 어디로 향해 가는지 지켜보는 것이다. 논리에서 귀류법(reductio ad absurdum)이라고 부르는 추론 유형인데, 문자 그대로 '부조리에 이르도록(reduction to absurdity)' 만드는 방법이다.

유튜브에서 입소문이 난 한 동영상에서는[8] 성 정체성에 대한 주장이 어떻게 부조리한지를 보여준다. 워싱턴 가족 정책 연구소(Family

Policy Institute of Washington)의 조셉 백홈(Joseph Backholm) 소장은 워싱턴 대학교 캠퍼스에서 학생들에게 성 정체성과 공공 화장실 정책에 대해 질문을 했다. 처음에 학생들은 화장실 이용자가 자신이 생각하는 성별에 따라 화장실을 선택할 권리가 있다고 답했다. 백홈 소장은 이러한 주장이 어떻게 부조리한지 드러내도록 고안된 몇 가지 질문을 이어갔다.

- "제가 여성이라고 말한다면 어떻게 답하시겠어요?"
- "제가 중국인이라고 말한다면 어떻게 답하시겠어요?"
- "제가 일곱 살이라고 말한다면 어떻게 답하시겠어요?"
- "제 키가 195센티미터라고 말한다면 어떻게 답하시겠어요?"

놀랍게도 인터뷰에 참여한 대다수 학생들은 백홈의 주장이 사실과 다르다고 조심스럽게 답했다. 한 학생의 말에 응답자들의 반응이 잘 요약되어 있다. "본인이 195센티미터라고 생각하는 이유를 충분히 설명하거나 납득할 수 있는 설득을 한다면 키가 195센티미터라거나 중국인이라거나 여성이라는 데 동의할 마음이 있어요." 여기에 문제가 있다. 조셉 백홈은 175센티미터의 백인 남성이다. 젊고 똑똑해 보이는 대학생들이 명백한 오류를 반박하는 것을 왜 이렇게 주저하는가? 지적 일관성을 유지하기 위해서다.

성 정체성에 대한 문화의 지배적인 관점은 사회적 구성이 멈춰 서야 할 지점을 정하지 않았다. 그 결과 이 부조리가 흘러가는 방향을 보여주는 사례가 생기기 시작했다. 어떤 사람들은 목줄을 하고 그릇에 담긴 음식을 핥아 먹으면서 자신을 강아지라고 생각한다.[9] 용과 같은 모습을 하기 위해 몸을 변신시키고 파충류와 동일시하는 사람들도 있다.[10] 자신을 어린 소녀로 인식하는 성인 남성도 있다.[11] 자기 자신과 결혼하는 사람들도 있다. (솔로가미, sologamy라고 한다.)[12] 사회적 구성은 마음이 이끄는 곳이라면 어디든 갈 수 있도록 놔둔다. 부조리에는 한계선이 없다.

하지만 이처럼 논리적 파멸에 이르는 길은 부조리가 빚어내는 결과로 인해 버티지 못하고 붕괴된다. 자신을 65세 남성으로 인식하는 사람에게 정부는 사회보장 지원을 해야 할까? 자신을 6살 여아로 인식하는 사람은 초등학교의 1학년으로 입학시켜야 할까? 자신을 특정 소수자로 인식하는 사람에게 소수 집단을 위한 대학 장학금을 제공해야 할까? 질문에 대한 답이 '아니오'라면, 자신을 여성과 동일시하는 생물학적 남성이 자기 선택에 따라 화장실이나 탈의실을 사용할 수 있도록 허용하고 트랜스젠더 대명사를 사용하지 않는 사람들에게 벌금을 부과하는 법적 근거를 마련해야 하는 이유는 무엇인가?[13] 사회적 구성은 논리적 일관성을 유지할 수 없기 때문에 이러한 신념은 마땅히 거부해야 한다.[14]

- **거짓말 2: 사람들이 번영을 누릴 수 있도록 생각과 욕구를 인정해야 한다.**

문화는 "네 자신이 되라", "원하는 것을 하라"고 말한다. 자신을 위해 어떤 현실을 선택하든 남이 상관할 바가 아니다. 나아가, 브루스 제너(Bruce Jenner, 올림픽 육상 종목에서 금메달을 딴 운동선수 출신으로 커밍아웃하고 성전환 수술을 받았으며 켄달 제너와 카일리 제너의 아버지다 - 옮긴이 주)의 사례에서 보듯 현실을 거스르는 선택을 내리면 용기 있는 행위로 칭송받는 경우가 많다. 절대적인 자주권을 확보하는 것은 진정한 자신을 찾는 길이라고 속삭인다. 오늘날 문화에서는 인간의 존엄성을 바라보는 시각이 이전과는 다르다. 외부적 한계로 제약을 받지 않는다면 나를 정의할 수 있는 주체는 나 자신뿐이라고 한다. 인간의 존엄성은 개인의 자주적 의지에 달려 있다. 이처럼 제약 없이 선택할 수 있는 길을 갈 때 인간이 번영을 누릴 수 있다고 문화에서는 단언한다.(15)

인간이 현실을 선택할 궁극적인 권리를 부인하면 편협한 사람으로 낙인 찍힌다. 존엄성은 자기 결정에서 비롯되기 때문에 타인의 방식을 방해하거나 선택에 동의하지 않는 것은 상대방의 존엄성을 박탈하는 행위로 간주된다. 더 이상 관용으로는 충분하지 않으며 동의까지 해줘야만 한다. 자신을 여성이라고 생각하는 남성이 있다면 다른 사람도 그를 여성으로 생각해야만 한다. 반대하는 것은 편협함을 나타내는 것과 다름없으며 편협성은 증오를 먹고 자란다. 따라서 모든 편협함은 묵살되어야 한다.

와우. 실로 강력한 비난이다. 여기에 어떻게 대응할 수 있을까? 첫째, 성 정체성 문제의 본질은 편협성(bigotry)이 아닌 생물학(biology)에 관련되어 있다. 신체적 현실과 정신적 인식을 구분해야만 한다. 어떤 사람이 생물학적으로 남성인지 여성인지 어떻게 아는가? 생리학, 해부학, 염색체, DNA에 대한 객관적 사실을 토대로 판단하는 것이다. 남성다움과 여성다움은 명백한 신체적 현실이다.

반면 성전환 지향을 결정하는 의학적이거나 과학적 근거를 갖춘 객관적 테스트란 없다. 오직 해당 개인의 생각에서 비롯되는 순전히 주관적인 결정을 따른다. 기본적으로 의사는 어떤 개인을 트랜스젠더라고 진단할 수 없다. 그 개인이 자신을 진단할 뿐이며 설상가상으로 스스로 처방까지 내린다.

성 정체성 운동에서는 사람들의 정신적인 혼란을 치료하는 대신 성전환 수술을 통해 생물학적 현실을 바꾸어야 한다고 주장한다. 하지만 몸을 바꾼다고 해서 염색체에 새겨진 생물학적 현실이 변화되지는 않는다.

게다가 성전환 수술을 받은 환자들의 정신적인 구조가 완전히 바뀌는 것도 아니다. 이를 어떻게 알 수 있는가? 성전환 수술이 성 정체성 혼란을 바로잡는 생물학적 치료라면 트랜스젠더가 성전환 수술을 후회하는 일은 없을 것이다. 하지만 상당수가 후회하고 있다.[16] 그뿐만 아니라 버밍엄 대학교(영국)에서 성전환 수술을 받은 환자에 대한 국제 의학 연구 100여 건을 검토한 결과, "성전환 수술이 임상적으로 효과가 있음을 보여주는 강력한 과학적 증거가 발견되지 않았다."[17]

다른 사람의 겉모습을 바꿀 수는 있어도 실체는 변하지 않는다. 실증적 자료는 성전환 수술이 트랜스젠더 공동체에 도움이 되지 않음을 보여 준다. 많은 사람이 수술 이후 잘 지내기는커녕 고통 가운데 있다.

트랜스젠더에게는 듣기 힘든 말이겠지만, 성 정체성 혼란을 야기할 가능성이 있는 정신적 원인을 조사하는 것이 급선무다. 성별이 생물학적 성별에 뿌리를 두고 있다면 성 정체성 혼란을 도울 방법은 정신 건강의 치료에서 찾을 수 있을 것이다. 정신과 의사들의 바이블로 손꼽히는 『정신 장애 진단 및 통계 편람(Diagnostic and Statistical Manual of Mental Disorders)』에서는 성 정체성 혼란을 성별 불쾌감(gender dysphoria)이라고 칭하며 "경험하는 성별과 부여된 성별이 분명하게 부조화를 이루는" 상태다.[18]

물론 정신적 현실과 신체적 현실이 부조화를 이루는 상황이 대다수의 사람들에게 낯선 일은 아니다. 예를 들어 거식증을 앓고 있는 십 대 여성의 90퍼센트는 자신이 심각한 과체중 상태라고 생각한다. 하지만 의사들은 그러한 감정을 인정하고 신체를 변화시키라고 조언하지 않을 것이다. 환자가 그렇게 느낀다는 사실은 의심스럽지 않으나 자기 인식이 부정확하다는 점을 고려하기 때문이다. 거식증 환자는 왜곡된 자기 인식을 가지고 있기 때문에 정신 건강과 정서적 건강을 치유해야 한다.

신체통합정체성장애(BIID)를 앓고 있는 환자들도 스스로 이상적이라고 그리는 외양과 자기 몸이 일치되지 않는다는 생각 때문에 멀쩡한 팔다리를 절단하려 한다. 의사들은 이 환자들의 감정을 존중해서 환자가 원하지 않는 신체 부위를 절단하지 않을 것이다.[19] 대신 정신적으로 어떤 치료가 필요한지를 살핀다.

오로지 성전환 지향의 경우에만 정신적 부조화를 해결하기 위해 신체를 변화시키는 해결책을 쓰고 있다. 그렇게 제안된 치료법은 오히려 환자들에게 해를 입힌다. 트랜스젠더의 3분의 2가 우울증과 공포증 등 여러 심리 장애를 앓고 있다.[20] 우울증과 불안증으로 고통받는 트랜스젠더의 비율은 "나머지 인구와 비교해 훨씬 높다."[21]

문화가 속삭이는 거짓말에 넘어가면 심각한 문제가 생긴다. 예를 들어 시애틀 아동 병원은 "사춘기를 유발하는 호르몬이 생산되지 않도록 막는" 사춘기 차단제와 "몸이 정신적 성별과 일치되도록 유도하는" 성전환 호르몬을 제공하는 성별 클리닉을 개원했다.[22] 심지어 사회 일각에서는 어린 아이들의 성전환을 돕기 위한 중요한 절차를 진행하고 있다. 하지만 미국 소아과학회는 아동에 대한 성전환 치료의 위험성을 경고하기 위해 웹사이트에 공식 성명을 게재했다.[23] 대다수의 사람들은 데이터는 무시한 채 정치적 의견과 대중문화 진영에서 내는 목소리에 귀를 기울인다. 트랜스젠더였다가 원래 성별로 돌아온 한 남성의 증언은 자녀, 트랜스젠더 친구와 가족을 위해 우리가 어떤 일을 할 수 있는지 알려준다.

> 나는 트랜스젠더 여성으로서 자기 도취적이고 내 자신에만 관심을 두는 삶을 살았던 것과 사랑하는 사람들에게 상처를 줬다는 사실이 부끄러워 심한 우울감과 후회에 시달렸다. 나중에는 자살을 고려하기까지 했다. 잠시 동안만 성공적이었을 뿐인 성전환은 내게 그런 영향을 미쳤다. 성전환 수술이 의학적으로 반드시 필요한 조치가 아니었다는 사실을 너무 늦게 깨달았다. 성전환은 내 인생 최대의 실수였음을 인정한다.[24]

하나님의 놀라운 이야기로 돌아가기

성경에 '트랜스젠더'라는 단어가 나오지 않지만 그렇다고 이 문제를 다루지 않은 것은 아니다. 하나님은 창조 이야기에서 성별을 직접적이고 분명하게 말씀하셨다. 창세기 1장 27절은 "[하나님이] 남자와 여자를 창조하시고"라고 말한다. 인간을 사회적으로 성 중립적으로 만들지 않으신 것이다. 성별은 사회적 구성도 아니고 사회에 의해 부여되는 것도 아니다. 하나님의 계획의 일부로서 그분의 창조 질서에 깊이 뿌리내리고 있으며 현실을 이루는 씨실과 날실이다. 즉, 성별은 하나님이 주신 선물인 것이다.

남성과 여성의 구분은 양성의 가치와 품위를 떨어뜨리지 않는다. 남성과 여성 모두 하나님의 형상으로 지어졌다는 사실만으로도 양성의 평등은 보장된다. 인종, 성별, 나이 등 그 어떤 구분도 인간의 평등함을 위협하지 못한다. 모두가 똑같이 하나님의 형상을 한 사람들이다. 하나님 보시기에 모두가 평등하며 값을 매길 수 없는 가치를 지니고 있다.

이러한 틀 안에서 서로 구별되는 성 역할을 인정하면서도 성 평등을 유지할 수 있다.

트랜스젠더들은 무언가 잘못되어 있다고 생각한다. 자기 자신이 고장난 상태이고 수리가 필요하다고 느낀다. 자신을 남성의 몸에 갇혀 있는 여성, 혹은 여성의 몸에 갇힌 남성으로 여긴다. 뭔가 잘못되어 있다는 점에는 우리도 동의한다. 하지만 현실을 설명하는 하나님의 이야기에 비추어 보면 트랜스젠더들의 진단은 부정확하다. 성별은 극복하고, 무시하고, 억누르거나, 제거해야 할 대상이 아니다. 인간의 온전함은 현실을 부인하는 것이 아니라 현실을 직시할 때 비로소 이룰 수 있다. 트랜스젠더가 신체적 변화를 시도하는 것은 온전함을 회복할 수 없는 해결책을 추구하는 것이다.

성 정체성으로 고통받는 사람들에게 하나님의 이야기는 정확한 진단을 내릴 뿐만 아니라 하나의 훌륭한 치료책을 제시한다. 성경은 모든 욕구가 선하다고 눈가림하는 대신 전혀 다른 설명을 들려준다. "사람이 시험을 받을 때에 내가 하나님께 시험을 받는다 하지 말지니 하나님은 악에게 시험을 받지도 아니하시고 친히 아무도 시험하지 아니하시느니라 오직 각 사람이 시험을 받는 것은 자기 욕심에 끌려 미혹됨이니.(야고보서 1장 13~14절)" 인간의 모든 욕구가 적절한 것은 아니다. 많은 욕구가 인간을 죄로 직접 인도하여 삶을 무너뜨리기 시작한다. "욕심이 잉태한즉 죄를 낳고 죄가 장성한즉 사망을 낳느니라.(15절)" 2장에서 언급했던 구조와 방향의 차이를 떠올려보라. 하나님은 구조적으로 세상을 선하게 창조하셨으나 타락한 인간은 세상의 구조, 그 구조와 관련된 욕구를 잘못된 방향으로 돌린다. 트랜스젠더인 친구들에게 온전함을 이루고자 하는 선한 욕구가 있을지라도 그 욕구를 추구하는 방향이 잘못되었으며, 결과는 죄와 상함이다.

우리는 철저히 솔직해질 필요가 있다. 음란물, 가벼운 만남이 만연한 문화, 동성애, 트랜스젠더 등 성관계와 성별에 관한 모든 문제는 조물주의 뜻을 공공연하게 거스르는 것이다. 인간은 무너진 상태일 뿐만 아니라 반역을 행하고 있다. 로마서 1장 21~32절은 인간의 반역과 그에 따른 결과를 생생하게 설명한다.

하나님을 알되 하나님을 영화롭게도 아니하며 감사하지도 아니하고 오히려 그 생각이 허망하여지며 미련한 마음이 어두워졌나니

스스로 지혜 있다 하나 어리석게 되어

썩어지지 아니하는 하나님의 영광을 썩어질 사람과 새와 짐승과 기어다니는 동물 모양의 우상으로 바꾸었느니라

그러므로 하나님께서 그들을 마음의 정욕대로 더러움에 내버려 두사 그들의 몸을 서로 욕되게 하게 하셨으니

이는 그들이 하나님의 진리를 거짓 것으로 바꾸어 피조물을 조물주보다 더 경배하고 섬김이라 주는 곧 영원히 찬송할 이시로다 아멘

이 때문에 하나님께서 그들을 부끄러운 욕심에 내버려 두셨으니 곧 그들의 여자들도 순리대로 쓸 것을 바꾸어 역리로 쓰며

그와 같이 남자들도 순리대로 여자 쓰기를 버리고 서로 향하여 음욕이 불 일듯 하매 남자가 남자와 더불어 부끄러운 일을 행하여 그들의 그릇됨에 상당한 보응을 그들 자신이 받았느니라

또한 그들이 마음에 하나님 두기를 싫어하매 하나님께서 그들을 그 상실한 마음대로 내버려 두사 합당하지 못한 일을 하게

하셨으니

곧 모든 불의, 추악, 탐욕, 악의가 가득한 자요 시기, 살인, 분쟁, 사기, 악독이 가득한 자요 수군수군하는 자요

비방하는 자요 하나님께서 미워하시는 자요 능욕하는 자요 교만한 자요 자랑하는 자요 악을 도모하는 자요 부모를 거역하는 자요

우매한 자요 배약하는 자요 무정한 자요 무자비한 자라

그들이 이 같은 일을 행하는 자는 사형에 해당한다고 하나님께서 정하심을 알고도 자기들만 행할 뿐 아니라 또한 그런 일을 행하는 자들을 옳다 하느니라

하나님이 주신 성별을 바꾸려는 조치는 하나님의 창조 질서를 거역하는 것이며 트랜스젠더 남성과 여성, 그들의 가족과 점차 자녀들의 삶까지 파괴되는 후폭풍을 일으킨다.

다행히 하나님의 이야기는 여기에서 끝나지 않는다! 상한 인간을 되돌려 놓을 수 있는 유일한 존재는 인간을 만드신 그분뿐이다. 첫째, 하나님은 그리스도가 십자가에서 이루신 일을 통해 인간을 죄에서 구속하신다. 둘째, 그분의 이야기는 인간이 어떻게 창조되었으며 어떻게 해야 제 역할을 하도록 정하셨는지를 보여준다.

하나님이 남자와 여자를 위해 정하신 특성이 사라진다면 인간은 땅에서 번성하지 못한다. 성별은 선물이며 "온갖 좋은 은사와 온전한 선물이 다 위로부터 빛들의 아버지께로부터 내려오나니 그는 변함도 없으시고 회전하는 그림자도 없으시니라 그가 그 피조물 중에 우리로 한 첫 열매가 되게 하시려고 자기의 뜻을 따라 진리의 말씀으로 우리를 낳으셨느니라.(야고보서 1장 17~18절)" 하나님은 인간을 남자와 여자로

지으셨으며 각 성별의 특별한 설계와 역할은 없애야 할 대상이 아니라 축하할 만한 멋진 선물이다.

이 시대의 문화에서 나타나는 혼란에 동조하지 말고 하나님의 이야기에 닻을 내려야 한다. 하나님의 이야기는 성 정체성으로 혼란을 겪고 있는 친구와 가족에게 반가운 소식이다.

행동 단계

1. 하나님께 성 정체성 문제로 혼란을 겪는 남성과 여성을 긍휼하게 여기는 마음을 달라고 기도한다. 이들은 상처 입고 깨진 사람들이다. 트랜스젠더 남성과 여성의 41퍼센트는 자살을 기도한다. 나머지 인구의 자살 기도율인 1.6퍼센트와 비교해 크게 높은 수치다.[25] 트랜스젠더 친구나 가족과 교류할 때 은혜를 베풀고 진리를 전한다. 질문을 하고 답변 내용에 진심으로 관심을 기울인다. 생각날 때마다 이들을 위해 기도하라.

2. 자녀와 성별에 관한 대화를 나눈다. 자녀에게 하나님의 창조 질서를 가르쳐주고 하나님이 남성과 여성을 서로 구별되게 만드신 분이라는 것을 알려준다. 몸에 대한 신학적 지식을 전달하고, 자녀가 아직 어리더라도 남성과 여성으로 살아가는 것의 의미를 나눈다. 자녀가 성경을 토대로 적절하게 성별을 구분할 수 있도록 가르쳐 주되, 남자는 절대 춤추기를 좋아해서는 안 된다거나 여자는 격렬한 활동을 즐겨서는 안 된다는 등 남자다움과 여자다움에 대한 문화적 표현을 과도하게 강조하지 않도록 주의한다. 자녀가 올바른 성 정체성을 가질 수 있도록 도와준다.

3. 아버지는 아들딸이 어릴 때부터 따뜻하고 다정한 관계를 맺도록 노력한다. 강인하지만 부드러운 아버지가 되도록 노력한다. 자녀에게 관심(attention), 애정(affection), 지지(affirmation)로 요약되는 3A를 보여주고 종종 스스로를 돌아본다. 아들의 남성성을 지지하고 남자의 세계로 인도해준다. 예민한 아들이라면 공감하려는 노력을 기울이고 특별한 성품을 인정해준다. 딸을 항상 다정하게 대하고 여성으로서 구별되는 점을 존중하고 인정한다. 부부는 자녀와 다정한 관계를 유지하여 평생 신체적, 정신적, 영적 건강을 누릴 수 있는 길을 마련한다.

4. 어머니는 아들딸이 어릴 때부터 배려하고 보살피는 관계를 맺도록 노력한다. 딸과 정서적으로 끈끈한 관계를 맺는다. 딸이 여성으로서의 정체성을 받아들이고 긍정적인 신체 이미지를 가질 수 있도록 돕는다. 딸을 자신의 확장된 자아로 대하지 말고, 안정적으로 자기 정체성을 키울 수 있도록 도와준다. 아들을 애정을 담아 따뜻하게 대하며 고압적인 자세로 지시하지 않는다. 반대로 애지중지하며 감싸는 것도 좋지 않다. 대신 적당한 공간을 확보해 주고 남자아이들 특유의 거친 행동을 (파괴적인 수준에 이르지 않는 선에서) 어느 정도 눈감아 주는 노력을 기울인다.

5. 돈독하고 건강한 결혼 생활이 되도록 노력한다. 결혼에는 노력이 필요하지만 엄청나게 큰 보상을 누릴 수 있다. 사랑이 넘치는 결혼은 자녀가 성별 인식과 건강한 성관계에 대해 본받을 수 있는 모델이 된다. 자녀가 서로 아끼는 부부의 모습을 보면서 성별에 대해 올바른 인식을 정립할 수 있도록 도와준다. 남편과 아내는 서로에게 관심과 애정을 쏟아야 한다. 자신의 잘못을 인정하고 서로 용서해야 한다. 종종 데이트를 즐기고 정기적으로 함께 기도하는 시간을 갖는다. 돈독한 결혼 생활을

유지한다면 자녀가 어른이 되었을 때 건강한 가정을 꾸리는 데 도움이 된다.

6. 리빙 호프 사역단체의 DVD 두 편을 시청한다. 10장의 행동 단계에 이 DVD 시청이 포함되어 있던 것을 기억하는가? 혹시 필자가 DVD를 소개해서 얼마라도 챙기는 것이 아닌가 의심하는 독자들도 있겠지만, 그렇지 않다. 두 편의 DVD가 무척 중요하고 유용해서 이 기회에 한 번 더 추천하고자 한다.

- 왜? 남성의 동성애 및 성 변화 이해(Why? Understanding Homosexuality and Gender Development in Males) – https://livehope.org/resource/why-dvd/
- 왜? 여성의 동성애 및 성 변화 이해(Why? Understanding Homosexuality and Gender Development in Females) – https://livehope.org/resource/femaledvd/

DVD를 받으면 십 대 자녀와 함께 시청할 것을 권한다.

7. 조심스럽게 진실을 알리되 긍휼한 마음을 잊지 않는다. 오늘날의 문화에서는 혼란을 느끼는 트랜스젠더를 지지하고 축하해 준다. 용기 있게 진실을 말해 주는 사람은 거의 없다. 트랜스젠더의 혼란에 대해 진실을 말해 주되 충분한 지식을 갖춘 상태에서 대화를 나눠야 한다. 먼저 11장의 각주에 소개된 자료를 공부하고 팩트로 무장한다. 트랜스젠더가 추구하는 온전함이 그 자체로 선한 것이라는 데 공감하되 신체를 훼손하는 방법 대신 마음, 생각, 영혼을 변화시킬 때 비로소 문제를 해결할 수 있음을 알려 준다. 대화를 나눌 때마다 예의를 갖추고 친절하게 대하며 증오가 아닌 사랑하는 마음에서 진실을 알린다는 점을 상기시킨다. 막다른 골목에 몰린 사람에게 보여 줄 수 있는 가장 큰 사랑은 사

실을 알리고 위험으로부터 보호하는 것이다.

8. 성 정체성 문제를 장기적 관점으로 바라보고 상황이 더 나빠질 것에 대비한다. 서양 문화를 지금의 상태로 이끈 신념은 오랜 시간에 걸쳐 굳어진 것이다. 현재 트랜스젠더와 관련된 신념을 꽃피운 문화는 황금기를 맞았으며 변화는 하루아침에 일어나지 않을 것이다. 사실 문화계의 많은 인사들이 반대 목소리나 비판 의견을 내는 사람들을 처벌하기 위해 사력을 다하고 있는 것으로 보인다. 어떤 처벌이 추진되는지 상황을 파악하고 대비해야 한다.(26) 이 과정에서 예수 그리스도에게 소망을 두고 복음의 권능을 믿어야 한다.

소망 품기

성 정체성 문제에 대한 진실을 밝히는 일에 헌신하고 문화의 괴롭힘을 담대하게 이겨내는 남성들과 여성들이 있다. 남편이자 두 아이의 아버지였던 월트 헤이어(Walt Heyer)는 트랜스젠더 여성으로 성전환을 했다가 다시 남성으로 탈성전환을 했다. 헤이어는 가슴 아프지만 희망을 안겨 줄 수 있는 자신의 경험을 공개하고 현재 벌어지는 트랜스젠더 문제에 대해 빈번하게 의견을 밝히고 있다.(27) 성전환 지지자들의 비난이 쏟아지고 있지만 헤이어는 발언을 이어가고 있다. 왜일까? 헤이어는 "성별을 바꾸는 것은 단기적으로는 이롭게 보여도 장기적으로는 고통스러운 일이다. (중략) 불필요하고 파멸적인 수술을 받으라고 부추기는 대신 청년들이 자신의 모습 그대로를 인정하고 사랑하도록 도와야 한다."라고 말했다.(28)

폴 맥휴(Paul McHugh) 박사는 40여 년 동안 존스 홉킨스 의과 대학에서 정신 의학과 공로 교수로 일했으며 이 가운데 26년은 존스 홉킨스 병원에서 정신과 대표를 지냈다. 맥휴 박사는 6권의 저서를 집필했으며 상호 심사를 거친 의학 논문을 125편 이상 발표했다. 40년 동안 박사는 트랜스젠더와 성전환 수술을 연구하면서 많은 트랜스젠더 환자들을 가까이에서 도왔다. 이 분야의 전문가로서 맥휴 박사는 많은 비난을 감수하고 목소리를 드높이고 있다.

그가 진실을 알리고 성공적인 경력을 통해 쌓은 평판이 훼손될 위험을 무릅쓰는 동기는 무엇일까? 맥휴 박사는 "진실을 아는 것이 중요할 뿐만 아니라 대혼란을 눈감고 있는 사이…많은 피해자가 발생하기 때문이다. [성전환 지향은] 가족, 청소년, 아동에게 큰 악영향을 미치며, 어떤 상황에서 문제가 발생하든 생물학적 근거가 없다라는 관점에서 대응해야 한다."라고 당부했다.[29]

이들 중에서 증오심이 발단이 되어 성전환을 반대하는 사람은 아무도 없다. 오히려 상처 입는 사람들을 향한 관심과 걱정에서 행동에 나섰다. 우리 역시 사랑에 뿌리를 둔 진리로 무장할 때 자녀가 성 정체성 문제를 무사히 헤쳐 나가도록 도울 수 있다.

나눌 질문

1. 오늘날 문화에서는 성별에 대한 이해가 어떤 방식으로 형성되나요? 성별에 대한 문화의 지배적인 관점이 건강한가요 아니면 해로운가요? 그 이유는 무엇인가요?

2. 자신의 정체성을 어떻게 남성 또는 여성으로 인식하게 되었나요? 가장 중요하게 영향을 미친 요인은 무엇인가요? 가장 해로웠던 요인은 무엇인가요?

3. 청소년에게 성 정체성 혼란을 겪고 있다는 고민을 듣게 된다면 어떻게 대답할 건가요?

Chapter 12

부와 소비 지상주의

> 복음서가 당당하게 약속하는 보상, 그 엄청난 보상들을
> 생각하면, 우리 주님은 우리의 갈망이 너무 강하기는
> 커녕 오히려 너무 약하다고 말씀하실 것 같습니다.
> 우리는 무한한 기쁨을 준다 해도 술과 섹스와 야망에만
> 집착하는 냉담한 피조물입니다. 마치 바닷가에서
> 휴일을 보내자고 말해도 그게 무슨 뜻인지 상상하지
> 못해서 그저 빈민가 한구석에서 진흙이나 만지며
> 놀고 싶어 하는 철없는 아이와 같습니다.
> 우리는 너무 쉽게 만족합니다.
> C. S. 루이스, 번역서 『영광의 무게』, 홍성사

미국인들은 물질과 사랑에 빠졌다. 어마어마한 물건을 사들이고 소유하는 습관은 물질을 얼마나 사랑하는지 잘 보여 준다. 관련 통계를 살펴보자.

- 미국의 일반 가정마다 평균 30만 개의 물건이 있다.
- 미국 주택의 평균 크기는 지난 50년 동안 3배 가까이 커졌다.
- 전세계 아동 인구 중 미국에 거주하는 아동의 비율은 3.1퍼센

트에 불과하지만 미국인들은 전세계 장난감의 40퍼센트를 구매한다.
- 미국 여성은 평균 30벌의 의복을 가지고 있다.(1930년 9벌)
- 미국 가정에서는 의복 구매에 연평균 1,700달러를 지출하며 약 30킬로그램의 옷을 버린다.
- 일반적으로 미국 가정에는 식구 수보다 텔레비전 수가 더 많다.
- 미국에는 고등학교보다 쇼핑몰 숫자가 더 많으며, 십 대 여성의 93퍼센트가 가장 즐겨하는 활동으로 쇼핑을 꼽았다.[1]

미국인들은 물질을 사랑할 뿐만 아니라 필요 없는 것들을 애지중지한다. 보석, 술, 사탕, 캠핑 카, 도박 등 불필요한 물건을 사는 데 쓰는 돈이 연간 1조 2천억 달러에 달한다. (개인 소비에서 불필요한 물건에 대한 지출이 차지하는 비중은 11.2퍼센트로, 1959년의 4퍼센트에서 크게 상승했다.)[2]

'가장 많은 장난감을 남기고 죽는 이가 진정한 승자'라는 범퍼 스티커를 보고 웃고 넘기지만 인간은 실제로 그런 표어에 따라 살아가고 있는 셈이다. 온갖 물건 더미 아래에는 무엇이 자리하고 있을까? 오늘날의 문화는 물질주의와 소비 지상주의에 물들어 있다.

문화의 거짓말 떨쳐 내기

- **거짓말 1: 부와 물질을 소유하면 행복하고 멋진 인생을 살 수 있다.**

오늘날 사람들은 "멋진 인생이란 무엇인가?"를 진지하게 고민하지 않는다. 자기도 모르는 새에 문화의 조류에 휩쓸려 물질적인 풍요가 인생 목표 중 하나라는 생각에 동조하며 부와 소유가 형통한 삶을 보장해 준다고 기대한다. 청년들은 그러한 환상에 매몰되어 있다.

청년들은 대중 소비주의, 물질적 가치, 소비자 주도 경제가 야기하는 환경적 비용이나 사회적 비용에 대해 비판적 목소리를 거의 내지 않았다. (중략) 청년들은 '감당할 수 있다면 사람들은 원하는 물건을 얼마든지 사고 소비해도 괜찮다. 전적으로 개인이 결정할 사항이다. 소비자가 주도하는 미국의 사회 경제 체제에는 문제될 것이 전혀 없다. 쇼핑과 구매를 즐기는 생활 방식은 문제가 없으며 살면서 더 나은 물건을 소유하는 것은 인생의 기본적인 목표나 목적에 해당한다'와 같은 주장에 공감한다.[3]

이런 계획이 미국인들에게 어떻게 먹혀들고 있는가? 현재 미국인들은 과거에 비해 더 나은 재정, 가처분 소득, 물질적 재화, 기술, 여가 시간, 휴가, 주택, 의료 서비스, 컴퓨터, 자동차, 편의 시설을 누리고 있다. 그뿐만 아니라 인류 역사상 그 어떤 문명보다 더 많은 부와 소유를 자랑한다. 덕분에 지금 미국인들은 이전 세대보다 더 행복하고 충만한 삶을 살고 있는가? 그렇지 않다.

지난 50년 동안 우울증과 불안증 증세를 보인 미국인 수가 점차 증가했다. 지난 20년간 전 연령대에서 우울증 치료제 사용이 400퍼센트 가까이 치솟았다.[4] 35~64세 미국 인구의 자살율은 1999~2010년 사이에 28.4퍼센트 증가했다.[5] 지난 반세기 동안 십 대 우울증은 다섯 배 증가하며 폭증했고, 미국에서 십 대가 가장 흔히 앓고 있는 정신 질환이 바로 우울증이다.[6]

교육 수준이 높고 부유한 중상위 계층의 자녀들은 타인의 고통과 무관할 것이라 생각하기 쉽지만, 그렇지 않다. 『물질적 풍요로부터 내 아이를 지키는 법』의 저자 매들린 러바인(Madeline Levine)은 현실이 정반대라는 사실을 발견했다.

> 미국에서는 교육 수준이 높은 부유층의 십 대 청소년이 새로운 위험군으로 부상하고 있다. 경제적으로나 사회적으로 혜택을 누리고 있음에도 우울증, 약물 남용, 불안 장애, 신체 증상 호소 장애의 유병률이 가장 높으며 불만족도도 미국의 전체 아동 집단에서 가장 높은 수준이다. 아동을 사회 경제적 스펙트럼 상에서 관찰한 연구진은 가장 문제를 겪는 청소년들이 부유층의 자녀인 경우가 많다는 사실을 발견했다.[7]

이것이 번영하는 인간의 모습은 아니잖은가? 문화는 하나님으로만 채울 수 있는 마음 속 공백을 물질로 채울 수 있다고 속삭이지만 인간은 모든 것을 소유하더라도 행복과 충만함을 얻지 못한다.

- **거짓말 2: 내가 가진 것이 곧 나다.**

브랜드와 제품은 세상을 향해 어떤 가치와 위상을 지녔는지 홍보하며, 유명인들은 자신이 중요한 인물이라는 점을 증명하기 위해 가진 것을 과시하는 경우가 많다. 이러한 환경에서는 인간이 부와 소유의 총체라고 생각하기 쉽다. 많은 사람은 미래를 담보로 엄청난 빚을 지더라도 물질을 손에 넣고 소비함으로써 존재를 증명하려 한다. 미국의 가계 부채는 평균 13만 2천 달러 이상이며 이 가운데 신용카드 부채는 만 6천 달러 이상이다.[8] 부와 소비가 정서 안정이나 원만한 관계를 보장해 주지 못함에도 사람들은 분수에 넘치는 생활을 하고 있다.[9]

소비 지상주의의 뿌리에는 우상 숭배가 자리하고 있다. "나는 우주의 중심이고, 모든 것은 나의 필요를 충족하고 욕구를 만족시키기 위해 존재한다."라는 생활 방식이다. 인간이 물질에서 정체성을 찾는 이유는 그 물질이 자기 숭배를 정당화하기 때문이다. 인간은 자기 영혼을 만족시키기 위해 상품, 서비스, 심지어 다른 사람까지 탐욕스럽게 소비하며 미디어, 엔터테인먼트, 끝없이 스트리밍되는 광고에서 이러한 소비를 부추긴다.

하지만 부와 소비가 선사하는 찰나의 쾌락이 지나간 자리에는 권태감, 우울함, 허무함이 남을 뿐이다. 옛 현인은 "내가 해 아래에서 행하는 모든 일을 보았노라 보라 모두 다 헛되어 바람을 잡으려는 것이로다(전도서 1장 14절)"라고 기록했다. 쾌락이 지나간 자리를 채우는 실망감은 공허함을 부르고, 인간은 부에서 공허함을 얻었을 뿐이라는 진실을 깨닫기 시작한다. 라비 재커라이어스는 "단언하건대 허무함은 고통에 지칠 때가 아닌, 쾌락에 지칠 때 찾아온다. 찬장이 가득 차 있는데도 공허함에 몸부림치는 이유가 바로 여기에 있다."라고 설명했다.[10]

그렇더라도 희망의 불씨는 남아있다. 부와 소비가 남긴 공허함, 그 뒤에 찾아오는 불안과 우울은 인간을 다른 세계로 인도한다. 마음껏 소비하는 삶을 살려는 생각이 들더라도 본질적으로 인간은 도움이 되도록 창조되었다. 하나님은 인간을 받아 누리기만 하는 존재가 아닌 만들어 내는 존재로 빚으셨다. 세상의 물질에 파묻혀 기진맥진할 때 세상 너머에 무엇이 있는지 바라봐야 한다. 우리는 무궁무진한 의미와 놀라움을 오직 하나님에게서만 찾을 수 있다. 찰스 스펄전은 "창조주가 얼마나 귀한 분인지는 세상의 다른 모든 것에서 공허함을 느낄 때에야 비로소 분명하게 깨달을 수 있다."라고 말했다.[11] 인간이 번영할 수 있는 방법은 하나님에게서만 찾을 수 있다.

하나님의 놀라운 이야기로 돌아가기

요즘처럼 행복이 왜곡된 의미를 지닌 적은 없었다. 미국 독립 선언에 명기된 '행복 추구'는 부, 쾌락, 개인의 만족을 무절제하게 쫓는다는 뜻이 아니다. 지혜, 덕, 품격이 넘치는 훌륭한 삶을 살 때 행복을 누릴 수 있다. 구약 성경을 기록한 기자들은 이를 샬롬(shalom)이라는 단어로 표현했다.

하나님의 선지자들은 이스라엘 백성들에게 인생에 어떤 어려움이 닥칠 수 있는지 끊임없이 경고했다. 이때 선지자들은 바람직하다고 여겨지는 번영하는 삶이 어떤 삶인지 설명하면서 샬롬이라는 단어를 사용했다. 코넬리우스 플랜팅가 주니어(Cornelius Plantinga Jr.)는 구약에서 샬롬의 의미를 다음과 같이 설명했다.

> 하나님, 인간, 모든 피조물이 정의와 충만과 기쁨으로 한데 어우러지는 것을 일컬어 히브리 선지자들은 '샬롬'이라고 한다. 우리는 이것을 평화라 부르지만, 이는 단순한 마음의 평화나 적군 사이의 휴전보다 훨씬 더 많은 의미를 담고 있다. 성경에서 샬롬은 '보편적인 번영, 온전함, 기쁨'을 뜻한다. (중략) 다시 말해 샬롬은 '모든 것이 마땅히 존재해야 할 방식'이다.
> 코넬리우스 프랜팅가 주니어, 『우리의 죄 하나님의 샬롬』, 복 있는 사람 36페이지[12]

샬롬에 대한 생생한 묘사를 시편 1편에서 찾아볼 수 있다.

> 복 있는 사람은 악인들의 꾀를 따르지 아니하며 죄인들의 길에

서지 아니하며 오만한 자들의 자리에 앉지 아니하고

오직 여호와의 율법을 즐거워하여 그의 율법을 주야로 묵상하는도다

그는 시냇가에 심은 나무가 철을 따라 열매를 맺으며

(시편 1편 1~3절)

샬롬은 인간의 번영을 나타내며 하나님의 창조, 구속, 회복 계획에서 찾을 수 있다.

신약은 번영에 대한 그림을 계속해서 그려 나간다. 예수님이 어떤 삶이 훌륭한 삶인지에 대한 물음에 답하시는 산상수훈은 번영에 대한 언어로 충만하다. 팔복에서 '복(blessed)'에 해당하는 그리스어 단어는 '*makarios*'로, 히브리어의 샬롬과 유사하다. 예수님은 그리스도인의 삶의 목적인 '복받음'이 번영하는 것임을 알려 주셨다.

하나님의 이야기에서 인간의 번영은 하나님께 뿌리를 두고 있다. 시편 기자는 "하나님께 가까이 함이 내게 복이라(시편 73편 28절)"고 고백했다. 하나님은 인간의 최고선(모든 가치 판단의 궁극적 기준 - 옮긴이 주)이시며 궁극적인 목표이시다. 우리의 영혼은 채워지기를 갈망하지만 부는 갈증을 해소해 줄 수 없는 가짜 신에 불과하다. 오직 하나님만이 진정으로 인간의 영혼을 만족시키실 수 있으며 시편 42편의 기자는 "하나님이여 사슴이 시냇물을 찾기에 갈급함 같이 내 영혼이 주를 찾기에 갈급하니이다 내 영혼이 하나님 곧 살아 계시는 하나님을 갈망하나니(42편 1~2절)"라고 기록했다. 세상 물질이 아닌 하나님만이 우리를 채우실 수 있다.

초대 교회의 교부(教父)인 아우구스티누스는 세상이 주는 기쁨으로 인생을 채우려는 사람이었으나 하나님을 만난 후 "주님을 찬양하는 기

쁨을 알도록 우리 마음을 감동시키시니 이는 인간을 만드신 분이 하나님이시며 주 안에 거하지 않으면 평안함을 누릴 수 없기 때문입니다." 라고 고백했다.[13] 그런 이유로 예수님은 가장 큰 계명을 묻는 질문에 "네 마음을 다하고 목숨을 다하고 뜻을 다하여 주 너의 하나님을 사랑하라 하셨으니(마태복음 22장 37절)"라고 답하신 것이다.

인간은 하나님의 형상으로 창조되고 하나님과 관계 맺기 위해 지음 받았다. 또한 하나님의 창조물을 다스리는 임무를 받았다.(창세기 1장 28~30절) 분명 하나님은 인간이 활용하고 즐거움을 누릴 만한 선한 것들을 창조하셨으나(29~30절) 여기에 머물러서는 안 된다. 누리는 것에서 한걸음 더 나아가 직접 선한 것을 만들어 하나님의 세계를 지키고 아름답게 돌려드려야 한다.

분명히 말하지만 쾌락 자체가 문제인 것은 아니다. 필자의 아내를 포함한 모든 훌륭한 요리사들은 자신이 준비한 요리를 맛있게 먹는다. 그뿐 아니라 다른 사람들이 그 요리를 즐기는 모습에 기쁨을 얻는다. 쾌락이, 숭고한 목표를 추구할 때 얻을 수 있는 부산물이 아닌 목적 그 자체가 되면 왜곡이 일어난다. 인자하신 하나님은 인간을 만드실 때 기쁨을 누릴 능력도 주셨다. 하지만 인간을 단순한 소비자가 아닌 창작자로 만드셨기 때문에 물질을 위한 삶을 살아갈 때 목적과 수단이 뒤바뀌는 일이 벌어진다. 우리는 하나님이 주신 선한 것을 사랑하되 올바른 순서에 따라 사랑해야 한다.

부가 악한 것은 아니지만 부를 하나님이나 다른 사람보다 더 사랑하는 태도는 악하다. 어떤 주의 종들은 돈을 잘 버는 놀라운 능력을 받았으며 부를 베풀어 가난한 사람들을 구제한다. 여기에는 악한 구석이 전혀 없다. 우리는 다른 사람들을 축복하도록 복을 받은 존재들이다. 그러나 부나 물질의 축적이 인생의 목표가 되면 사랑은 무질서한 상태가 된다.

소유와 부에 관한 한 인간은 목적과 수단을 혼동하는 경향이 있기 때문에 예수님은 적절한 경고를 하셨다.

- 너희를 위하여 보물을 땅에 쌓아 두지 말라 거기는 좀과 동록이 해하며 도둑이 구멍을 뚫고 도둑질을 하느니라 오직 너희를 위하여 보물을 하늘에 쌓아 두라 거기는 좀이나 동록이 해하지 못하며 도둑이 구멍을 뚫지도 못하고 도둑질도 못하느니라 네 보물이 있는 그곳에는 네 마음도 있느니라(마태복음 6장 19~21절)
- 한 사람이 두 주인을 섬기지 못할 것이니 혹 이를 미워하고 저를 사랑하거나 혹 이를 중히 여기고 저를 경히 여김이라 너희가 하나님과 재물을 겸하여 섬기지 못하느니라 그러므로 내가 너희에게 이르노니 목숨을 위하여 무엇을 먹을까 무엇을 마실까 몸을 위하여 무엇을 입을까 염려하지 말라 목숨이 음식보다 중하지 아니하며 몸이 의복보다 중하지 아니하냐(마태복음 6장 24~25절)
- 그들에게 이르시되 삼가 모든 탐심을 물리치라 사람의 생명이 그 소유의 넉넉한 데 있지 아니하니라 하시고(누가복음 12장 15절)

간단히 말하면, 부와 소비는 절대 하나님을 대신할 수 없다. 예수님은 "또 무리에게 이르시되 아무든지 나를 따라오려거든 자기를 부인하고 날마다 제 십자가를 지고 나를 따를 것이니라 누구든지 제 목숨을 구원하고자 하면 잃을 것이요 누구든지 나를 위하여 제 목숨을 잃으면 구원하리라 사람이 만일 온 천하를 얻고도 자기를 잃든지 빼앗기든지 하면 무엇이 유익하리오(누가복음 9장 23~25절)"라고 말씀하셨다.

예수님은 명령을 하신 것이 아니라 현실을 설명하셨다. 인간이 세상의 모든 재물을 손에 넣을지라도 참된 생명은 얻지 못한다. 예수님은 인간이 하나님의 이야기 속에서 어떻게 번영하도록 창조되었는지 설명하신 것이다.

행동 단계

1. 소비자가 주도하는 오늘날의 문화를 자녀들이 헤쳐 나가도록 돕는 첫 번째 단계는 부를 쫓는 자신의 죄를 먼저 회개하는 것이다. 어른이라고 문화적 가치의 영향에서 자유로운 것은 아니다. 부모가 먼저 자기 삶을 돌아보고, 물질을 추구했던 삶을 회개하며, 부를 멋진 인생을 살기 위한 요건으로 생각하는 태도를 단호하게 뿌리쳐야 한다. 부모가 삶에서 보여 주는 모습은 자녀에게 말보다 더 큰 영향을 미친다.

2. 가족이 함께 시간을 보낼 수 있도록 재정적 이익을 양보한다. 소비 지상주의에서 사람들은 멋진 인생으로 간주되는 기준에 맞추기 위해 과로를 해서라도 더 많은 돈을 벌어야 한다는 압박을 받는다. 사회학자들은 1969년 이후 "미국의 부모들이 자녀와 함께 보낸 시간이 주당 22시간 감소한" 것을 발견했다.[14]

3. 가정이 너무 많은 빚을 지지 않도록 절제한다. 예기치 못한 응급 상황이나 참사가 발생하지 않았음에도 많은 부채를 지고 있다는 것은 만족을 미루지 못한다는 방증이다. 즉각적 만족을 추구하는 사람이 정서적 불안을 겪는 상황에서 영혼을 달랠 수 있는 빠른 처방은 소비다.

하지만 이처럼 그릇된 생활 방식은 재정 파탄으로 이어지기 쉽다. 게다가 자녀들에게 미래가 아닌 지금 이 순간만을 위해 살아간다는 끔찍한 신념을 심어주게 된다. 자녀에게 빚을 지지 않으며 즉각적인 만족을 미루는 방법을 가르쳐야 한다. 수입 내에서 생활하는 한편 더 중요한 지출을 위해 꾸준히 돈을 저축하는 습관을 몸소 실천한다.

4. 자녀의 요구를 거절하고 이유를 설명하는 방법을 익힌다. 단순히 자녀가 요구한다는 이유로 물건을 구매하려는 충동을 다스려야 한다. 물론 선물로 자녀를 칭찬하는 것은 좋은 일이지만 자녀를 달래거나, 물질로 움직이려고 하거나, 시간이나 관심을 쏟지 못한 것에 대한 미안함으로 보상을 주는 목적이어서는 안 된다. 자녀의 요구를 거절할 때는 이유를 설명해 준다. 대학 등록금, 가족 휴가, 선교 여행과 같은 향후의 계획을 이루기 위한 재정 목표를 세우는 일에 자녀를 동참시킨다. 그러면 자녀가 관리해야 할 자산을 얻게 되었을 때 미래와 다른 사람을 먼저 생각하는 방법을 터득할 것이다.

5. 자녀가 어릴 때부터 집안일을 하고 가족을 도와야 한다는 것을 알려 준다. 필자가 반드시 지키는 한 가지 단순한 가족 규칙이 있는데, 자녀가 스스로 할 수 있는 일을 대신 해 주지 않는다는 것이다. 약간의 과장을 더해 말하자면 이 규칙은 우리 가족의 일반적인 사고 방식을 보여 준다. 자녀는 식사 전에 식탁을 준비하고 식사 후에는 그릇을 정리하며 장난감을 정리하고 청소기를 사용하고 아침을 준비하고 점심을 만드는 등을 해낼 수 있다. 집안일을 하는 방법은 자녀가 어릴 때부터 가르쳐 줘야 한다. 2~3살만 되더라도 식사 후에 자신이 사용한 그릇을 싱크대로 옮기거나 장난감을 정리하는 방법을 충분히 배울 수 있다. 책임감은 연습을 통해 강해지며 더 이른 시기에 습관이 들수록 더 나은 직업

윤리를 가질 수 있다. 이러한 분담을 통해 자녀는 집안일을 하면 보상을 받을 뿐만 아니라 장차 훌륭한 사람이 될 수 있음을 깨달을 수 있다.

6. 자녀가 집안일을 도운 정도에 따라 용돈을 준다. 용돈에는 항상 조건이 붙어야 한다. 한 주간의 집안일 계획을 세우면 자녀가 집안일과 용돈을 연결지을 수 있다. 집안일 그래프를 만들어 그날 할 일을 알려 주고 자녀가 진행 상황을 확인할 수 있도록 만든다. 부모가 가족의 행복을 위해 열심히 노력하고 있는 만큼 자녀들도 모든 가족에게 보탬이 되는 방식으로 기여할 수 있음을 가르쳐 준다.

7. 자녀가 용돈을 모을 수 있도록 도와준다. 부모라면 돈을 버는 목적이 단순히 자신의 욕구를 충족하는 것이 아님을 가르쳐 주고 싶을 것이다. 필자는 자녀를 위해 기부, 저축, 지출이라는 세 가지 예산 카테고리를 사용한다. 기부가 첫 번째인 이유는 우리가 가진 모든 것이 하나님께로부터 왔음을 자녀가 기억하고, 우리의 최우선적인 의무가 하나님 나라를 위해 돌려드리는 것임을 알기를 바라기 때문이다. 둘째, 자녀가 지혜롭게 저축하고 남은 금액을 개인적으로 필요하거나 원하는 일에 사용할 수 있음을 알려 주고자 한다.

8. 자녀에게 원하는 것에 값을 치르는 방법을 알려 준다. 아이가 장난감을 갖고 싶어 하거나 십 대 청소년이 옷이나 기기를 사고 싶어 하는 것은 자연스러운 일이다. 하지만 부모가 모든 물건을 결제해 주는 데에서 그친다면 자녀에게 책임감과 직업 윤리에 대해 가르쳐 줄 수 있는 허다한 기회를 놓치는 것이다. 자녀가 갖고 싶은 물건을 위해 일하고 저축할 기회를 마련하여 책임감이 특권보다 더 중요하다는 사실을 일깨워 준다. 또한 소비 행위로 발생하는 실질적인 비용을 확인시켜 준다.

9. 가족 공동의 기부함을 만든다. 온 가족이 기부할 수 있는 상자를

마련하거나 은행 계좌를 개설하고, 도움이 필요한 사람이 생기면 기부한다. 예를 들어 식료품이 필요한 가정이나 기저귀가 필요한 싱글 맘이 있다는 소식을 들으면 기부함에 모아 둔 돈을 사용하여 도와줘도 되는지 함께 결정한다. 관심사를 나 자신으로부터 돌려 다른 사람의 필요를 적극적으로 탐색할 수 있는 또 다른 방법이다.

10. 돈과 물건을 기부하는 모습을 자녀에게 보여 준다. 많은 기독교인들이 교회와 비영리 단체에 정기적으로 기부를 하는데 자녀가 보지 않는 곳에서 기부 활동을 하는 경우가 많다. 다음 번에 교회에 기부하거나 인터넷으로 기부할 때는 자녀에게 어떤 기부 활동을 하고 있으며 왜 기부하는지 설명해 준다. 자녀에게 관대함의 본을 보일 수 있다.

11. 자녀가 정기적으로 기부를 하도록 이끈다. 가정에서 장난감, 옷, 기타 물건을 정기적으로 기부한다. 이때 자녀에게 친구나 도움이 필요한 다른 사람이 쓸 만한 물건을 고르게 한다. 자녀와 함께 기부 물품을 주변 지역의 자선 단체나 보호 시설에 전달하고 기부 활동이 다른 사람을 어떻게 도울 수 있는지 설명한다.

12. 자녀에게 가난의 실상을 보여준다. 살기 좋은 교외에 거주하고 있다면 자녀가 이 세상의 참혹한 현실과 단절되어 있을 가능성이 높다. 전 세계의 어려운 환경에서 살아가는 사람들에게 무엇이 필요한지 자녀가 확인할 수 있는 기회를 만든다. 교회에서 빈민 구제 프로그램을 운영하고 있다면 자녀와 함께 참여한다. 교회의 청년 사역팀에서 계획한 선교 여행에 십 대 자녀를 참여시키는 것도 좋은 방법이다. 자녀와 주변 지역의 보호 시설이나 푸드뱅크(식품을 기부 받아 소외 계층에게 지원하는 식품 지원 복지 서비스 단체 – 옮긴이 주)에서 자원봉사를 해 보라. 자녀가 세계 곳곳의 소외 계층이 처한 현실을 깨닫고 세상이 자신을 중심

으로 돌아간다고 생각하지 않도록 인도한다.

13. 날마다 감사를 고백한다. 식사 기도 시간을 활용하여 하나님이 주신 멋진 선물을 떠올려 본다. 식구들이 감사할 거리를 나누고 감사 기도를 하는 시간을 갖는다. 하나님이 상여금이나 물질적인 축복을 누릴 기회를 주시면 가족이 모여 좋은 소식을 나누고 하나님께 감사를 드린다.

- **더 많은 자료**

  - 『재정적 안정(아동용), 자녀에게 알려주는 성공적인 재정 관리(Financial Peace Junior: Teaching Kids How to Win with Money)』, 데이브 램지(Dave Ramsey), Brentwood, TN: Lampo Group/Ramsey Press, 2015년 – 자녀를 위한 커리큘럼
  - 『물질적 풍요로부터 내 아이를 지키는 법 – 부자병을 앓는 아이들』, 매들린 러바인, 책으로 여는 세상, 2017년

소망 품기

자녀들이 문화에 팽배한 소비 지상주의 환상에서 깨어나고 있는 희망적인 징후가 감지된다. 밀레니얼 세대는 나태하고 자기에게만 관심을 두는 개인주의자라고 비난받지만 이전 세대보다 기부에 더 열려 있는 세대일 가능성이 있기에 미래를 낙관할 수 있다. 이들은 모바일 플랫폼과 같이 이전과는 다른 방식을 사용해 기부하며, 기부하는 기관보다는 대의를 중시하는 경향이 있기는 해도 계속 기부 활동을 하고 있다.

2014년 연구자들이 밀레니얼 세대에게 발견한 특징을 살펴보자.
- 84퍼센트가 자선 단체에 기부한 경험이 있음
- 78퍼센트가 개인적으로 기부한 경험이 있음
- 70퍼센트가 관심 있는 대의를 위해 한 시간 이상의 자원봉사를 수행함
- 3분의 1이 11시간 이상의 자원봉사를 수행함
- 45퍼센트가 사내 자원봉사의 날에 참여함
- 32퍼센트가 자원봉사를 위해 유급 휴가를 사용함
- 16퍼센트가 자원봉사를 위해 무급 휴가를 사용함[15]

청년들이 부와 소비가 헛된 약속을 할 뿐이라는 사실을 깨달았으니 인간의 번영에 대한 진실을 알릴 기회는 얼마든지 있다. 청년들이 진정한 목적과 의미의 원천이신 창조주에게 돌아오도록 인도해야 한다. 예수님 나라를 위해 기꺼이 생명을 바치는 열정으로, 번영하는 삶의 모습을 직접 본으로 보여야 한다.

나눌 질문

1. 날마다 접하는 광고와 구매 권유가 삶에 어떤 방식으로 영향을 미치나요?

2. 소비 지상주의는 어떤 점에서 우상 숭배에 해당하나요?

3. 돈, 부채, 저축, 쇼핑을 경험하면서 어떤 가치를 얻었나요? 그 가치는 긍정적인가요, 부정적인가요?

Chapter 13

중독

> 이따금씩 미친 듯이 탐닉하는 흥분제는
> 전혀 기쁨을 안겨 주지 못한다.
> 내가 쾌락을 쫓기 위해 인생과 평판과 이성을
> 위험에 몰아넣은 것은 아니었다.
> 견딜 수 없는 고독, 종말이 임박한 듯한
> 기이한 두려움이 불러오는 몹시 괴로운 기억에서
> 필사적으로 도망치기 위해서였다.
> 에드거 앨런 포(Edgar Allan Poe),
> 『에드거 앨런 포의 인생과 시
> (Life and Poems of Edgar Allan Poe)』

공허. 지금의 문화를 압축적으로 담고 있는 단어다.

많은 심리학자들이 미국 문화가 공허한 자아로 채워지고 있다고 지적한다. 필립 쿠시먼(Philip Cushman)의 설명을 들어보자.

[미국 문화는] 공동체, 전통, 공유되는 의미를 거의 경험해 보지 못한 자아를 양산해 왔다. 개인적 신념과 가치의 부재로 이러한 사회적 결핍을 경험하며, 만성적이고 차별화되지 않는 정서적

기아 상태로 결핍을 드러낸다. (중략) [공허한 자아는] 갈수록 심각해지는 소외와 파편화에 맞서기 위해 물건, 칼로리, 경험, 정치인, 성관계 상대, 공감해 주는 심리 치료사를 활용하여 끝없이 채워가는 것을 추구한다. 지구상에서 가장 부유한 이 나라가 한편으로는 공허함에 가장 시달리는 나라이기도 하다.[1]

앞서 살펴봤듯 인간은 문란한 성관계부터 만성적인 소비에 이르기까지 온갖 방법을 동원해 내면의 공허함을 드러내고 대처하고 있다. 점점 더 많은 사람들이 영혼을 달래기 위해 마약과 알코올에 의존하고 있으며 아동도 예외가 아니다.

마약과 알코올에 대한 의존과 용인의 정도가 점점 커지는 문화에서 청년들이 시대의 조류를 잘 헤쳐 나갈 수 있도록 도우려면 어떻게 해야 할까?

문화의 거짓말 떨쳐 내기

- **거짓말 1: 마약과 알코올 남용은 오늘날 문화에서 큰 문제가 아니다.**

오늘날의 문화는 마약과 알코올이 남용되고 있다는 점을 인정하면서도 그리 큰 문제가 아니라고 일축하려는 경향이 있다. 도심 빈민가에서는 큰 문제일 수 있겠지만 평범한 교외의 비교적 안전한 환경에서는 안심해도 된다는 식이다. 하지만 최근 언론을 장식한 헤드라인을 보면 미국 전역에서 마약과 알코올 남용 문제가 갈수록 심각해지고 있음을 알 수 있다.

- "이전보다 훨씬 술을 많이 마시는 미국인들"[2]
- "미국인의 30퍼센트가 알코올 사용 장애 앓고 있어"[3]
- "알코올 문제가 미국 성인 3,300만 명에게 영향 미쳐"[4]
- "미국 성인의 10퍼센트가 불법 약물을 사용한 경험이 있다고 인정"[5]
- "상습적으로 마리화나를 사용하는 대학생 비율이 35년래 최고치 기록해"[6]
- "미국을 중독시키고 있는 헤로인"[7]

비단 성인만 문제를 겪고 있는 것이 아니다. 고등학교 학생들을 대상으로 12개월에 걸쳐 실시한 조사에서는 다음과 같은 결과가 나왔다.

- 고등학교 3학년의 58퍼센트가 음주 경험이 있음
- 고등학교 3학년의 35퍼센트가 마리화나를 사용
- 고등학교 3학년의 7퍼센트가 암페타민(인체 내에서 매우 강력한 중추신경 흥분작용을 하여 각성과 흥분을 일으키는 합성 화학 물질 – 옮긴이 주) 사용
- 고등학교 3학년의 약 24퍼센트가 불법 약물 사용[8]
- 대학생을 대상으로 실시한 조사의 결과는 다음과 같다.
- 79퍼센트가 술을 마심
- 35퍼센트가 폭음을 함
- 날마다 혹은 거의 날마다 마리화나를 사용한다는 응답자 비율이 약 6퍼센트로 1980년대 이후 최고치를 기록
- 최근 12개월에 마리화나를 사용한 비율이 2006년 30퍼센트에서 2014년 34퍼센트로 상승
- 코카인 사용 비율이 2013년 2.7퍼센트에서 2014년 4.4퍼센

트로 상승[9]

점점 더 많은 청년들이 알코올뿐 아니라 다양한 약물을 사용하고 있다. 여기에는 마리화나, 진정제, 신경 안정제, 코카인, 클럽 마약, 배스 솔트(bath salts, 소금 입욕제와 유사하게 생겼으나 입욕제와는 무관한 마약을 지칭하는 은어 – 옮긴이 주), 진통제, 오피오이드(아편과 유사한 작용을 하는 합성 진통마취제 – 옮긴이 주), 메타암페타민, 헤로인, 환각제, 흡입제 등 합법적 약물과 불법적 약물이 모두 포함된다. 통계를 토대로 말하자면 자녀나 그 친구들이 아직 알코올과 마약을 접해 보지 않았다면 앞으로 그럴 가능성이 높다.

- **거짓말 2: 합법적인 약물과 알코올은 주로 유흥 목적으로 사용되기 때문에 설사 남용되더라도 피해가 사용자에게 그칠 뿐이다.**

알코올 광고를 자세히 관찰해보면 어떤 특징이 나타나는가? 깔끔한 차림의 세련된 남성과 몸매가 드러나는 매력적인 여성이 등장한다. 수려한 외모의 사람들이 한데 모여 웃고 떠들며 인생을 즐기고 있다. 문화는 각종 알코올을 재미, 기쁨, 즐거움을 선사하는 무해한 수단으로 묘사한다. 광고 슬로건을 살펴보자.

- "품격 있는 인생을 즐겨요" (밀러 맥주)
- "모험이 시작되는 바로 이곳" (몰슨 캐네디언)
- "눈 앞에 펼쳐지는 나만의 해변" (코로나 엑스트라)
- "이 순간, 지구에서 가장 행복한 사람" (제임슨 위스키)
- "환상적인 시간을 만끽하세요" (버드와이저)
- "언제나 옳은 선택" (버드 라이트)

- "한 잔의 모험" (호세 쿠엘보 데킬라)
- "한 순간도 놓치지 않는 산뜻함과 상쾌함" (쿠어스 라이트)

기본적으로 문화는 음주가 해롭지 않은 경우가 대부분이며 멋진 인생에서 빠질 수 없는 즐거움이라고 말한다.

마리화나에 대한 인식도 변화하고 있다. 실제로 미국인의 58퍼센트는 합법적인 마리화나 사용에 찬성한다.[10] 현재 28개 주에서 의료용 마리화나의 사용을 법적으로 허용하며 알래스카, 콜로라도, 오리건, 캘리포니아, 메인, 매사추세츠, 네바다, 워싱턴 등 8개 주에서는 유흥 목적으로 마리화나를 사용할 수 있다. 마리화나를 합법화하는 주는 향후 몇 년 동안 계속 증가할 전망이다.

눈길을 사로잡는 알코올 광고와 마리화나 합법화 운동에 가려진 이면을 살펴보면 알코올과 마리화나 남용으로 인한 피해가 막대하다는 것을 알 수 있다. 음주로 인해 발생하는 폐해를 보여 주는 데이터는 무궁무진하다. 예를 들어 대학생들은 (성폭력과 강간을 포함한) 폭행, 부지중의 부상, 학업 문제, 안전하지 않은 성관계, 건강 악화, 재산 피해, 경찰과의 대치, 자살 시도와 사망 등 알코올 남용과 관련된 각종 피해 사례를 보고했다.[11]

마리화나의 유해성도 심각하다. 요즘 사용되는 마리화나 제품은 테트라하이드로카나비놀(THC)의 함량이 높아 독성이 더 강하다. THC는 마리화나에 포함된 정신 활성 성분으로, 중독을 유발하고 정신적 변화를 일으키며 뇌에 유해하여 인지와 심리에 부정적인 영향을 미친다.[12]

콜로라도 주에서 유흥 목적의 마리화나 사용을 합법화하자 예상치 못한 여러 문제가 발생했다. 마리화나와 관련된 입원이 3배 증가했으며 응급실 내원은 30퍼센트 증가했고 마약으로 인해 학교에서 정학되는 사례가 늘고 마약 범죄 조직이 활동하기 시작했으며 마약 관련 범죄가 증가했다. 오클라호마와 네브라스카 등 인접한 주에서는 콜로라도 주가 연방 마약법을 위반하고 인접 주에서 불법 마약 거래가 증가하도록 부추기고 있다면서 소송을 제기했다.[13]

약물 남용으로 인한 신체 손상과 파괴는 빙산의 일각에 불과하다. 오하이오와 웨스트버지니아 등에서 헤로인 사용이 급속하게 확산된 것과 같은 문제는 아직 다루지도 않았다. 웨스트버지니아의 헌팅턴에서는 "주민 네 명 중 한 명이 헤로인이나 다른 오피오이드에 중독되어 있다."[14] 마약과 알코올 남용은 문화에서 점점 더 심각한 문제가 되어 가고 있다.

예수 그리스도의 제자인 우리들은 단순히 신체적인 손상을 넘어 보다 근본적인 문제를 해결해야 한다는 사실을 잘 알고 있다. 중독은 몸에 주입하는 물질 때문이 아니라 영혼의 공허함에서 비롯된 결과다. 영적인 손상은 훨씬 더 광범위하게 퍼져 있으며 공허한 자아가 마약과 알코올을 찾게 만드는 진짜 이유다. 소외와 파편화가 만연한 문화에서 사람들은 고통에서 건져 줄 구원자를 찾는다. 많은 이들에게 마약과 알코올이 가짜 구원자 역할을 했다. 하지만 이러한 약물은 진짜 구원자를 대신할 수 없다. 그저 사람을 마비시켜서 찰나의 순간을 제외한 대부분 시간의 활력을 떨어뜨리며 공허한 영혼을 채우지도 못한다. 오히려 더욱 상하게 만들고 죄로 인한 파괴의 정도를 갑절로 키운다. 진정한 구원은 오직 하나님의 이야기에서만 찾을 수 있다.

하나님의 놀라운 이야기로 돌아가기

약물 중독자들은 하나님의 이야기에서 자신들이 적대자이면서 피해자임을 발견하고 간절하게 구원을 찾는다. 이들은 더없이 복음이 필요한 상황에 처해 있다. 예수님은 나와 여러분을 비롯해 상처 입고 상한 죄인들을 위해 오셨다. 의인을 자처하는 바리새인들이 예수님과 동행하는 무리에 대해 묻자 예수님은 이 땅에 오신 이유를 분명하게 밝히셨다. "건강한 자에게는 의사가 쓸 데 없고 병든 자에게라야 쓸 데 있느니라 나는 의인을 부르러 온 것이 아니요 죄인을 부르러 왔노라 하시니라.(마가복음 2장 17절)"

심히 병들어 있는 인간들은 다른 구원자를 찾는다. 어떤 이는 성관계나 소비에서, 다른 이는 약물 남용으로 구원받으려 한다. 하지만 이러한 가짜 신은 "포로된 자를 자유케 하고 눈 먼 자를 다시 보게(누가복음 4장 18절)" 만들 수 없다. 사도행전 4장 12절에서 베드로는 "다른 이로써는 구원을 받을 수 없나니 천하 사람 중에 구원을 받을 만한 다른 이름을 우리에게 주신 일이 없음이라 하였더라"라고 선포했다. 하나님 이야기의 3장에서 예수님은 중독자들을 구원하고 구속하며 창조주와 화목하게 만드신다. 복음은 여기에서 한발 더 나아간다.

이제 중독자와 죄인은 "내가 그리스도와 함께 십자가에 못 박혔나니 그런즉 이제는 내가 사는 것이 아니요 오직 내 안에 그리스도께서 사시는 것이라(갈라디아서 2장 20절)"라고 고백할 수 있다. 타락한 죄인의 삶을 살던 우리는 구원받아 그리스도 안에서 새 삶을 얻었다. 새로운 피조물이 된 것은(고린도후서 5장 17절) 인간에게 새로운 삶을 살아갈 길이 열렸음을 뜻한다.

새 생명을 얻은 사람들은 인생이 더 이상 자신의 소유가 아님을 인식한다. "너희는 너희 자신의 것이 아니라 값으로 산 것이 되었으니 그런즉 너희 몸으로 하나님께 영광을 돌리라.(고린도전서 6장 19~20절)" 혼자 힘으로 살아가기 위해 발버둥 칠 때 인간은 몸과 마음을 망쳤다. 하지만 하나님은 십자가에 달리신 그리스도의 대속을 통해 우리를 구원하셨으며 이제 성령님이 우리 안에 거하신다. 우리 "몸을 하나님이 기뻐하시는 거룩한 산 제물로(로마서 12장 1절)" 드리면 새롭게 된 존재를 성령님이 성화시키신다.

옛 사람은 죄의 지배를 받았으나 새롭게 된 사람은 성령님의 인도에 이끌려 절제의 열매를 맺을 수 있다.(갈라디아서 5장 23절) 신약 성경에서는 성령님의 권능으로 절제하는 삶이 어떤 것인지를 강조한다. 바울이 "술 취하지 말라 이는 방탕한 것이니 오직 성령으로 충만함을 받으라(에베소서 5장 18절)"라고 경고한 이유가 여기에 있다. 술에 취하는 것은 하나님이 아닌 다른 무엇에 나 자신을 맡기는 행위다. 이와 반대로 "예수를 죽은 자 가운데서 살리신 이의 영이 너희 안에 거하시면 그리스도 예수를 죽은 자 가운데서 살리신 이가 너희 안에 거하시는 그의 영으로 말미암아 너희 죽을 몸도 살리시리라.(로마서 8장 11절)" 성령 충만하고 절제하는 새 생명은 몸과 마음이 온전하게 회복되어 약물 남용으로 파괴된 삶과는 전혀 다른 모습을 보인다.

흥미롭게도 성경은 술을 마시는 것을 비난하지 않지만 술에 취하는 것은 책망한다. 기독교인은 무언가가 남용되는 모습을 보면 올바르게 사용하도록 권하기보다는 남용되는 대상 자체를 무조건 비난하는 경향이 있다. 맥주나 와인을 마치고 취하는 사람이 있으면 음주 자체를 금하는 규칙을 만드는 식이다. 하지만 바울은 이러한 방식으로 성화를 이루려는 접근을 직접적으로 비판했다.

> 너희가 세상의 초등학문에서 그리스도와 함께 죽었거든 어찌하여 세상에 사는 것과 같이 규례에 순종하느냐
> (곧 붙잡지도 말고 맛보지도 말고 만지지도 말라 하는 것이니 이 모든 것은 한때 쓰이고는 없어지리라) 사람의 명령과 가르침을 따르느냐
> 이런 것들은 자의적 숭배와 겸손과 몸을 괴롭게 하는 데는 지혜 있는 모양이나 오직 육체 따르는 것을 금하는 데는 조금도 유익이 없느니라
>
> (골로새서 2장 20~23절)

하나님은 음식과 술을 적절하게 사용하는 것을 비난하지 않으시되 ("이 모든 것은 한때 쓰이고는 없어지리라") 남용하는 것을 질책하신다. 이는 술고래뿐만 아니라 대식가에게도 적용되는 말이다. 바울은 무조건 거부하는 접근은 성화의 올바른 본이 될 수 없다고 지적했다. 신약에서 덕은 전면적인 자제가 아니라[15] 절제하는 것이다. C. S. 루이스는 성경의 이러한 가르침을 자세히 설명했다.

> '절제(Temperance)'는 불행히도 그 의미가 변질된 단어 중에 하나입니다. 요즘 이 말은 대개 '절대 금주(teetotalism)'라는 뜻으로 쓰이고 있지요. 그러나 이 두 번째 덕목에 '절제'라는 이름을 붙였던 그 당시에는 전혀 이런 뜻이 아니었습니다. 절제는 특별히 음주와 관련된 말이 아니라 온갖 종류의 쾌락과 관련된 말이었습니다. 그리고 그것은 완전히 삼간다는 뜻이 아니라 적절한 정도까지만 하고 그 이상은 하지 않는다는 뜻이었습니다. (중략) 물론 그리스도인 중에서도 일단 마시기 시작하면 도저히

멈추지 못하는 성향을 가졌다거나, 자기가 그런 성향을 가진 것은 아니지만 주변에 잘 취하는 사람이 있어서 자극하지 말아야 하는 상황처럼 특별한 경우에는 독한 술을 삼갈 수 있습니다. (중략) 특정 부류의 악인들에게 나타나는 특징 중 하나는 자기들이 포기하는 것을 다른 사람도 다 포기해야 한다고 생각하는 것입니다. 그것은 결코 기독교적인 방식이 아닙니다. 그리스도인이 특별한 이유로 어떤 것 - 결혼이든 고기든 맥주든 영화든 - 을 포기하는 게 좋겠다고 생각할 수는 있습니다. 그러나 그런 일 자체를 악하다고 말하는 순간, 혹은 그런 일을 하는 다른 사람들을 경멸하는 순간, 그는 잘못된 길로 접어드는 것입니다. (중략) 골프나 오토바이를 자기 생활의 중심으로 삼은 남자나 옷이나 카드놀이나 애완견에 온통 정신이 팔린 여자는 저녁마다 술에 취하는 사람만큼이나 '무절제한' 사람입니다. 물론 겉으로는 쉽게 드러나지 않지요. 카드놀이광이나 골프광이 길 한복판에 쓰러져 자는 경우는 없으니까요. 그러나 하나님은 겉모습에 속지 않으십니다.(16)

번역서 『순전한 기독교』, 홍성사, 132~134페이지

기독교인은 겉모습을 반듯하게 하는 선에서 만족하는 경우가 많지만 하나님은 그렇지 않으시며 마음을 철저히 변화시키기를 원하신다. 성령 충만한 사람은 내면의 힘으로 외면을 절제할 수 있는 능력을 지니고 있다. 절제는 인간이 하나님의 선한 세계에 살 수 있도록 이끄는 한편 하나님이 만드신 선한 것을 제대로 누릴 수 있도록 도와준다. "그가 가축을 위한 풀과 사람을 위한 채소를 자라게 하시며 땅에서 먹을 것이 나게 하셔서 사람의 마음을 기쁘게 하는 포도주와 사람의 얼굴을 윤

택하게 하는 기름과 사람의 마음을 힘있게 하는 양식을 주셨도다.(시편 104편 14~15절)" 절제는 믿는 자의 삶에서 드러나는 성숙함의 증거이자 경건한 삶의 특징이다.(베드로후서 1장 3~7절) 예수님이 가능케 하신 성령 충만한 새로운 삶은 이러한 모습을 하고 있다.

물론 마약은 차원이 다른 문제다. 사람은 취하려는 목적 없이 술을 마실 수 있다. 대다수 사람들이 알코올에 자제력을 잃지 않고도 한 잔의 와인을 즐길 수 있기 때문이다. 하지만 유흥을 위해 마리화나,[17] 코카인, 헤로인이나 기타 불법 약물을 사용하는 목적은 취하는 데 있다. 마약을 사용하는 것 자체가 흥분 상태에 이르고 마약에 자신을 맡기려는 시도다. 마약은 본질적으로 중독성이 있기 때문에 절제하면서 사용하는 것이 불가능하며, 이는 절제에 대한 성경의 가르침에 정면으로 배치된다. 그렇기에 성경은 마약의 사용을 금한다.

성령 충만하여 절제하는 삶을 사는 것이 우리의 궁극적인 목표이기는 하지만 그 과정에서 신중하게 행동하지 않아도 되는 것은 아니다. 성화되기 위한 올바른 접근을 하지 않는 것이 곧 무법으로 직행하는 것을 의미하지도 않는다. 그리스도 안에서 자유는 죄의 구실이 될 수 없다. 그런 이유에서 성경은 절제의 덕을 칭송하면서도 술 취함을 여러 차례에 걸쳐 경고하고 맑은 정신을 지키도록 안내한다.

> 포도주는 거만하게 하는 것이요 독주는 떠들게 하는 것이라 이에 미혹되는 자마다 지혜가 없느니라
>
> (잠언 20장 1절)

술을 즐겨 하는 자들과 고기를 탐하는 자들과도 더불어 사귀지 말라

술 취하고 음식을 탐하는 자는 가난하여질 것이요 잠 자기를 즐

겨 하는 자는 해어진 옷을 입을 것임이니라

(잠언 23장 20~21절)

재앙이 뉘게 있느뇨 근심이 뉘게 있느뇨 분쟁이 뉘게 있느뇨 원망이 뉘게 있느뇨 까닭 없는 상처가 뉘게 있느뇨 붉은 눈이 뉘게 있느뇨

술에 잠긴 자에게 있고 혼합한 술을 구하러 다니는 자에게 있느니라

포도주는 붉고 잔에서 번쩍이며 순하게 내려가나니 너는 그것을 보지도 말지어다

그것이 마침내 뱀 같이 물 것이요 독사 같이 쏠 것이며

또 네 눈에는 괴이한 것이 보일 것이요 네 마음은 구부러진 말을 할 것이며

너는 바다 가운데에 누운 자 같을 것이요 돛대 위에 누운 자 같을 것이며

네가 스스로 말하기를 사람이 나를 때려도 나는 아프지 아니하고 나를 상하게 하여도 내게 감각이 없도다 내가 언제나 깰까 다시 술을 찾겠다 하리라

(잠언 23장 29~35절)

아침에 일찍이 일어나 독주를 마시며 밤이 깊도록 포도주에 취하는 자들은 화 있을진저

(이사야 5장 11절)

육체의 일은 분명하니 곧 음행과 더러운 것과 호색과

우상 숭배와 주술과 원수 맺는 것과 분쟁과 시기와 분냄과 당 짓는 것과 분열함과 이단과 투기와 술 취함과 방탕함과 또 그와

같은 것들이라 전에 너희에게 경계한 것 같이 경계하노니 이런 일을 하는 자들은 하나님의 나라를 유업으로 받지 못할 것이요

(갈라디아서 5장 19~21절)

성화는 평생에 걸쳐 추구해야 할 목표로, 도중에 많은 부침을 겪기 마련이다. 자신의 성장을 솔직하게 평가하고 그리스도 안에서 더 큰 성숙함에 이른 형제자매에게 조언을 구하며 그러한 조언을 따라야 한다. 감사하게도 하나님의 이야기는 인생의 혼란과 상함 가운데 있는 우리들을 붙들어 예수님의 복음을 통해서만 이를 수 있는 건강하고 온전한 상태로 이끈다.

행동 단계

1. 자녀에게 다가오는 약물 남용의 실제적인 위협을 인식한다. 오늘날의 세상은 어른들이 자랄 때와는 다르다. 내 가족은 마약과 알코올 남용의 위험에서 안전하다고 생각한다면 오산이다. 자녀에게 친구가 마약이나 알코올을 사용하는 것을 알고 있거나 본 적이 있는지 물어보라. 솔직하지만 부드럽게 질문하고 친구를 비난하는 일 없이 자녀가 자유롭게 의견을 나눌 수 있는 분위기를 만든다. 자녀의 답은 위험이 자녀에게 얼마나 가까이에 와 있는지 판단하는 데 도움이 된다.

2. 절제를 몸소 실천한다. 식당에서 주문하는 일부터 백화점에서 물건을 사고 와인을 한 잔 즐기는 모습에 이르기까지 자녀에게 절제의 본을 보여야 한다. 자녀는 부모의 행동을 관찰함으로써 하나님의 선한 선물을 적절하게 또는 부적절하게 사용하는 방법을 배운다. 부모가 약물을 남용하고 있다면 자녀도 같은 길을 걸어갈 가능성이 높다.

3. 가족 식사를 중요한 일과로 만든다. 가족들과 식사를 자주 하는 자녀는 술을 마시거나 마약을 가까이할 가능성이 낮다. 가족과 식사하는 횟수가 일주일에 두 번 이하로 적은 십 대는 가족 식사가 일주일에 5~7회에 이르는 자녀와 비교해 알코올과 마리화나에 빠질 가능성이 두 배 이상 높은 것으로 나타났다.[18] 물론, 단순히 식사를 같이 하는 행위가 자녀에게 큰 영향을 미치는 것이 아니다. 시간을 같이 보내면서 관계를 다지는 경험이 자녀를 부모와 가깝게 연결시킨다.

4. 무조건 금지하는 방식으로 성화시키려는 접근에서 벗어난다. 기독교인 부모는 복음에 삶을 변화시키는 권능이 있음을 진정으로 믿는지 진지하게 자문해 봐야 한다. 복음의 능력을 믿는다면, 규칙이 중요하다는 점을 알더라도 성령님이 자녀를 성화시키는 권능을 굳게 믿고 의지해야 한다. 분명한 선을 긋는 접근 방식이 자녀가 어릴 때는 중요한 역할을 하지만 중학생 이상의 나이가 되면 부모도 그리스도 안에서 자녀의 성장에 중요한 복음을 가르치고 영성 훈련을 하는 데 초점을 맞춰야 한다. 경계를 유지하되 자녀가 성경 공부, 기도, 예배, 금식, 봉사와 같은 습관을 기를 수 있도록 인도한다.

5. 이유를 설명한다. 자녀는 알코올을 멋진 인생과 연결짓는 메시지에 무분별하게 노출되고 있다. 유흥 목적의 마리화나가 해롭지 않다는 말도 끊임없이 듣는다. 이를 감안하면 단순히 알코올과 마약이 나쁜 것이고 해롭다고 강조하는 방법만으로는 충분하지 않다. 왜 멀리해야 하는지 자녀는 알고 싶어 한다. 이 문제를 진지하게 생각해 보고 자녀에게 들려줄 만한 친절한 답변을 준비해야 한다.

6. 자녀의 친구들을 종종 집으로 초대한다. 필자와 아내는 자녀 친구의 가정에 대해 잘 모른다면 자녀가 그 집에 놀러가는 것을 허락하지

않는다는 규칙을 만들었다. 현명한 결정을 내리려면 정보가 필요하다. 우리 집 안에서는 어떤 규칙이 지켜지는지 잘 알고 있으며 부모의 적절한 감독도 이뤄지고 있다. 따라서 자녀가 마약, 알코올이나 다른 비행의 유혹을 받을 일이 없음을 알고 있다. 자녀와 친구들이 다른 곳에 가는 대신 우리와 시간 보내기를 원하도록 최대한 따뜻하고 친절한 가정 환경을 만들기 위해 노력하고 있다.

7. 실제 사례를 들어 가르쳐 준다. 마약을 끊고 재활 치료 중인 사람을 알고 있다면 자녀들과 만나는 자리를 마련하여 이야기를 들어본다. 친구의 알코올 중독이 가족에게 어떤 영향을 미쳤는지에 대해 나누되, 정죄하는 것이 아닌 가짜 구원자가 미치는 심각한 폐해를 알리는 데 주안점을 둔다. 할리우드의 유명인이 (아마 남용 문제로) 마약 재활 시설에 들어간다는 소식이 헤드라인을 장식하면 그 뉴스에 대해 자녀와 토론해 본다. 실제 사례를 통해 성경의 진리를 알기 쉽게 설명할 수 있을 것이다.

8. 자녀의 문제에 신속하게 대처한다. 자녀가 문제를 겪고 있다는 징후가 포착되면 즉시 해결에 나서야 한다. 우울증으로 고통받고 있다면 문제를 직면하고, 해결되지 않은 상태로 방치하지 않는다. 공허함은 우울과 불안을 야기하는 경우가 많으며 자녀는 마약과 알코올로 직접 치유하려는 유혹에 빠질 수 있다. 자녀가 약물 남용의 길에 접어들기 전에 빠르게 행동에 나서야 한다.

9. 필요한 경우 전문가의 도움을 받는다. 기독교인은 전문가의 도움을 얻는 것에 수치심을 느낄 필요가 없다. 기독교인 치료사와 상담사가 가족에게 큰 도움을 줄 수 있다. 처방약 또한 실제 화학적 불균형(뇌에 특정 신경 전달 물질이 많거나 적은 상태 - 옮긴이 주)을 바로잡는 데 보

템이 된다. 마약 재활 센터도 심각한 위기를 벗어날 수 있도록 지원한다. 심리에 대한 비성경적인 관점이 자녀가 전문가 지원을 받지 못하도록 가로막아서는 안 된다. 이와 동시에 가장 중요하고 첫 번째로 도움 주시는 예수님께 시선을 고정해야 한다.

10. 그리스도 안에서 지혜롭게 자유를 누린다. 그리스도인의 자유는 시원한 맥주를 마실지, 아니면 근사한 와인을 마실지 선택하는 차원에 머물지 않는다. 친구들과 술을 마시고 싶은 유혹에 종종 흔들릴지 모르는 자녀들을 현명하게 도와야 한다. 자유가 결단을 흔들리게 만들어서는 안 된다. 주취나 알코올 중독으로 고통받는 친구나 가족이 있다면 그 사람 앞에서 술을 마셔서 "부딪칠 것이나 거칠 것을" 앞에 두면 안 된다.(로마서 14장 13절) 마약과 알코올 남용으로 인해 개인과 사회가 막대한 비용을 치르고 있는 만큼 사려 깊게 행동해야 한다.

아울러 본인의 자유에 따라 알코올을 삼가고 있는 사람은 다른 사람들이 각자 자유를 누리는 것에 대해 "서로 비판하지" 않는다.(13절) "하나님의 나라는 먹는 것과 마시는 것이 아니요 오직 성령 안에 있는 의와 평강과 희락이라(17절)"는 말씀을 항상 기억한다.

- **더 많은 자료**

    - 『중독의 본질, 성경적 관점(The Heart of Addiction: A Biblical Perspective)』, 마크 E. 쇼(Mark E. Shaw), Bemidji, MN: Focus Publishing, 2008년
    - 『마음을 다루면 자녀의 미래가 달라진다』, 디모데, 2014년

소망 품기

'아이 앰 세컨드(I Am Second)'는 복음의 권능을 선포하는 멀티미디어 운동을 이끄는 비영리단체다. 영화배우, 운동선수, 음악가, 기업 리더, 마약 중독자, 평범한 이웃이 예수 그리스도를 통해 얻은 구속과 회복의 경험을 나누고 있으며, 이들의 간증이 담긴 유튜브 동영상은 조회수가 수백만 회에 달한다.

가장 뜨거운 반응을 얻은 동영상은 큰 인기를 얻었던 뉴 메탈 밴드 '콘(Korn)'의 리드 기타리스트인 브라이언 '헤드' 웰치(Brian 'Head' Welch)의 간증이다.[19] 동영상에서 머리부터 발끝까지 문신을 한 웰치는 성공한 록스타가 구제불능의 중독자로 추락한 암울한 과정을 나눴다. 코카인, 알코올, 알약 형태의 마약에 중독되어 있었고 나중에는 인생을 파탄에 이르게 한 메타암페타민에 중독되었다. 웰치의 인생은 속절없이 나락으로 떨어졌다. 파멸과 절망에 신음하던 중에 예수 그리스도의 구원을 받은 웰치의 이야기는 복음의 권능을 보여 주는 놀라운 간증이다.[20]

하나님의 이야기에는 완전히 무너져 버린 사람조차 변화시키는 능력이 있음을 웰치의 간증을 통해 알 수 있다.

나눌 질문

1. 개인적으로 중독을 경험한 적이 있나요? 단기적인 결과와 장기적인 결과는 무엇이었나요?

2. 미디어에서는 알코올과 마약 사용을 어떻게 묘사하나

요? 그러한 묘사는 어떤 점에서 문제가 있나요?

3. 소속된 공동체에서 가장 보편적으로 사용되는 중독성 약물은 무엇인가요? 어떤 부작용을 확인했나요?

Chapter 14

오락거리

> 이 시대에 가장 강력하면서도 피할 수 없는 영향을
> 널리 미치는 힘은 어떤 사상도 아니고 바로 오락거리다.
> 그 영향력이 압도적으로 강하여
> 삶의 일부가 되기에 이르렀다.
> 닐 개블러(Neal Gabler),
> 『인생, 한 편의 영화(Life: The Movie)』

대부분의 부모는 자녀가 무엇을 먹는지에 큰 관심을 가지고 있다. 지역의 홀푸드 마켓(Whole Foods Market, 유기농 식품을 전문적으로 판매하는 미국의 슈퍼마켓 체인 - 옮긴이 주)에서 유기농, 공정 거래, 동물복지, 그늘 재배, 100퍼센트 천연 원료 사용, 돌고래 안전 인증을 받은 식재료만을 고집하는 사람들을 알 것이다. 이들은 정크 푸드도 용납하지 않으며 자녀가 액상 과당이나 트랜스 지방 근처에 가는 것조차 허락하지 않는다. 그런 부모들을 비난하려는 것이 아니며 필자의 자녀도 건강을 유지하기를 바라는 바다.

그런데 모순적이게도 이런 부모들 중 많은 수가 자녀가 어떤 오락거리를 소비하느냐에는 전혀 다른 태도를 보인다. 자녀에게 리모컨, 태블릿이나 스마트폰을 쥐어 주고는 오락거리를 마음껏 즐기도록 방치한다. 자녀들은 위를 음식으로 채우는 대신 큰 화면을 통해 몸과 마음을 마블의 〈데드풀〉이나 인기 배우 잭 에프론(Zac Efron) 주연의 〈나쁜 이웃들 2〉로 채운다. 텔레비전으로는 〈프리티 리틀 라이어스〉와 〈패밀리 가이〉를 시청하며 리얼리티 TV 프로그램 〈4차원 가족 카다시안 따라잡기〉도 챙겨본다. 볼거리를 충분히 즐겼다면 이제 헤드폰을 끼고 DNCE의 〈케이크 바이 디 오션(Cake by the Ocean)〉이나 피프스 하모니의 〈워크 프롬 홈(Work from Home)〉을 감상한다.

많은 부모에게는 이 아티스트들의 이름이나 콘텐츠 제목이 생소할 것이다. 자녀의 식습관을 꼼꼼하게 따지듯이 오락거리 소비 습관도 살펴보고 있는가? 별 관심이 없을 것이다.

방금 언급한 영화, TV 프로그램, 노래는 폭스에서 선정한 2016년 틴 초이스 어워드(Teen Choice Award)의 수상 목록이다. 매년 13~19세 시청자의 투표를 통해 수상작이 선정되는 만큼 2016년 청소년 사이에서 가장 인기를 끈 작품이라고 봐도 무방하다. 미국 청소년들이 어떤 콘텐츠를 듣고 보는지 관심이 있다면 올해의 틴 초이스 어워드 수상자 목록을 확인하면 된다. 그런데 목록을 살펴보는 순간 흠칫 놀랄지 모른다.

틴 초이스 파티 송 부문의 수상곡인 DNCE의 '케이크 바이 디 오션'의 가사 일부를 살펴보자.

너는 현실 속의 판타지, 현실 속의 판타지야
너무나 소심하게 움직이지만 거칠게 살아보는 거야
정신을 놓고 미쳐보자
아 야야야야 나는 계속 꿈을 꾸지

우리가 해변에서 케이크를 먹는 꿈을[1]

눈치 챘겠지만 이건 케이크에 대한 노래가 아니다. DNCE의 리더인 조 조나스(Joe Jonas)는 "음반 작업을 같이 하던 스웨덴 프로듀서들이 '섹스 온 더 비치(이탈리아 출신 DJ 스팽커스의 노래 - 옮긴이 주)'와 '케이크 바이 디 오션'을 계속 헷갈린 데서 이 노래가 시작되었다."라고 소개했다.[2] 13~19세 청소년이 파티에서 가장 즐겨 듣는 곡으로 해변에서의 성관계를 하는 노래를 선택한 셈이다.

이 노래는 날마다 자녀들의 영혼을 차지하기 위해 경쟁을 벌이는 수천 가지의 오락거리 중 *하나*에 불과하다. 오락거리는 문화에서 갈수록 압도적인 영향력을 발휘하고 있다. 서양 문화에서 사람들이 무엇을 어떻게 생각하는지를 형성하는 데 있어 오락거리만큼 강력한 영향력을 발휘한 요소는 없다. 문화 전문가인 빌 브라운(Bill Brown)은 "과거에는 영웅이 역사를 만들었다면 지금의 영웅은 음악, 영화, TV 프로그램을 만든다."라고 종종 말한다. 리얼리티 TV 스타가 대통령에 출마해서 당선까지 되는 나라는 미국뿐이다.

닐 포스트먼(Neil Postman)의 책 제목처럼 우리는 "죽도록 즐기고" 있다.[3] 자녀가 오락거리의 쓰나미를 헤쳐 나가도록 돕지 않는다면 오늘날 문화의 신념과 가치가 많은 자녀를 포획할 것이다.

문화의 거짓말 떨쳐 내기

- **거짓말 1: 진정해! 오락거리일 뿐이잖아.**

"포로로 잡힌다고요?" 필자가 오락거리에 대해 주의를 줄 때마다 학생들은 너무 앞서 나가는 것 아니냐고 볼멘소리를 한다. 음악, 영화, TV 프로그램은 재미, 즐거움, 여유로운 시간을 주는 것뿐이란다. 연예인은 사람들을 즐겁게 할 뿐이지 세상을 바꾸려는 게 아니라고도 한다. 이렇게 문화가 속삭이는 거짓말은 계속된다. 하지만 무해한 것처럼 보이는 외면을 들춰 보면 우리는 진실의 일부만 알고 있음을 발견하게 된다.

많은 오락거리가 사람들의 기쁨과 즐거움을 위해 만들어졌다는 점을 부인할 생각은 없다. 하지만 오락거리는 그 이상의 역할을 하며 연예인들도 이를 잘 알고 있다. 음악가이자 배우이면서 너바나의 멤버 고(故) 커트 코베인(Kurt Cobain)의 아내인 코트니 러브(Courtney Love)는 1990년대 두각을 나타내기 시작한 이래 지금까지 음악을 만들고 배우 활동을 하고 있다. 〈스핀〉 잡지와의 인터뷰에서 코트니는 "저는 의무감을 느끼고 있어요. 마치 건축가처럼 저의 세계관을 문화에 투영할 필요가 있고 그런 일을 위해 태어났다고 생각해요"라고 말했다.[4]

수식어가 필요 없는 영화 제작자인 조지 루카스(George Lucas)는 〈스타워즈〉 시리즈가 단순한 오락거리 이상의 의미를 지닌다는 것을 깨달았다. "*[스타워즈는] 청년들이 미스터리에 대해 생각하도록 만들 목적으로 구상되었어요.* '답은 이겁니다'라고 알려주는 대신 '잠깐 여기에 대해 생각해 봅시다. 신이 존재하나요? 신은 어떤 모습이죠? 신의 음성은 어떻죠? 신은 어떤 느낌인가요? 인간은 신을 어떻게 이해하나요?'라고 묻습니다."[5] (강조)

이 유명인들은 자신이 사용하는 매체에 신념을 전달하는 강한 힘이 있음을 잘 알고 있다.

그런 힘을 토대로 신념이 담긴 오락거리는 문화를 형성한다. 음악,

영화, TV 프로그램, 비디오 게임, 유튜브 동영상을 통해 세계관이 표현된다. 때로는 세계관이 드러내 놓고 표현되는 경우도 있다. 카툰 네트워크의 아동용 애니메이션 프로그램인 〈검볼〉의 한 장면을 보자. 12년 된 고양이 검볼은 하늘을 올려다보며 묻는다. "우주여, 대답해 주세요. 인생의 의미가 무엇인가요?" 그러자 행성 무리가 중독성 있는 곡조로 답을 하는데 가사 내용이 철저하게 무신론에 토대를 두고 있다. 가사의 일부를 살펴보자.

> *문제가 있다는 생각이 들 때*
> *삶이 의심으로 가득 찰 때*
> *큰 그림을 생각해*
> *작디 작고 연약하고 보잘 것 없고*
> *메마르고 헛되고 가치 없고*
> *비관적이고 암울하고 딱한 너의 인생이란*
> *그리 중요하지 않다는 걸!*[6]

하지만 이 장면처럼 직접적으로 메시지를 전달하는 경우는 흔치 않다. 대부분의 경우에는 세계관이 오락거리에 은밀히 숨어 있다. 신념을 분명하게 밝히거나 주장하지 않지만 어느새 사람들은 그 신념을 받아들이고 있다. 영화에서 특정 인물을 관객이 응원해야 하는 영웅이나 경멸할 만한 악당으로 묘사할 때 이런 일이 벌어진다. 영화 〈오션스 일레븐〉을 예로 들면, 조지 클루니(George Clooney)와 브래드 피트(Brad Pitt)가 연기하는 범죄자들은 영웅으로 묘사된다. 영화가 끝날 때쯤 관객들은 범죄자들이 수백만 달러를 훔치는 장면에 환호성을 터뜨린다. 인기 TV 프로그램인 〈모던 패밀리〉의 사례를 보자. 전통적인 가족 외에 이혼 가정, 재혼 가정, 트로피 와이프(성공한 중장년 남성이 얻은 젊고 아름다운 아내 - 옮긴이 주)를 맞은 가정, 게이 커플이 등장한다. 당신은 어떤 가족을 응원하는가? 어떤 가족을 선택하든 그야말로 '현대적인 가족(modern family)'이다. 닐 포스트먼은 이러한 문제를 잘 설명했다.

> 텔레비전이야말로 우리 시대 문화를 파악할 수 있는 으뜸가는 문화 양식이다. 그리고 치명적인 사실은, 실제 세계가 텔레비전이라는 무대를 통해 상영되는 모습을 본떠 점차 각색된다는 점이다. 이는 단지 브라운관 속에서만 모든 담론이 오락적 요소로 전락한다는 뜻이 아니다. 현실 세계에서도 동일한 은유적인 오락적 요소가 활개친다는 뜻이다.[7]
>
> 번역서『죽도록 즐기기』, 굿인포메이션, 2020년, 147페이지

시간이 지나면서 이러한 신념은 문화의 의식에 퍼져 나가 서서히 구성원의 세계관, 사회적으로 용인되는 행동 규범, 정체성을 형성한다. "눈에 보이는 것이 그 인간을 만들어 나간다. 인간이 도구를 만든 후에는 도구가 인간을 만든다."[8] 인간이 오락거리를 만들었지만 이제 오락거리가 인간을 재창조하고 있다.

정치인들도 오락거리가 문화에 지대한 영향을 미친다는 사실을 알고 있다. 조 바이든 당시 부통령은 LGBT 관련 연설에서 NBC 시트콤이 얼마나 큰 영향력을 행사하는지 언급했다. "정말이지 상황이 변하기 시작했습니다. (중략) 사회 문화를 변화시키는 데 있어 어느 누구보다도 (중략) 〈윌 앤 그레이스(Will and Grace, 동성애자인 변호사 윌이 주인공인 NBC 드라마로, 인기에 힘입어 시즌 11까지 방영되었다 - 옮긴이 주)〉가 미국 대중을 교육하는 역할을 잘 해냈다고 생각합니다."[9] 버락 오바마 대통령은 코미디언 겸 토크쇼 진행자이면서 동성애자인 엘런 드제너러스(Ellen DeGeneres)에게 "생각과 마음을 변화시키는 데 있어 엘

런만큼 큰 영향을 미친 사람은 없을 것입니다."라고 칭찬했다.[10] 대통령과 부통령은 *단순한* 오락거리라고 얕잡아 볼 수 없음을 인식한 것이다.

- **거짓말 2: 매체는 중립적이다.**

　청소년 관람불가 영화도 아니고 노골적인 가사도 없으며 성관계, 마약, 폭력이 등장하지 않는다. 그렇다면 스마트 기기를 사용하는 시간은 대체로 무해한 것이니 시청하고, 감상하고, 트윗과 게시물을 남길지어다! 이런 접근 방식은 기술의 본질을 과소평가하는 것이다. 오락거리는 결코 중립적이지 않다.

　오락거리가 주로 어떤 매체를 통해 전달되고 있는가? 바로 화면이 달린 스마트 기기다. 기기는 사진과 동영상 같은 이미지로 즐길 거리를 제공한다. 뮤직 비디오에는 이미지에 노래가 입혀져 있기까지 하다. 이미지는 인간이 수동적으로 생각하게 만든다. TV 시청을 '느긋하게 쉬는' 행위로 인식하는 것에서 이를 잘 알 수 있다. 왜 그렇게 표현할까? 화면에 깜박이는 이미지를 관찰하는 데에는 대단한 정신적인 노력이 필요하지 않기 때문이다. 그저 지나가는 화면을 수동적으로 받아들이기만 하면 된다. 화면을 켜는 순간 사고가 정지한다. 이미지는 정신없이 빠르게 흘러가기 때문에 (설사 생각이라는 것을 한다 해도) 보고 있는 이미지에 대해 깊이 생각하지 않는 경향이 있다. 화면은 정말이지 인간을 바보로 만들 수 있는 것이다.[11]

　화면이 장착된 매체를 인쇄된 활자를 담고 있는 매체와 비교해 보자. 책은 이미지가 아닌 언어를 통해 목적을 달성한다. 책에 쓰여진 단어를 소화하기 위해서는 인간이 열심히 생각하는 수밖에 없다. 독서하는 인간의 머릿속에서는 단어가 개념과 신념으로 탈바꿈하는 능동적인 활동이 일어난다. 독서 습관이 들지 않은 사람이 책 읽기를 선뜻 시작하기가 어려운 이유가 여기에 있다. 몸매 관리를 하지 않던 사람이 헬스장에 가면 처음 몇 번 동안은 꽤 고생을 하듯 적극적인 사고를 하지 않던 사람이 두뇌 활동을 하려면 시간이 필요하다.

사람들은 지루함을 달래고 책임을 회피하거나 내면의 공허함으로 인한 고통을 무디게 하려고 오락거리를 찾는 경우가 많다. 오락거리를 통해 현실에서 시선을 돌리고 음악, 영화, TV 속의 사소한 이야기를 관찰하며 시간을 보낼 수 있다. 올더스 헉슬리(Aldous Huxley)는 즐길 거리를 찾는 인간의 욕구에는 끝이 없다고 말했다.[12]

또한 선택할 만한 오락거리가 무궁무진한 세상에서 인간은 중독에 빠지기 십상이다. 집에 돌아오면 본능적으로 TV 전원부터 켠다. 차에 타면 곧바로 자녀에게 스마트폰이나 태블릿을 들려 준다. 식당에 가는 길만 하더라도 사람들의 시선을 붙들려는 동영상이 나오는 모니터를 몇 개씩 지나가야 한다. 어디에나 존재하는 화면에서 벗어나기란 불가능에 가깝다.

오락거리에 관해 필자가 가진 우려는 단순히 성관계와 폭력에 대한 내용을 넘어 스마트 기기라는 매체 자체에 이른다. 마셜 맥루한(Marshall McLuhan)이 "매체가 곧 메시지"라고 주장한 바와 같이 매체는 인간에게 강한 영향력을 행사한다.[13] 닐 포스트먼은 이러한 상황이 얼마나 심각한지를 설명했다.

> 대중이 하찮은 일에 정신이 팔릴 때, 끊임없는 오락 활동을 문화적 삶으로 착각할 때, 진지한 공적 대화가 허튼소리로 전락할 때, 한마디로 국민이 관객이 되고 모든 공적 활동이 가벼운 희

가극처럼 변할 때 국가는 위기를 맞는다. 이때 문화의 사멸은 필연적이다.[14]

번역서 『죽도록 즐기기』, 굿인포메이션, 2020년, 233페이지

하나님의 놀라운 이야기로 돌아가기

예수님은 "사람이 떡으로만 살 것이 아니요 하나님의 입으로부터 나오는 모든 말씀으로 살 것이라(마태복음 4장 4절)"라고 하셨다. 인간에게 가장 중요한 영양분을 음식이 아닌 하나님과 그분의 말씀에서 얻을 수 있다면 오늘날 문화에서 성행하고 있는 오락거리를 어떻게 바라봐야 할까?

첫째, 우리는 인간 정체성의 기원으로 돌아가야 한다. 인간은 하나님의 형상으로 지어졌다.(창세기 1장 26절) 하나님의 형상을 한 인간도 그분과 마찬가지로 그저 소비하는 데 그치지 않고 창조하도록 만들어졌다. 오락거리는 인간이 계속 소비 중심의 삶을 살도록 길들이지만, 애초에 인간은 소비보다 더 풍성하고 심오하고 충만한 행위를 위해 창조되었다. 하나님의 선한 세상을 일구며, 땀 흘려 일하며 노력하여 선한 것을 창조하도록 지어진 것이다. 인간은 하나님이 세상을 '정복하고' 만물을 '다스리도록' 만드신 존재다.(28절) 오락거리를 탐닉하는 태도는 이 세상의 것들이 자신을 다스리도록 내맡기는 것과 다름없다. 그와는 반대로 창조 활동을 하는 것은 하나님의 형상을 닮아가는 행위다.

모든 오락거리가 나쁘다고 말하려는 것이 아니다. 예술 작품의 창작은 하나님의 형상을 한 존재로서의 활동이며 예술 행위 자체가 즐거움을 주기도 한다. 하지만 오락거리가 중심이 되는 문화에서는 예술이 가

진 힘이 퇴색된다. 인간은 그저 즐길 거리를 소비하도록 만들어지지 않았다.

세상에는 상상력을 자극하고 현실로 이룰 수 있는 훌륭한 예술 작품이 필요하다. 명곡에는 인간의 마음을 움직이는 힘이 있다. 잘 만든 영화는 즐거움을 선사하고 문화의 중요한 기억을 보존하는 역할을 한다. 그러한 예술 작품에서 기쁨을 누리는 것은 지극히 당연하다. 솔로몬은 "내가 희락을 찬양하노니 이는 사람이 먹고 마시고 즐거워하는 것보다 더 나은 것이 해 아래에는 없음이라 하나님이 사람을 해 아래에서 살게 하신 날 동안 수고하는 일 중에 그러한 일이 그와 함께 있을 것이니라 (전도서 8장 15절)"라고 선포했다.

영화를 제작하거나 작곡을 하거나 그림을 그리는 활동이 우리의 삶을 그리스도로부터 분리시키는 것은 아니며 얼마든지 그리스도와 함께, 그리스도를 위해 예술 활동을 할 수 있다. 사도 바울은 "무엇을 하든지 말에나 일에나 다 주 예수의 이름으로 하고 그를 힘입어 하나님 아버지께 감사하라(골로새서 3장 17절)"라고 말했다. 선한 창조 행위는 인간을 좋으신 하나님에게 다시 인도하며 그분께 영광을 올려드린다. "그런즉 너희가 먹든지 마시든지 무엇을 하든지 다 하나님의 영광을 위하여 하라.(고린도전서 10장 31절)"

성화되는 과정에서는 마음이 핵심적인 역할을 한다. 바울은 "마음을 새롭게 함으로 변화를 받으라(로마서 12장 2절)"고 말했다. 관건은 우리의 마음이 새로워지는지 여부가 아니라 무엇으로 새로워지느냐다. 오락거리를 소비해도 마음이 새로워지기는 한다. 하지만 앞서 말했듯 오락거리가 중심인 문화의 산물에서 상당 부분은 기독교인의 성화에 해를 끼친다. 하나님은 "무엇에든지 참되며 무엇에든지 경건하며 무엇에든지 옳으며 무엇에든지 정결하며 무엇에든지 사랑받을 만하며 무엇에든지 칭찬받을 만하며 무슨 덕이 있든지 무슨 기림이 있든지"에 대해 생각하라고 당부하신다.(빌립보서 4장 8절)

오락 중심의 문화 속에서 살아가는 우리에게 사도 바울은 훌륭한 본이 된다. 사도행전 17장은 아테네의 문화를 경험한 바울이 "그 성에 우상이 가득한 것을 보고 마음에 격분했다(16절)"고 전한다. 오늘날의 문화는 오락거리라는 우상에게 점령당했다. 바울은 우상이 가득한 아테네를 보고 어떤 반응을 보였는가? 문화가 기울어 가는 모습을 우려하면서 방관했는가? 아테네 사람들을 비난하면서 계속 우상을 섬기도록 방치했는가? 아니다. 바울은 아테네 사람들과 변론하기 시작했다.(17절) 그리고 기회가 주어지자 아테네의 문화를 근거 삼아 진리를 선포했다.

> 아덴 사람들아 너희를 보니 범사에 종교심이 많도다
> 내가 두루 다니며 너희가 위하는 것들을 보다가 알지 못하는 신에게라고 새긴 단도 보았으니 그런즉 너희가 알지 못하고 위하는 그것을 내가 너희에게 알게 하리라
>
> (사도행전 17장 22~23절)

바울은 인간이 본래 예배하는 자들이며 아테네인들은 거짓된 신을 예배하고 있음을 알았다. 그는 아테네인들에게 오직 하나님이 진짜 신이며 예수님은 부활하셨다고 전했다. 아테네인들이 우상을 섬겼듯 오늘날에는 오락거리로 제단을 쌓아 문화를 사로잡고 있는 가짜 신들을 높이고 인간의 충성과 헌신을 요구한다. 하지만 이 문화의 한복판에서 우리는 오직 하나님만이 충성을 바칠 만한 분이라고 선포하고 사람들을 부활하신 예수 안에 있는 참된 소망으로 인도할 수 있다. 인간의 마음 속에 있는 갈망을 만족시킬 수 있는 분은 예수님뿐이다.

행동 단계

1. **주기적으로 오락거리의 '금식' 시간을 갖는다.** 일주일에 하루는 모든 스마트 기기를 끄고 기기가 없는 삶으로 돌아가는 일정을 세운다. 가정에서 스마트 기기를 사용하지 않는 경건한 공간을 마련해 보라. 식탁, 거실이나 자녀의 방을 스마트 기기를 사용하지 않는 공간으로 정할 수 있다. 대신 대화를 나누고 책을 읽고 글을 쓰고 생각하거나 기도하는 장소로 만든다. 휴가도 기기 사용을 중단하거나 집에 기기를 두고 떠날 수 있는 좋은 기회다. 자녀가 스마트 기기 금식에 불만을 나타내는 정도에서 오락거리에 중독된 수준을 가늠할 수 있으며 한편으로는 올바른 조치를 취하고 있다는 징후로 해석할 수 있다. 인내심을 갖고 장기적 안목에서 자녀를 스마트 기기와 분리시킨다.

2. **자녀가 어떤 오락거리를 즐기고 있는지 파악한다.** 대다수의 부모는 자녀가 어떤 음식을 먹고 있는지 잘 알고 있으며 먹고 싶은 대로 모두 섭취하도록 허락하지 않는다. 마찬가지로, 자녀가 무엇을 듣고 시청하는지 파악하고 무제한의 자유를 허용해서는 안 된다. 어떤 노래와 프로그램을 가장 좋아하는지 무엇인지 물어보고 콘텐츠를 평가해 보라. 자녀가 오락거리를 지혜롭게 소비할 수 있도록 돕는 일은 자녀가 어떤 콘텐츠에서 즐거움을 찾는지 파악하는 것에서 시작된다.

3. **자녀가 오락거리를 수동적으로 받아들이는 대신 능동적으로 사용할 수 있는 방법을 알려 준다.** 문화가 자녀 대신 생각하도록 만들어서는 안 된다. 자녀가 매체와 메시지를 평가할 수 있도록 도와준다. 도처에서 메시지가 쏟아지고 있기 때문에 자녀는 메시지를 분별할 방법을 알아야 한다.

예를 들어 영화나 TV 프로그램을 함께 시청한다면 중간 중간 멈춤 버튼을 부르고 방금 나온 장면에 대해 대화를 나눠보라. 다음의 질문 목록을 사용하여 대화를 이끌어가면 좋다.

- 어떤 줄거리이며, 어떤 주제가 전체를 아우르고 있을까?
- 인물들은 어떻게 묘사되었니? 좋은 사람은 누구이고 악당은 누구일까?
- 줄거리를 설명하고 강조하기 위해 어떤 시각 효과가 사용되었니?
- 주된 갈등은 무엇일까? 누가 갈등에 관련되어 있니? 갈등은 어떤 방식으로 해결되었니?
- 어떤 가치를 직접적이거나 간접적으로 내세우고 있니?
- 영화에서는 무엇이 멋진 삶이라고 그리고 있니?
- 종교와 관련된 부분이 있었니? 있었다면, 어떻게 언급되었고 종교가 어떻게 묘사되었니?
- 영화에서 어떤 세계관을 발견했니? 그 세계관은 어떻게 그려졌니?
- 역사와 관련된 부분이 있었니? 역사에 대한 설명은 정확했니?
- 메시지가 성경 말씀과 얼마나 일치되니?

같은 방식으로 노래 가사를 자녀와 함께 살펴보라. 아이튠즈에서 노래를 구매하기 전에 인터넷에서 *함께* 가사를 찾아보는 것이다. 자녀에게 노래가 전달하는 내용이 무엇인지, 성경 말씀과 어떻게 다른지 물어보라. 나쁜 노래에는 영혼을 좀먹는 메시지가 들어 있고 좋은 노래에는 생명을 주는 메시지가 있음을 깨닫도록 도와줘야 한다. 여기에서 목표는 단순히 자녀가 엉터리 노래를 듣지 않도록 막는 데 그치지 않고 그런 노래가 해로운 이유를 깨달아 자녀 스스로 엉터리인 노래를 멀리하도록 도와주는 것이다.

4. 바람직한 기기 사용을 돕는다. 분명히 반대해야 할 오락거리가 있지만 허용할 만한 음악, 영화, TV 프로그램도 찾아봐야 한다. 쓸데없는 것을 버리겠다고 중요한 것까지 포기할 필요는 없다.

자녀가 어리다면 디즈니 채널의 만화 대신 필 비셔(Phil Vischer)의 훌륭한 〈성경에는 어떤 이야기가 있나? (What's in the Bible?)〉 시리즈를 보여준다. 분별없는 애니메이션 대신 생각할 거리가 풍성하고 선행으로 가득한 픽사 스튜디오의 작품을 선택한다.[15]

십 대 자녀라면 선행과 영웅적 행위의 가치를 인정하는 〈반지의 제왕〉 3부작을 비롯한 여러 명작을 추천한다. 고전 영화를 함께 감상해도 좋다. 자연계에 대한 하나님의 계획을 다룬 일러스트라 미디어(Illustra Media)나 익스플로레이션 필름(Exploration Films)의 멋진 영상도 시청해 보라. 짜임새 있게 만든 다큐멘터리를 봐도 좋다.

여기에 추천작의 목록을 모두 나열할 수는 없기 때문에 여러분이 직접 목록을 만들어 볼 것을 권한다. 다만 자녀에게 보다 신중하게 구성된 오락거리 선택지를 만들어 준다는 목표를 잊지 말아야 한다. 단순한 즐길 거리, 관찰 프로그램, 가벼운 오락거리를 고르지 않도록 한다.

5. 오락거리를 소비하는 대신 할 만한 활동을 만든다. 자녀를 화면 밖으로 이끌어 내고, 단순 소비가 아닌 창작 활동을 하도록 장려한다.

- 이젤을 구하고 자녀에게 방습지, 물감, 붓을 쥐어 준다.
- 저녁에 일정 시간을 정해 자녀와 함께 고전 문학을 읽는다.
- 자녀에게 음악 레슨을 받을 기회를 마련하고 가족을 위해 종

종 악기를 연주하도록 격려한다. 함께 음악을 만들어 보는 것
도 좋다.

- 가정에서 즐길 수 있는 다양한 교육적인 게임, 체스, 체커, 보드 게임, 카드 게임, 상식 게임, 퍼즐 맞추기를 준비한다.
- 영화를 보기만 하는 것이 아니라 만들어 본다. 자녀가 시나리오를 만들면 그에 맞춰 비디오 카메라나 스마트폰으로 영화를 제작한다.

6. 자녀와 야외 활동을 한다. 대부분의 아이들이 자연 결핍 장애(NDD, 자연에서 보내는 시간이 줄어들어 발생하는 광범위한 행동 문제 – 옮긴이 주)를 겪고 있다. 너무 많은 시간을 실내에서 보내고 있기 때문이다. 자녀와 공원, 산이나 해변으로 놀러가 보라. 가족이 함께 걷거나 산을 오르거나 자전거를 타도 좋다. 판지 더미를 주고 뒷마당에서 요새를 만들 수도 있다. 아이들을 바깥으로 억지로 데리고 나가야 할 수도 있고 처음에는 불평을 듣겠지만 결국에는 자녀의 상상력과 창의력이 발현될 것이다.

7. 스마트 기기에게 어린 자녀의 돌보미 역할을 맡겨서는 안 된다.
미국 소아과 학회는 부모가 18개월 미만의 자녀가 (화상 채팅을 제외하고) 기기를 사용해서는 안 되며 2~5세 아동의 경우 하루에 기기 사용 시간이 1시간을 넘지 않는 것이 좋다고 권고한다.[16] 어린 나이에 오락거리를 건강하지 않은 방식으로 소비하는 습관이 들수록 바로잡기가 어렵다. 기기 사용에 대한 자녀의 기대와 태도를 어릴 때부터 올바로 정립해야 한다.

8. 자녀가 독서 습관을 기를 수 있도록 돕는다. 오락거리 중심인 문화의 영향을 완화하는 한 가지 방법은 자녀에게 독서 습관을 심어주는

것이다. 첫째, 영유아 시기부터 자녀에게 책을 읽어 준다. 잠들기 전이든 낮 시간이든 최대한 자주 책을 읽어 준다. 글을 배울 때도 책을 읽어 주되 때때로 자녀에게 책을 읽어 달라고 시켜 본다. 궁극적으로는 자녀가 스스로 책을 읽는 단계에 이르러야 한다.

이 과정에서 부모는 자녀가 독서 습관을 들이도록 도울 뿐만 아니라 책을 사랑하는 마음을 심어 줄 수 있다. 이전에도 말했듯 독서는 이미지가 할 수 없는 방식으로 생각을 자라게 하고 뼈대를 세운다. 하나님이 DVD가 아닌 글자의 형태로 말씀을 주신 데에는 이유가 있다!

필자의 자녀들에게 반응이 뜨거웠던 방법 하나를 소개하겠다. 우리 가족은 일주일에 하루는 저녁에 '낭독 극장(Reader's Theater)' 시간을 가졌다. 온 가족이 외투, 스웨터, 목도리, 모자를 갖춰 입고 좋아하는 과자를 준비해 거실에 모여 앉으면 필자나 아내가 명작 소설을 연극처럼 분위기를 살려 읽어 주는 시간이었다. 소설 한 편을 다 마칠 때까지 하루에 1~3개 장을 같이 읽었는데 모두가 손꼽아 기다리는 주간 가족 행사였다. 이 방법을 사용해도 좋고 여러분 가족만의 독서 전통을 만들어도 좋다.

9. 부모가 솔선수범한다. 오락거리와 관하여 부모가 말과 행동이 다른 위선자의 모습을 보여서는 안 된다. 음악이든 영화든 텔레비전 프로그램이든 부모가 먼저 포기해야만 하는 오락거리가 있을 것이다. 자녀에게 스마트 기기 사용 시간을 줄이라고 말하기 전에 부모의 기기 사용 시간을 줄여야 할 수도 있다. 자녀에게 TV를 보지 말라고 말하기 전에 안방에서 TV를 없애야 할지도 모른다. 부모가 오락거리를 건전하게 즐기는 모습을 솔선수범해야 한다. 자녀에게도 그러한 습관이 생기기까지 시간이 꽤 걸린다.

- **더 많은 자료**

  - 『죽도록 즐기기』, 닐 포스트먼, 굿인포메이션
  - 『헐리우드 세계관, 현명하고 분별력 있게 영화를 시청하기(Hollywood Worldviews: Watching Films with Wisdom and Discernment)』, Brian Godawa (Downers Grove, IL: InterVarsity, 2009)
  - 『픽사의 지혜(The Wisdom of Pixar: An Animated Look at Virtue)』, Robert Velarde (Downers Grove, IL: InterVarsity, 2010)
  - Axis.org – www.axis.org
  - 부모 청소년 이해 센터(Center for Parent / Youth Understanding) – www.CPYU.org
  - Plugged In – www.pluggedin.com

소망 품기

예수님을 따르는 이들은 세상에 있되 세상에 속하지 않은 사람들임을 기억해야 한다. 오늘날의 오락거리를 싸잡아 비난하고 문화를 완전히 등지는, 손쉬운 길을 가려는 유혹을 느낄 수도 있다. 하지만 이러한 전략은 자녀가 문화의 파도를 헤치고 나아가는 데 도움이 되지 않는다.

이는 오락거리의 소비자가 아닌 창작자에게도 마찬가지로 적용되는 말이다. 세상에 있되 세상에 속하지 않는다는 것은 우리가 구속의 대리인이라는 의미다. 교회에는 하나님의 영광을 드러내는 아름다운 예술 작품을 만들어 오락에 물든 문화를 구원해 내는 기독교인들이 더 많이 필요하다. 이것이 영화에 성경 구절을 끼워 넣거나 가사에 '예수'를 포함시켜야 한다는 것을 의미하지 *않는다*. 감사하게도 21세기에 문화에 참여할 수 있는 모범을 보여 주는 훌륭한 예술가들이 있다.

다수의 수상에 빛나는 힙합 예술가인 랙래는 리치 레코드(Reach Records)의 공동 설립자이면서 예수 그리스도의 신실한 제자다. 2014년에 발표한 앨범 〈아노말리(Anomaly)〉는 발표와 동시에 빌보드 200 차트 1위에 올랐다. 랙래의 가사에는 요즘 힙합 가사의 전형적인 공식인 돈-성관계-폭력이 등장하지 않는다. 대신 구원자에 대한 감사를 표시하고 간통과 낙태 같은 사회적 문제를 거론하며 죄에 대한 경고를 하되 '외설적인 콘텐츠'로 낙인 찍히지 않는 가사로 전달한다.

트웬티 원 파일럿츠(Twenty One Pilots)는 〈스트레스드 아웃(Stressed Out)〉과 〈히든스(Heathens)〉 같은 히트곡을 발표한 상업적으로 성공한 정상의 록밴드다. 드러머인 조쉬 던(Josh Dun)은 신실한 기도교인이지만 '기독교 밴드'로 포장되어 비주류 취급받기를 원치 않았다. 그럼에도 이 밴드의 노래는 진리로 충만하다. 〈스크린(Screen)〉 같은 곡에서는 두려움, 의심, 걱정, 불안을 솔직하게 노래하며 인간의 깨어진 모습을 드러내면서 "우리는 망가진 사람들"이라고 고백한다.[17] 히트를 친 앨범 〈블러리페이스(Blurryface)〉의 주제는 인간 조건이다. 〈카 라디오(Car Radio)〉 같은 곡에서는 듣는 이들에게 한 걸음 더 나아가라고 넌지시 격려한다.

믿음은 깨어 있는 거야
우리에게 깨어 있는 것은 생각하는 것이지

우리에게 생각한다는 건 살아있다는 의미지[18]

결국 이 밴드의 앨범은 소망의 불씨를 찾도록 인도하면서도 오늘날 대다수 '기독교' 예술을 특징짓는 단순한 표현이나 기독교적인 클리셰를 사용하지 않는다.

랙래, 타일러 조셉, 조시 던은 훌륭한 작품을 선보이는 기독교인들로, 세속적인 음악과 경건한 음악을 가르는 거짓 이분법에 빠지지 않았다. 랙래의 설명을 들어보자.

> 우리는 기독교를 구원과 성화로 한계지었다. 기독교는 이 세상 모든 것에 대한 진리이다. (중략) 기독교 세계관을 가지고 있다고 말하는 사람은 단순히 인간이 어떻게 구원을 받고 무엇을 멀리해야 하는지를 넘어 그러한 세계관으로 세상을 바라본다는 의미다. 기독교인들은 사랑, 사회 문제, 삶의 모든 다른 면에 대해 이야기하는 신앙인들이 필요하다는 사실을 받아들여야 한다.[19]

이러한 예술가들은 기독교 세계관의 진리에 기반하여 탁월한 예술 작품을 선보이면서 오락 중심의 문화에 참여하고 구원하는 역할을 하고 있다. 이와 동시에 거대한 주류 플랫폼에서 하나님의 이야기를 전한다. 더 많은 자녀들이 이들의 발자취를 따를 수 있기를!

나눌 질문

1. 빌보드 차트나 자녀의 재생 목록에서 한 곡을 골라 자녀와 함께 가사를 살펴보고 같이 불러 보세요. 가사에서 어떤 메시지를 찾을 수 있나요?

2. 최근에 가족이 함께 시청했던 영화를 떠올려 보세요. 누가 영웅이었나요? 누가 악당이었나요? 영화에는 어떤 메시지가 담겨 있나요?

3. 하루에 스마트 기기를 사용하는 시간이 얼마나 되나요? 지나치게 긴가요? 건전한 균형을 이루려면 어떻게 해야 할까요?

Chapter 15

인종 갈등

평범한 사람은 없습니다.
우리가 대화를 나누는 이들은
그저 죽어서 사라질 존재가 아닙니다.
국가, 문화, 예술, 문명과 같은 것들은
언젠가 사라질 것이며 그것들의 수명은
우리 개개인에 비하면 모기의 수명과 다를 바 없습니다.
그러나 우리가 농담을 주고받고, 같이 일하고,
결혼하고, 무시하고, 이용해 먹는 사람들은
불멸의 존재들입니다.
불멸의 소름끼치는 존재가 되거나
영원한 광채가 될 이들입니다.
C. S. 루이스, 번역서 『영광의 무게』, 홍성사

2008년 사상 최초로 아프리카계 미국인이 대통령에 당선되자 많은 미국인들은 암울하고 분열된 역사가 마침내 막을 내리고 인종 간 화합이 이뤄지리라 기대했다. 결국에는 헛된 기대였던 것이 분명해졌지만. 경찰이 총기로 아프리카계 미국인들을 진압하자 항의와 시위로 번진 사태는 미국에서 여전히 인종 문제가 깊은 갈등을 일으키는 요인임을 보여준다.

이러한 분열이 비단 미국만의 문제는 아니다. 현대 세계는 팔레스타인의 거리에서부터 남북한의 대치, 쿠르드와 튀르키예 분쟁에 이르기까지 집단 간의 갈등으로 점철되어 있다. 최근에는 르완다, 보스니아, 다르푸르(수단)에서 벌어진 종족 간 갈등으로 차마 입에 담기 어려운 폭력과 학살이 자행되었다. 체첸 공화국, 프랑스, 인도, 스리랑카, 러시아, 볼리비아, 벨기에, 영국 등 지구상 거의 모든 나라에서 민족 간 갈등이 벌어지고 있다.

나 역시 이 문제의 희생자였다. 초등학교 시절, 메릴랜드 교외의 한 공립 수영장에서 아시아 출신이라는 이유로 아프리카계 미국인 청소년들 무리에게 괴롭힘을 당하던 나와 동생을 보호하려고 145센티미터의 베트남계 어머니가 몸으로 막아섰던 긴장된 순간을 아직도 잊을 수 없다. 그 어떤 민족, 사회 경제적 지위, 문화 환경도 인종 분쟁에서 자유로울 수 없다.

인종 차별은 미국의 문제가 아니라 인류의 문제다. 자녀들과 이 지뢰밭을 어떻게 헤쳐 나갈 수 있을까?

문화의 거짓말 떨쳐 내기

- **거짓말 1: 내가 속한 민족이 곧 나다.**

문화는 정체성을 민족 분류와 떼어놓고 생각할 수 없다고 속삭인다. 누구나 중국인, 멕시코인, 이집트인, 러시아인, 스웨덴인, 아프리카인

등으로 분류된다. 민족적 특성은 유전자에 새겨져 있기 때문에 특정 민족에 속한다는 정체성은 타고나는 것이며 바꿀 수 없다고들 한다. 따라서 민족성이 인간의 정체성에서 주된 부분을 차지하고 있다고 주장한다.

하지만 어떤 인종 집단에게 공통적으로 나타나는 생물학적 특성과 다른 인종 집단의 생물학적 특성 간의 차이는 미미하다. 인간 게놈 프로젝트에 참여했던 연구자들은 "겉모습에 유전자가 몇 퍼센트나 반영되는지 묻는다면 인종을 기준으로 따졌을 때 0.01퍼센트 정도에 불과할 것"이라고 밝혔다.[1] 따라서 "인종은 유전이나 과학적 근거에 기반한 개념이 아니다."[2] 인종 집단에 속한 모든 구성원이 공유하는 불변의 속성이란 존재하지 않는다. "인간 게놈 전체 서열의 초안을 종합한 결과 연구자들은 오로지 하나의 종, 즉 인류(human race)만 존재할 뿐이라는 결론을 만장일치로 내렸다."[3] 인종이 정체성을 결정짓는 주된 요소라고 여긴다면 인종 간 분열을 피해갈 수 없다.

- **거짓말 2: 인종 차별이란 존재하지 않으므로 극복할 필요 또한 없다.**

시민 평등권의 시대가 열리면서 미국이라는 나라가 완전히 다시 태어났다고 믿는 사람들이 있다. 이미 미국에서는 모든 인종 차별이 사라졌으며 인종 차별이 자행되던 역사는 지나갔다고 주장한다. 이제 사람들이 지난 과거를 잊고 인종 문제를 카드패로 활용하는 전략을 버려야 한다는 것이다. 이렇게 믿는 일부 미국인들은 인종 차별이 일어나고 있는 현실에 눈을 감는다.

그런데 어느 한 인종이 우월하다는 신념을 근거로 다른 인종을 차별하는 행위를 인종 차별이라고 한다면 여전히 그런 차별이 존재한다는 사실을 어떻게 부인할 수 있을까? 인종 차별의 사례는 너무나 많다.

- 미주리 퍼거슨에서는 경찰이 인종 차별적인 이메일을 유포했다.[4]
- 오클라호마 대학교의 남학생 클럽 학생들은 "깜둥이들은 SAE (Signa Alpha Epsilon, 남학생 사교모임)에 절대 들어올 수 없어. 나무에 매달아 처형시킬 수는 있지만 나와 계약은 절대 안 되지"라는 노래를 불렀다.[5]
- 한 남성은 흑인 시위자를 향해 "아프리카로 돌아가"라고 외쳤다.[6]

소셜 미디어 채널을 훑어보기만 해도 컴퓨터 모니터 뒤에서 익명성을 활용해 뿜어대는 노골적인 인종 차별적 발언을 금방 발견할 수 있다. 이웃에 소수 인종이 살고 있다면 인종 차별을 직접 당한 적이 있는지 물어보라. 개인적으로나 제도적으로 차별을 당한 경험이 있을 가능성이 높다. 또는 여러분의 아들이나 딸이 피부색이 다른 연애 상대를 집으로 데려온다면 어떤 반응을 보이게 될지 떠올려 보라. 여러분의 마음 속에도 인종 차별의 씨앗이 있을지 모른다.

인종 분열은 지나간 일이 아니며 그런 척하는 태도는 옳지 않다. 인종 차별은 가증스러운 죄다. 그리고 현실에서 벌어지고 있다. 이 사실을 인정할 때에만 인종 차별 문제를 직시할 수 있다.

- **거짓말 3: 미국에서는 인종 차별이 언제 어디서나 벌어지고 있다.**

경찰과의 갈등부터 대학 캠퍼스의 시위, 맹렬한 폭동에 이르기까지 언론에서는 온 나라가 인종 간 다툼에 휩싸인 것으로 묘사한다. 물론 인종 간의 갈등이 벌어지고 있음을 누구도 부인할 수 없다. 하지만 미국을 공공연하게 인종 차별이 벌어지는 나라로 그리는 것이 현실을 정확하게 묘사하는 것일까? 팩트를 살펴보면 그렇지만은 않다.

예를 들어 1958년 설문조사에서 흑인 대통령 후보에 표를 행사할 의사가 있다고 답한 미국인은 37퍼센트에 불과했다. 1999년에는 이 비율이 95퍼센트까지 상승했다.[7] 2008년 미국인 유권자들은 버락 오바마를 대통령으로 뽑았고 4년 뒤 오바마는 연임에 성공했다.

더욱 놀랍게도, 1958년에는 미국인의 4퍼센트만이 흑인과 백인의 결혼에 찬성한다고 답했으나 2013년에는 87퍼센트의 미국인이 찬성 의사를 밝혔다. 이는 갤럽 역사상 '가장 급격한 여론 변화'로 손꼽혔다.[8] 미국의 저명한 인구 통계학자인 윌리엄 H. 프레이(William H. Frey)는 이러한 변화가 얼마나 중요한지 강조했다. "사회학자들은 인종 간 결혼이 특정 집단이 사회에 궁극적으로 동화되는 단계임을 보여 주는 기준이라고 판단한다."[9]

미국에서 인종 차별이 언론에 비춰지는 것처럼 흔히 벌어지는 일이 아님을 보여 주는 징후가 있다. 물론 인종 간 갈등이 지속적으로 불거지고 인종 관계에 대한 건설적인 대화가 언제나 필요하지만, 그럼에도 불구하고 미국은 지난 50년 동안 큰 변화를 이뤘다. 1991년 하버드의 사회학자이자 아프리카계 미국인인 올랜도 패터슨(Orlando Patterson)은 〈뉴욕타임스〉에 기고한 칼럼에서 "미국은 인종 갈등 면에서 여전히 개선의 여지가 있지만 백인이 주를 이루는 사회 중에서는 인종 차별이 가장 덜한 나라가 되었다."면서 "그 어느 사회보다 소수자의 법적 권리가 잘 보호되는 것으로 나타났다."라고 밝혔다.[10] 패터슨의 주장에 동의하지 않는 사람들도 있겠지만 여전히 다른 나라에서 미국으로 이민자들이 몰려들고 성공을 이룬다는 점에 주목할 필요가 있다.

이 시대의 인종 갈등 문제를 인정하면서도 한편으로는 문화적으로 진전이 일어나고 있음을 기억해야 한다. 거짓된 이야기의 속삭임을 거부하는 것은 미국인들이 인종 갈등을 극복하기 위한 싸움에서 절망의 나락으로 빠지지 않도록 도와준다.

하나님의 놀라운 이야기로 돌아가기

기독교인들은 문화에 깃든 인종 차별적인 관점에 동화되지 않도록 정신을 바짝 차려야 한다. 그러려면 인종 간의 관계를 처음부터 끝까지 하나님의 말씀에 기반하여 바라봐야 한다. 하나님의 말씀은 인간이 한 몸을 이룬 것으로 시작하여 복음으로 하나되는 소망으로 마무리되기까지 아름다운 이야기가 펼쳐진다.

그리스 아테네의 믿지 않는 자들을 향해 연설하던 사도 바울은 인류의 기원에 대한 이야기에서 드러나는 하나님의 탁월한 계획을 설명했다. 사도행전 17장 26절과 28절에서 바울은 "인류의 모든 족속을 한 혈통으로 만드사 온 땅에 살게 하시고 그들의 연대를 정하시며 거주의 경계를 한정하셨으니 (중략) '우리가 그의 소생이라'"라고 말한다. 성경은 하나님이 먼저 아담을 창조하셨으며 그로부터 '인류의 모든 족속'이 나왔다고 전한다. 하나님의 이야기에는 하나의 인류만 등장할 뿐이다. C. S. 루이스는 성경의 이러한 진리를 찬미하면서 『나니아 연대기』에서 페번시가의 아이들을 '아담의 아들'과 '하와의 딸'이라고 불렀다. 이 고귀한 칭호는 우리가 가장 처음 하나님의 형상을 닮았던 아담의 후손으로서 조상과 동일한 인간성을 지니고 있음을 상기시킨다.

하나님의 형상을 가진 자라는 인류의 기원은 각자의 인종 기원보다 더 중요하다. 인류의 기원으로부터 각 인종 집단이 지닌 내재적인 존엄성이 비롯되었기 때문이다. 하나님의 이야기는 일부 인종이 우월하고 나머지는 열등하다는 이야기가 아니라 모든 인간이 가치 있고 평등하다는 이야기로 시작한다. 백인뿐 아니라 모든 피부색의 인간이 하나님 보시기에 귀하다.

그런데 인류는 아담이라는 조상만 공유하는 것이 아니라 아담의 타락도 공동 유산으로 받았다. "그러므로 한 사람으로 말미암아 죄가 세상에 들어오고 죄로 말미암아 사망이 들어왔나니 이와 같이 모든 사람이 죄를 지었으므로 사망이 모든 사람에게 이르렀느니라.(로마서 5장 12절)" 그 결과 인류는 분열되기 시작했고 무너짐은 인간 관계에서 소외, 불화, 적대감으로 나타났다. 타락한 인간의 역사는 처음부터 민족 분열, 반목, 피흘림으로 뒤덮였다. 아담 이후 민족 간 화해가 필요하지 않은 세대가 없었다.

그리스도를 믿는 자들은 화목을 이룬다는 버거운 요구에 응하기 위해 어디에서 모범을 찾아야 할까? 누가가 기록한 두 권의 설득력 넘치는 책, 누가복음과 사도행전에서 찾을 수 있다. 1세기 이후 팔레스타인을 비롯한 전 세계에서 예수 그리스도의 복음을 막고 있는 민족적 담을 넘는 데 있어 누가의 기록보다 더 강한 도구는 없었다. 사도행전에서 펼쳐지는 드라마를 통해 우리는 유대인의 민족 배타주의가 불과 한 세대만에 예수 중심의 민족 보편주의로 아름답게 변화한 것을 보게 된다. 그리스도 안에서 "유대인, 이방인, 사마리아인은 각자의 문화 정체성을 잃지 않으면서도 하나님의 백성이 될 수 있었다."[11]

1세기의 유대교는 유대인과 이방인 간에 극심한 분열을 야기했다는 사실을 기억해야 한다. 여호와가 세상과 소통할 주된 통로로 삼기 위해 이스라엘과 최초로 언약을 맺었기 때문이었다. 하지만 하나님과 아브라함의 언약에서도 복음의 보편성을 엿볼 수 있다.

> 여호와께서 아브람에게 이르시되 너는 너의 고향과 친척과 아버지의 집을 떠나 내가 네게 보여 줄 땅으로 가라
> 내가 너로 큰 민족을 이루고 네게 복을 주어 네 이름을 창대하게 하리니 너는 복이 될지라
> 너를 축복하는 자에게는 내가 복을 내리고 너를 저주하는 자에게는 내가 저주하리니 땅의 *모든 족속이 너로 말미암아 복을 얻을 것이라* 하신지라
>
> (창세기 12장 1~3절)

아브라함과 맺은 최초의 언약에서 온 열방을 향한 하나님의 마음을 느낄 수 있다.

구약의 이후 기록에서는 이스라엘이 인류의 모든 족속을 축복하는 하나님의 통로 역할을 해내지 못하는 실패가 이어지며, 이로 인해 그리스도가 이 땅에 오셨다. 누가는 복음서에서 이 이야기를 선택하여 예수님의 탄생, 죽음, 부활, 새로운 나라에서 왕이 되시는 과정을 그려냈다.

흥미롭게도 누가는 멸시받기 일쑤이던 사마리아인들을 다른 복음서 기자들보다 더 주목했다. 1세기에 유대인과 사마리아인은 적대적인 관계였다. 유대인은 이웃의 사마리아인들을 다른 이방인들보다도 천한 3등 시민으로 여겼다. 하지만 누가복음에서 예수님은 유대인들의 이러한 관행을 깨고(누가복음 9장 51~56절, 10장 26~37절, 17장 11~19절) 사도행전 1장 8절에 기록된 대로 "예루살렘과 온 유대와 사마리아와 땅

끝까지" 복음의 거센 바람이 부는 토대를 마련하셨다.

사도행전에 펼쳐지는 하나님의 이야기에서는 민족을 가르는 높은 담을 넘는 복음의 놀라운 능력이 드러난다. 이방인들을 끌어안은 복음은 이스라엘 민족 너머로 퍼져 나갔고(사도행전 8~13장) 이는 초대 교회의 유대인 신도들과 지도자들이 미처 예상하지 못했던 변화였다.(사도행전 10~11장) 결국 복음은 유대, 사마리아, 로마, 그리스, 에티오피아, 그 너머의 담을 무너뜨렸다. 에베소서 2장에서 바울은 "그리스도의 피로" 인해 "[민족 간] 원수 된 것 곧 중간에 막힌 담"이 무너져 이제는 "오직 성도들과 동일한 시민이요 하나님의 권속"이 되는 평화를 누리게 되었다고 말한다.(13절, 14절, 19절) 이 세상에 민족 갈등이 만연한 가운데 예수 그리스도 복음의 권능만이 "택하신 족속이요 왕 같은 제사장들이요 거룩한 나라"로 연합을 이룰 수 있다.(베드로전서 2장 9절)

여기에서 아주 중요한 사실을 짚고 넘어가려 한다. 누가와 바울은 다양성을 배려한다거나 특권과 권한을 나누는 일에 집중하지 않았다. 초대 교회는 다민족으로 구성된 교회를 세우는 계획을 공개적으로 내세우지 않았다. 오로지 복음을 선포할 계획만 세웠을 뿐이었다. 예수를 따르기로 결심한 사람들은 민족과 문화에 대한 충성심보다 그리스도와 그분이 주신 사명을 더 중요하게 여겼다.

오늘날 복음주의 교회도 1세기 교회와 무척 비슷한 상황에 있다. 신도들은 사회, 문화, 인종의 차이를 토대로 선을 긋는다. 교회 안에 모인 백인, 아프리카계 미국인, 히스패닉, 아시아인이 인간이 정한 구분에 따라 나누는 것이다. 이러한 인종과 문화적 배타주의는 "너희는 유대인이나 헬라인이나 종이나 자유인이나 남자나 여자나 다 그리스도 예수 안에서 하나이니라(갈라디아서 3장 28절)"라고 가르치는, 인종과 문화를 초월하는 복음에 배치된다. 그리스도 안에서 우리는 인종 갈등을 극복하고 인종의 담을 허물 수 있는 하나의 도구를 얻을 수 있다. 복음을 중심으로 하나되었던 1세기 교회의 모습을 회복한다면 인종 문제로 분열된 이 세상에서 우리는 어떤 증인의 역할을 해낼 수 있을까?

행동 단계

1. 다른 인종과 우정을 쌓고 그들의 말에 귀를 기울인다. 다른 인종의 사람들을 고쳐 나갈 대상으로 바라보지 말고 관계를 맺어 보라. 백인, 흑인, 히스패닉, 아시아인 이웃을 저녁 식사에 초대하는 방법을 추천한다. 집에 초대하여 식사를 대접하면 끈끈한 우정을 쌓을 수 있는 기회가 생긴다. 식사를 마친 후에는 자녀들이 같이 놀게 하고 어른들은 대화를 나눈다. 서로를 이해하는 관계를 통해 다름과 비슷함에 대해 더 깊이 알아갈 수 있다. 또한 자녀들에게 친절과 환대의 본을 보일 수 있다.

2. 나 자신의 관점을 돌아본다. 자녀는 다른 인종과 민족 집단에 대한 견해를 부모에게 배우기 때문에[12] 부모가 먼저 자신의 생각을 돌아봐야 한다. 타인에 대한 생각에 피부색이나 민족이 어떤 영향을 미치는가? 나는 예수 그리스도의 복음 안에서 정체성을 찾고 있는가? 용서하고 화목하는 마음을 가지고 있는가, 아니면 반감과 냉소를 품고 있는가? 다른 사람의 말을 충분히 들어주는 대신 인종 차별에 대한 우려에 눈을 감고 있지는 않은가?

예수님의 제자라면 인종이나 민족 사이의 담을 용인해서는 안 된다. 그것은 죄이기 때문이다. 문화가 아닌 성경의 조언을 따라야 한다. 이와 동시에 민족성을 경시해서도 안 된다. 자신이 지닌 특별한 민족 정체성에 감사하고 복음에 더 깊고 폭넓은 목적이 있음을 깨달아야 한다.

3. 자녀가 다른 문화를 접할 수 있게 도와주고 하나님이 만드신 다양성을 찬양한다. 가족, 이웃, 교회가 다양한 인종으로 구성되어 있음을 일깨워 주는 간단한 시도로 시작할 수 있다. 가족들과 다른 민족이 운영하는 식당을 찾아가 주인과 담소를 나누거나, 다른 민족이 주로 모이는 교회에서 목회자와 대화해 보라. 혹은 가족이 다른 문화권으로 선교 여행을 가도 좋다. 다른 문화에 노출되면 민족 배경이 다른 사람들과의 사이에 놓인 담을 허물고 사랑과 공감을 키울 수 있다.

4. 인종에 대한 대화의 주도권을 문화에 빼앗겨서는 안 된다. 성경에 주도권을 맡겨야 한다. 인종 관계에 대한 정치인, 뉴스 평론가, 사회 운동가의 모든 주장을 하나님의 이야기에 비추어 평가해 본다. 자기 분리, 반감, 분개, 냉소, 희생자 의식, 자격이 있다는 인식과 같은 문화적 가치를 거부하고 성경으로 돌아간다. 성경에는 세계가 인종 간 화합을 이루는 데 필요한 자원을 담고 있어 인간 조건, 죄의 자백, 용서, 구속, 성령의 권능 등에 대한 적절한 진단을 내려 준다. 그러므로 오늘날의 문화적 언어보다 하나님의 말씀을 우선시해야 한다. 그러면 자녀 또한 성경으로 올바로 인도할 수 있을 것이다.

5. "듣기는 속히 하고 말하기는 더디한다.(야고보서 1장 19절)" 인종에 관해 다른 사람들이 어떤 의견을 가지고 있는지 들어 보고 관점을 살펴보라. 인종 차별을 당한 경험이 있는지 물어보고 귀를 기울여 듣는다. 다만, 인종과 관련한 경험이 서로 다르다는 것에 유념해야 한다. 흑인, 아시아인, 히스패닉, 백인의 경험에 공감이 가지 않을 수도 있다. 타인의 의견에 동의하지 않더라도 상대방 역시 하나님의 형상을 가진 존귀한 존재인 만큼 마음을 다해 들어주고 이해하려고 노력해야 한다.

6. 각 사람을 개인으로서 대한다. 인종에 대한 고정 관념을 버려야 한다. 어느 민족이든 일반화나 개인의 경험을 토대로 특정 집단 전체를 싸잡아 깎아내릴 수 있다. 그러한 집단적 경향에 각자 의구심을 품고 직접 진실을 알아가려는 노력을 기울여야 한다.

7. 구호와 상투적 문구를 피한다. 몇 가지 예를 들어 보겠다.
- 우리는 인종 차별을 해서는 안 된다.
- 흑인의 생명도 소중하다.
- 모든 생명은 소중하다.

상투적인 문구는 정치화되고 제대로 이해되지 않을뿐더러 논쟁과 토론을 차단하기 위해 이용되는 경우가 많기 때문에 그리 도움이 되지 않는다. 기독교인의 목표는 피부색에 무관심한 사람이 되는 것이 아니라 하나님의 형상을 한 각 사람의 특성과 특별함을 인정하는 것이다. 당연히 흑인의 생명은 소중하지만 현재 사용되고 있는 구호는 인간의 성과 가족에 대해 문제의 소지가 있는 신념을 표방하는 조직의 이름이기도 하다. 또한 뱃속의 아이를 포함해 모든 생명이 소중하지만 자신의 가치가 부인당하고 있다고 생각하는 사람들의 우려에 관심을 보이지 않는다는 인상을 줘서는 안 된다.

8. 인종이 다르거나 타인의 권리를 위해 싸운 믿음의 영웅들을 높인다. 디트리히 본회퍼, 윌리엄 윌버포스(William Wilberforce), 마틴 루터 킹 주니어(Martin Luther King Jr.), 프레더릭 더글러스(Frederick Douglass)와 같은 기독교인 사회 개혁가들의 이야기를 자녀들에게 읽어 준다. 에이미 카마이클(Amy Carmichael)이나 에릭 리델(Eric Liddell)과 같은 선교사들의 이야기도 추천한다. 〈순교자의 소리(Voice of the Martyrs)〉 뉴스레터 최신호에 실린 이야기를 읽어 줘도 좋다.

모범이 되는 기독교인에 대해 자녀와 대화를 나누되 다른 나라와 문화권의 인물이라면 더욱 좋다.

9. 모든 인종과 복음을 나눈다. 진정한 인종 화합을 이루는 유일한 길은 그리스도를 통해 구속되는 것이지만 기독교인은 문화를 향해 이 진리를 몸소 실천해야 한다. 세상은 우리들의 삶을 지켜보면서 "기독교 교회에서는 왜 여러 인종이 잘 어울리고 있는가? 기독교인들 사이에서는 왜 인종 간의 분열이 없는가?"를 궁금하게 여겨야 한다. 예수님의 복음을 전하는 선교사의 삶을 살아가며 자녀에게 그러한 모습을 보여 준다.

10. 인종 외에도 차별적인 표현이 쓰이는 분야를 세심하게 살핀다. 오늘날 문화에서 인종은 차별 문제가 가장 두드러지는 분야이지만 다른 분야에서도 차별은 존재한다. 미국에서는 사회 경제적 지위가 낮은 사람들을 경시하는 계급 차별주의가 있고, 특히 2016년 대선 이후 정치적으로 분열되어 있으며, 여성이나 남성을 차별하는 성차별이 일어나고 있다. 우리는 모든 차별 문제에 맞서야 한다. 앞서 소개한 행동 단계 중 하나를 선택하여 자신의 삶, 가족, 교회, 공동체에서 발견한 다른 차별 분야에 적용해보라.

• 더 많은 자료

- 『신앙의 분열, 미국의 복음주의 종교와 인종 문제(Divided by Faith: Evangelical Religion and the Problem of Race in America)』, 마이클 O. 에머슨(Michael O. Emerson)과 크리스찬 스미스(Christian Smith) 공저, New York: Oxford University Press, 2001년

- 『버밍엄 교도소에서 온 편지(Letter from Birmingham Jail)』, 마틴 루터 킹 주니어(Martin Luther King Jr.) – http://kingencyclopedia.stanford.edu/kingweb/popular_requests/frequentdocs/birmingham.pdf
- 『연합, 다양성을 향한 하나님의 계획으로 바라보기(United: Captured by God's Vision for Diversity)』, 트릴리아 J. 뉴벨(Trillia J. Newbell), Chicago, IL: Moody, 2014년

소망 품기

갈래갈래 분열된 세상에 소망이 있을까? 물론이다. 새로운 하늘과 새로운 땅을 꿈꾸는 소망을 품어야 한다.

> [네 생물과 이십사 장로들이] 새 노래를 불러 이르되 두루마리를 가지시고 그 인봉을 떼기에 합당하시도다 일찍이 죽임을 당하사 각 족속과 방언과 백성과 나라 가운데에서 사람들을 피로 사서 하나님께 드리시고
>
> 그들로 우리 하나님 앞에서 나라와 제사장들을 삼으셨으니 그들이 땅에서 왕 노릇 하리로다 하더라
>
> (요한계시록 5장 9~10절)
>
> 이 일 후에 내가 보니 각 나라와 족속과 백성과 방언에서 아무도 능히 셀 수 없는 큰 무리가 나와 흰 옷을 입고 손에 종려 가지를 들고 보좌 앞과 어린 양 앞에 서서
>
> 큰 소리로 외쳐 이르되 구원하심이 보좌에 앉으신 우리 하나님과 어린 양에게 있도다 하니

(요한계시록 7장 9~10절)

요한계시록에서는 잘못이 바로잡히고 거짓이 밝히 드러나는 순간을 엿볼 수 있다. 이후 여러 인종이 어우러지는 가슴 벅찬 미래는 여러 언어와 민족으로 인류가 흩어진 바벨과 정반대의 모습이다. 그리스도의 신부로서 이미, 그러나 아직 오지 않은(already-not-yet) 하나님 나라에 속해 있고 그 나라의 도래를 앞당기도록 부름 받은 교회는 성경에 그려진 화합을 지금 당장 이룰 수 있다.

복음의 권능 없이는 인종 차별주의(racism)를 비롯한 어떠한 '주의(-ism)'도 타파할 수 없다. 따라서 교회는 모든 차별과 인간성 말살 행위를 폭로하고 맞서고 규탄하는 일에 앞장서야 한다. 그리고 더 나은 길을 제시해야만 한다.

나눌 질문

1. 어릴 때 가족이 다른 인종과 교류한 적이 있었나요? 가정에서는 다른 인종을 대체로 어떻게 인식하거나 특징지었나요?

2. 여러분이 속한 공동체에는 인종 차별 문제가 있나요? 어떤 차별이 있나요? 다른 인종의 구성원에게도 같은 질문을 해보세요. 그 사람의 대답은 여러분의 대답과 어떻게 다른가요?

3. 문화에서 인종과 관련하여 내거는 구호 중 가장 쓸모없는 구호는 무엇인가요? 그 이유는 무엇인가요?

Part IV

기독교 세계관의 본질

Chapter 16

성경을 읽는 방법

> 여러분이 성경에 속한 사람으로 보이면서도
> 마치 믿지 않는 자처럼 성경을 대하는 모습에
> 혼란을 느끼곤 한다.
> 성경을 진지하게 읽으려는 사람들이 마주치는
> 가장 큰 도전은 성경이 그 자체의 본질적인 범주를
> 가르치도록 우리를 내맡기는 것이다.
> 우리는 그 범주에 대해서만 생각하는 것이 아니라
> 그 범주에 따라 생각해야 한다.
> 에이브러햄 조슈아 헤셸(Abraham Joshua Heschel),
> 〈기독교인들을 향한 연설〉

유일무이하신 그리스도와 마찬가지로 성경 또한 기독교를 다른 모든 세계관이나 종교와 차별화시키는 중요한 요소다. 기독교는 *계시된* (revealed) 세계관이다. 다시 말해 기독교에서 권위의 근원은 창조, 구약과 신약, 궁극적으로는 예수 그리스도를 통해 스스로를 나타내신 하나님이 정하신 것이다.

기독교의 계시에서는 다음과 같은 신념을 드러낸다.

- 무신론이나 세속적 세계관에서 주장하는 바와 달리 하나님은 존재하신다.
- 동양의 종교와 뉴에이지 범신론에서 주장하는 바와 달리 하나님은 인격적이시다.
- 포스트모던 회의주의와 달리 하나님은 친히 말씀하셨다.
- 유대교와 이슬람에서 주장하는 바와 달리 하나님은 구약과 신약에서 나타낸 바 되신 예수 그리스도를 통해 말씀하셨다.

그렇다면 성경은 기독교에서 부수적인 요소에 불과한 것이 아니다. 하나님이 드러내신 바를 알기 위해서는 반드시 성경을 읽어야만 한다. 그 어떤 새로운 발견이나 문화의 유행도 성경의 권위를 대신할 수 없다. 무엇보다 중요한 사실은 기독교 신앙의 모양을 정하는 권위가 인간이 아닌 성경에 있다는 것이다.

대다수 기독교인이 성경을 권위 있는 하나님 말씀이라고 고백하면서도 인간에게 주신 그대로 성경을 읽기보다는 개인적인 해석을 더 중요시하는 태도를 가지고 있다. 기독교인들이 성경을 어떻게 잘못 읽고 있는지 살펴보자.

실제로 성경을 읽지는 않는다. 성경에 대한 책을 읽거나 하나님과 기독교인의 삶을 다룬 책을 읽을 뿐이다. 이런 책의 첫머리에 성경 구절이 하나 제시되어 있고 세 쪽에 걸쳐 신앙에 대한 생각을 풀어 나간다. 정작 성경을 직접 읽는 기독교인은 많지 않다. 성경을 깊이 묵상하지 않는다면 절대 기독교 세계관을 가질 수 없다.

문맥을 고려하지 않고 성경을 읽는다. 유진 피터슨은 "성경을 숫자가 매겨진 장과 절로 나누는 관습은 … 성경이 우리의 운명을 알아내기 위해서 임의로 골라 내거나 조합할 수 있는 수많은 독립적인 문장과 문구의 모음이라는 인상을 준다."라고 지적했다.⁽¹⁾ 성경의 장과 절은 독자들이 특정 부분을 찾는 데 도움을 주기 위해 기록된 시점에서 시간이 많이 흐른 뒤에 매겨진 것이다. 장과 절은 성경을 더 잘게 나누고 읽기 편하게 쪼갤 의도로 분류된 것이 아니며, 이러한 분류가 성경을 읽는 데 도움이 되는 것도 아니다. 장과 절에 집중하여 성경을 읽다 보면 성경의 기자들과 하나님이 애초에 의도하신 의미를 놓칠 가능성이 높다. 예를 들어 보겠다.

절. 예레미야 29장 11절의 "여호와의 말씀이니라 너희를 향한 나의 생각을 내가 아나니 평안이요 재앙이 아니니라 너희에게 미래와 희망을 주는 것이니라"라는 말씀에서 울림을 얻을 수도 있다. 하지만 성경의 다른 절과 마찬가지로 이 구절에도 맥락이 있다. 때로는 앞절이나 뒷절에서 맥락을 파악할 수 있지만 성경의 다른 책에서 찾을 수 있는 경우도 있다. 예를 들어 복음서 기자들은 구약의 예언이나 이야기를 자주 언급한다. 유진 피터슨은 특정 구절을 맥락에서 분리하여 읽는 행위가 "성경을 행운의 쿠키" 취급하는 것과 다름없다고 비유했다.⁽²⁾

이야기. 다윗과 골리앗, 요나와 큰 물고기, 오천 명을 먹이신 예수님. 이런 이야기를 이야기로 따로 떼어 내어 삶에 교훈을 적용할 수 있는 '도덕적 맥너겟'처럼 살펴보는 경우가 많다. 하지만 성경의 모든 이야기는 궁극적으로는 구속에 대해 알려 주는 더 큰 이야기의 일부분이다. 자녀들은 성경 이야기가 이솝 우화, 심지어 동화와 같이 삶에 대입할 수 있는 재미있는 이야기라는 인상을 받곤 한다. 물론 성경 이야기에 도덕적인 교훈이 담겨 있기도 하지만 그보다 훨씬 더 큰 의미가 내재되어 있다. 성경은 인간의 삶을 구성하고, 하나님이 세상을 지으신 거대한 목적에 비추어 내가 누구인지를 알려 주는 책이다.

책. 성경의 모든 책조차 구속에 대한 이야기라는 더 큰 맥락에 놓여 있다. 책이 서신서라면 그 맥락은 누가 누구에게 편지를 썼는지와 관련된다. 역사서라면 역사 그대로 이해해야 한다. 레위기처럼 특정 무리에 관한 책이라면 나에게 어떻게 올바로 적용할지를 생각하기에 앞서 쓰여진 목적에 따라 이해해야 한다.

성경을 골라서 읽는다. 성경을 맥락과 상관없이 읽는 습관이 있다면 자기 삶에 명쾌하게 도덕적이거나 심리요법적인 처방을 해주는 부분을 제외한 나머지 부분을 피해 가는 경향이 있는 것이다. 예를 들어 골치 아픈 역사적 맥락을 파고들고 싶지 않아서 구약의 상당 부분을 건너 뛴다면 21세기를 살아가는 우리에게 적용할 방법을 지나치는 것이다. 그저 성경에서 명료하고 이해하기 쉬운 부분을 취사선택해서 읽는 것이다. 그 결과 많은 기독교인들이 성경의 상당 부분을 못 본 체하고 있다. 하지만 하나님은 성경 전체를 우리에게 주셨다. 바울은 디모데에게 "모든 성경은 하나님의 감동으로 된 것으로 교훈과 책망과 바르게 함과 의로 교육하기에 유익하니 이는 하나님의 사람으로 온전하게 하며 모든 선한 일을 행할 능력을 갖추게 하려 함이라(디모데후서 3장 16~17절)"라고 말했다. 모든 성경에서 배우지 않는다면 온전한 능력을 갖출 수 없을 것이다.

획기적 해석을 돕는 '마법'에 넘어간다. 성경이 어떤 것들을 약속한다는, 사실과는 다른 주장을 펼치면서 미혹하는 선생들에게 '비밀' 진리나 숨겨진 의미를 배우며 희생되는 사람들이 많다. 예를 들어 하나님이 주시는 은밀한 복을 누리기 위해 몇몇 구절을 맥락에서 분리해서 마치 주문처럼 붙드는 것이다. 미래를 점치기 위해 말씀에 숨겨진 숫자 코드를 찾는 이들도 있다. 신학적으로 무책임하며 교회의 건전성을 해치는 위험한 접근이 아닐 수 없다. 특히 숨겨진 의미를 찾는 것은 성경에서 하나님이 분명하고도 온전하게 알리신 바를 이해하려는 자세와 거리가 멀다.

말씀을 과도하게 개인적으로 해석한다. 어린 아이들이 즐겨 부르는 찬양 중에 〈이 책의 약속은 나의 것(Every promise in the Book is mine)〉이 있는데 이는 사실과 다르다. 이스라엘 백성이나 아브라함에게 하신 약속이 나에게 적용되지 않을 수도 있는 것이다. 내게도 적용되는 약속은 무엇이고, 어떤 약속은 그렇지 않은지 분별하는 유일한 방법은 인간에게 주신 그대로 성경을 이해하는 것이다. 또한 말씀을 과도하게 개인적으로 해석하면 성경을 하나님이 아닌 자기 자신에 대한 책으로 만들 위험마저 있다. 인간은 질문에 대한 답을 찾으려 들지만, 하나님은 세상에 대한 그분의 이야기에 우리를 참여시켜 질문을 올바른 방향으로 바꾸시려는 경우가 많다.

성경을 성경적으로 읽기 위한 도움말

첫째, 성경을 읽을 때 아래의 도움말을 기억한다.

먼저 기도한다. 하나님은 우리를 인도하시고 그분의 진리를 밝히 보이시기 위해 성령님을 보내 주셨다. 삼위일체의 세 번째 위격인 성령님의 뜻은 하나님 아버지, 아들 예수 그리스도의 뜻과 완벽하게 일치한다. 하나님이 말씀하시려는 진리를 바라볼 수 있도록 눈을 열어 달라고 성령님께 부탁하는 기도를 드린다.

성경을 주신 목적을 기억한다. 성경은 세상에 대한 이야기를 담고 있다. 하나님의 형상을 하고 그분의 역사에 동참하도록 그리스도를 통해 구속받은 인간이 알아야 할 모든 현실을 설명하기 위해 성경을 주셨다. 성경을 읽을 때나 특히 다음 세대에게 가르칠 때 이 점을 잊지 말아야 한다.

전체 이야기를 기억한다. 성경 말씀을 읽을 때마다 하늘과 땅의 창조부터 새로운 하늘과 새 땅의 창조에 이르는 성경 전체 이야기에서 어느 부분에 해당하는지를 생각한다.

예수 그리스도가 인간으로 오셔서 역사하심에서 이야기가 절정에 이른다는 것을 기억한다. 『스토리 바이블』에서 셀리 로이드 존스(Sally Lloyd-Jones)는 성경의 이야기가 어떻게 그리스도를 향하고 있는지를 멋지게 설명한다. 어른들도 이 아동서를 읽으면서 성경에 대한 많은 지식을 얻을 수 있을 것이다!

골로새서에서 사도 바울은 예수님을 훌륭하게 설명했다.

> [그는] 보이지 아니하는 하나님의 형상이시요 모든 피조물보다 먼저 나신 이시니
>
> 만물이 그에게서 창조되되 하늘과 땅에서 보이는 것들과 보이지 않는 것들과 혹은 왕권들이나 주권들이나 통치자들이나 권세들이나 만물이 다 그로 말미암고 그를 위하여 창조되었고
>
> 또한 그가 만물보다 먼저 계시고 만물이 그 안에 함께 섰느니라
>
> 그는 몸인 교회의 머리시라 그가 근본이시요 죽은 자들 가운데서 먼저 나신 이시니 이는 친히 만물의 으뜸이 되려 하심이요
>
> 아버지께서는 모든 충만으로 예수 안에 거하게 하시고
>
> 그의 십자가의 피로 화평을 이루사 만물 곧 땅에 있는 것들이나

하늘에 있는 것들이 그로 말미암아 자기와 화목하게 되기를 기뻐하심이라(1장 15~20절)

둘째, 성경을 읽을 때 주의할 사항이 있다.

장과 절의 구분을 무시한다. 장과 절을 말씀의 위치를 찾는 도구로 활용하되, 말씀을 읽을 때는 장과 절의 구분이 없는 것으로 여긴다. 여느 문학 작품을 읽을 때와 마찬가지로 말씀 그 자체에서 전환이 일어나는 부분을 찾는다.

성경을 기록된 그대로 읽는다. 앞에서도 언급했지만 서신서는 편지로 읽어야 한다. 읽으면서 "누가 왜 썼는가? 누구에게 쓴 편지인가?"를 떠올린다. 시의 형식이라면 시로, 역사서는 역사로 읽어야 한다. "누구에 대한 이야기인가? 언제 일어나 일인가? 이 책은 어떤 역사적 배경에서 쓰여졌는가? 하나님의 구속 계획을 담은 전체 역사에서 어떤 역할을 하는가?"를 생각해본다. 성경이 하나님의 감동으로 된 책인 만큼 성경의 *내용*뿐 아니라 기록된 *방식*에도 하나님이 의도하신 바가 있음을 기억한다.

셋째, 성경을 읽을 때 삼가야 할 태도도 있다.

말씀에 분명히 언급되어 있지 않은 도덕주의적이고 심리요법적인 적용은 피한다. 다시 말하지만 성경은 우리를 하나님의 이야기로 초대한다. 말씀에 도덕주의적이거나 심리요법적인 부분이 있다면 집중하고 귀를 기울인다. 하지만 그렇지 않은 경우라면 추가적으로 의미를 부여하지 않도록 주의한다.

실제로 말씀을 읽기 전에 성경 연구 주석이나 해설을 읽지 않는다. 하나님께서는 우리를 도울 교사와 설교자를 세우셨으며 그러한 지도자들의 말에 귀를 기울여야 한다. 하지만 성경을 읽을 때는 다른 사람의 안내와 깨달음을 들춰 보기 전에 성경이 내게 하시는 말씀을 들어야 한다.

성경의 일부만 읽지 않는다. 하루에 많은 양을 읽지 않는 사람이라면 시편, 잠언이나 한 번에 읽을 수 있는 책을 읽는다. 성경을 더 많이 읽을 수 있도록 매주 더 많은 시간을 비워 놓는다.

성경의 인물을 영웅으로 만들지 않는다. 성경 속의 영웅은 예수 그리스도뿐이다. 많은 성경 인물들이 영웅적인 일을 했지만, 예외 없이 우리와 마찬가지로 넘어지는 어쩔 수 없는 인간의 면모를 가지고 있었다. 따라서 그리스도를 중심에 두지 않고 성경 인물들의 행위를 지나치게 파고들지 않도록 주의한다. 각 인물의 이야기는 성경의 더 큰 이야기 속에서 이해해야 한다.

끝으로, 성경을 읽을 때 기억해야 할 점이 있다.

혼자 읽기보다 공동체에서 다른 사람들과 읽는 시간을 더 많이 가진다. 성경은 한 개인이 아닌 그분의 백성에게 주신 책이다. 구약과 신약 모두 공동체에 주신 것으로, 큰 소리로 읽도록 기록되었다. 혼자 읽는 것도 중요하지만 다른 사람들과 함께 성경 읽는 일을 가볍게 여기지 말아야 한다.

성경 읽기를 대체할 다른 방법이 없으니 지금부터 읽어 보자! 성경과 관련된 유용한 자료가 정말 많지만 필자가 특별히 유용하다고 생각한 자료의 목록을 소개한다.

어린 자녀와 성경을 읽을 때 도움이 되는 자료

- 『큰 그림 성경 이야기(The Big Picture Story Bible)』, 데이비드 R. 헬름(David R. Helm), Wheaton, IL: Crossway

Books, 2004년. 어린이를 위한 이 성경은 창조부터 새로운 창조까지 성경을 하나의 이야기로 들려주는 놀라운 솜씨를 발휘한다.

- 『스토리 바이블』, 셀리 로이드 존스(Sally Lloyd-Jones), 두란노서원, 2021년. 이 아동서는 성경의 많은 이야기를 소개하고 그러한 이야기가 궁극적으로 예수 그리스도를 가리킨다는 사실을 설명한다.

- 『어린이를 위한 시편(Psalms for Young Children)』, 마리 엘렌느 델발(Marie-Hélène Delval), Grand Rapids: Eerdmans, 2008년. 아동을 위한 시편 버전으로, 자녀가 각 시를 읽고 이해할 수 있도록 쉽게 설명하고 풀어 썼다.

성경을 성경적으로 읽는 데 도움이 되는 자료

- 『성경(The Books of the Bible)』, Biblica (www.biblica.com/bible/resources/the-books-of- the-bible/). 말씀에 추가되어 관심을 분산시키는 부분을 없애고 성경을 처음 기록된 대로 읽을 수 있도록 원래의 버전으로 엮었으며, 말씀을 자연스러운 흐름으로 나누고 하나의 행에 배치했다. 전체 말씀 버전뿐 아니라 구약과 신약의 구획을 반영하여 여러 권으로 구성한 버전도 있다.

성경 공부를 위한 자료

- BibleMesh.com. 성경 말씀과 문맥을 통해 독자를 안내하는 혁신적인 온라인 성경 공부 과정으로 양방향으로 진행된다.

- 『이 책을 먹으라』, 유진 H. 피터슨, IVP, 2018년. 삶의 궁극적 목적에 비추어 성경을 읽도록 도전하고 안내한다.
- 『성경을 어떻게 읽을 것인가』, 고든 D. 피(Gordon D. Fee)와 더글라스 스튜어트(Douglas Stuart) 공저, 성서유니온, 2008년. 맥락에 따라 성경을 읽고 공부하도록 도와주는 고전적인 안내서다.
- 『우리로부터 성경 지키기, 성경을 제대로 읽고 그에 따라 살아가는 법(Saving the Bible from Ourselves: Learning to Read and Live the Bible Well)』, 글렌 R. 파우(Glenn R. Paauw (Downers Glove, IL: InterVarsity, 2016). 성경을 어떻게 잘못 읽고 있는지, 성경 해석을 '도우려는' 시도가 성경의 의미를 어떻게 해치는지, 성경을 성경적으로 읽으려면 어떻게 해야 하는지를 탁월하게 설명한다.

나눌 질문

1. 성경 읽기를 어떻게 배웠나요?

2. 잘못된 성경 읽기 방식에 죄책감을 느끼는 부분이 있었나요? 다른 사람들은 어떤 방식으로 읽고 있나요?

3. 성경 읽기 계획을 세웠나요? 세웠다면, 어떻게 읽을 계획인가요?

Chapter 17

성경을 믿어야 하는 이유

> 그리고 하나님의 말씀이 주장하는 것은
> 절대적이라는 사실이 항상 강조된다.
> 우리는 하나님의 말씀을 받고 신뢰하고 순종해야 한다.
> 그것은 왕이신 하나님의 말씀이기 때문이다.
> 제임스 패커(James Packer), 『하나님을 아는 지식』

기독교인 부모와 지도자들은 딜레마에 빠져 있다. 우리는 아이들에게 성경이 하나님 이야기, 현실에 대한 참된 이야기를 들려준다고 말한다. 하지만 아이들은 온라인, 언론, 학교에서 성경의 *권위와 중요성*에 의문을 제기하는 다른 목소리에 끊임없이 노출된다. 가벼이 여길 수 있는 문제가 아니다.

하나님 말씀의 권위를 의심하는 문제를 그냥 지나쳐서는 안 된다. 하지만 무턱대고 성경이 하나님의 권위 있는 책이라고 우기면서 자녀가 부모의 말을 그대로 믿으리라 기대해서도 안 된다. 아이들이 성경에 어떤 권위가 있는지를 머리로 이해해야만 한다. 성경을 하나님의 말씀으로 믿을 만한 근거를 충분히 알려 줘야 한다.

분명한 설명

우선, 명쾌하게 설명해야 한다. 하나님의 권위가 어떻게 성경을 통해 드러나는지 이해하는 데 있어 핵심은 성경이 대체 어떤 책인지를 아는 것이다. 성경은 그저 규칙을 나열하거나 복잡한 교리를 담고 있는 책이 아니다. 물론 규칙과 교리가 다 포함되어 있기는 하다. 이 책에서 지금까지 성경을 (하나님의) 이야기라고 설명했지만 그 이야기에 대해 전달할 때 사용하는 언어에 주의를 기울여야 한다. "옛날 옛적에"라는 표현은 듣는 이에게 존경과 순종을 끌어낼 수 없다. "태초에"라는 시작에는 그러한 마음이 들 수도 있지만 여기에서 그쳐서는 안 된다.

궁극적으로 성경의 권위는 그 말씀을 하신 하나님에게서 나온다. 기독교인들이 성경에 대해 말할 때 *감동(inspiration)*, *무류(infallibility)*, *무오(inerrancy)*와 같은 단어를 오랫동안 중요하게 사용한 이유가 바로 여기에 있다. 이런 단어들은 성경이라는 책의 본질을 이해하는 데 도움이 된다. 성경이 쿠란이나 몰몬경처럼 인간이 만든 다른 종교서와 다름없다면 인간에게 어떠한 권위도 갖지 못할 것이다.

필자는 성경이 다른 어떤 종교 문서와도 같지 않으며 인류 전체에 대한 권위 있는 진리를 담고 있는 원천이라고 확신한다. 하나님 말씀으로 기록된 책이기 때문이다. 우주를 만드신 하나님은 쿠란이나 바가바드기타, 몰몬경, 기타 종교 문서가 아닌 기독교 성경을 통해 우리에게 말씀하신다. 하나님은 인간 저자들을 통해 말씀하시고 성경을 이루는 66권의 각 저자가 지닌 성품을 활용해 인류에게 특별히 계시하시는 바를 기록하고 작성하도록 하셨다. 따라서 감동으로 기록된 하나님 말씀은 필자뿐 아니라 여러분과 자녀들에게도 권위를 갖는다.

성경의 권위에 대한 논증

성경의 권위에 대한 3단계의 논증을 살펴보겠다. 첫째, 성경이 하나님의 신성한 계시라는 주장이 있다. 물론 모든 세계관이 그러한 주장을 할 수 있는 것은 아니다. 예를 들어 신의 계시는 신이 존재하지 않는다고 믿는 무신론적 세계관에는 들어맞지 않으며 유신론적 세계관에서나 가능하다. 너무 뻔한 말 같지만 이 관찰은 우리의 논증에서 중요한 단계를 드러낸다. 유신론적 세계관에 기대하는 바가 있는 상태에서 유신론을 뒷받침하는 추가적인 증거를 찾는다면 전반적으로 주장이 강화된다. 따라서 성경이 권위 있는 하나님 말씀이라고 주장하기에 앞서, 첫 번째 단계로 하나님이 존재한다는 생각을 지지하는 자연 신학(일반 계시라고도 부름)을 살펴봐야 한다. 아울러 하나님의 존재를 긍정하는 논증을 통해 그분의 본성과 성품에 대해 알 수 있을 것이다.

• 1단계: 하나님의 존재

지난 30년간 기독교 철학자와 과학자의 큰 기여로 하나님의 존재에 대한 논증이 강화되었다.[1] 하나님이 존재한다는 강력한 증거를 제시할 뿐만 아니라 그분의 정체성에 대한 단서를 제공하는 3가지의 특별한 논증을 간단하게 소개할 것이다.

*우주론적 논증(cosmological arguments)*은 우주의 시작을 제1원인(First Cause) 또는 위대한 창시자(Great Beginner)가 존재한다는 증거로 든다. 영화 〈사운드 오브 뮤직〉에서 마리아는 "무에서는 유가 나올 수 없어. 아무것도 생기지 않는 법이야"라고 말한다.[2] 세상의 과학에서도 우주의 기원에 대해 시작이 있었다는 시각이 지배적이다. 우

주를 시작한 존재는 *무에서(ex nihilo)* 우주를 창조할 수 있을 정도로 전능하다. 그 존재는 우주의 구성 요소를 배치하는 물리와 화학 법칙을 통달할 정도로 지혜가 뛰어나다. 끝으로, 시간과 물질이 생겨나기도 전에 있었다면 그 존재는 영원하고 비물질적이다. 이쯤 되면 이 창시자가 하나님인 것처럼 들린다.

*미세 조정 논증(fine-tuning argument)*은 이 창시자에 대한 더 많은 정보를 준다. 우주는 믿을 수 없을 정도로 세밀하게 조정되어 있다. 이는 우주에 생명체가 탄생하기에 '딱 들어맞는' 조건이 있음을 의미한다. 예를 들어 중력과 우주 팽창 속도는 일정해야 하고 생명체가 숨쉬는 태양계에는 오로지 하나의 항성만 존재해야 한다. 과학자들은 지구라는 행성에 생명이 존재하기 위해서는 우주에 '딱 들어맞는' 우주 상수 여러 개가 있어야 한다고 말한다. 이러한 상수가 극히 미미한 오차 내에 있지 않으면 우주에는 생명체가 살 수 없다. 우주에 미세 조정이 없다면 우주 속에 생명은 존재할 수 없다. 따라서 세밀하게 조정되어 있는 우주는 미세 조정자의 존재를 암시할 뿐만 아니라, 이 미세 조정자가 우주 생명체들을 돌보고 관심을 가지고 있음을 알려 준다.

*도덕적 논증(moral argument)*은 우주를 시작하고 미세 조정한 이 존재의 성품과 사회적 특성에 대한 주장으로, 도덕 가치가 있는 이유를 가장 개연성 있게 설명한다. 사랑과 친절이 덕으로 간주되는 이유는 사랑을 베풀고 인자하신 하나님의 성품에 뿌리를 두고 있기 때문이다. 또한 도덕적 의무는 두 사람의 관계라는 맥락에서만 성립한다. 진화라는 무정한 과정에서는 도덕적 의무가 생길 수 없다. 생명이 없는 물질에는 의무를 지지 않기 때문이다. 하지만 다른 사람, 세상을 만들고 다스리는 도덕적인 법 집행자에게는 의무가 있다.

이상의 세 가지 논증은 하나님이 반드시 존재한다는 강력한 증거일 뿐만 아니라 그분이 초월적이고 지혜가 뛰어나며 능력이 있고 인격적이며 도덕적 존재임을 알려 준다. 우주는 인간을 그분에게로 인도한다. 로마서 1장 20절에서 사도 바울은 "창세로부터 그의 보이지 아니하는 것들 곧 그의 영원하신 능력과 신성이 그가 만드신 만물에 분명히 보여 알려졌나니 그러므로 그들이 핑계하지 못할지니라"라고 말했다. 자녀에게 ("성경에 그렇게 쓰여 있다"는 식의 주장이 아닌) 하나님의 존재에 대한 치우침 없는 논증을 설명하면 하나님이 실재하신다는 믿음을 더욱 키워 줄 수 있다. 그 위에 하나님의 계시를 더하면 신앙의 굳건한 토대를 만들 수 있다.

- **2단계: 신의 계시에 대한 기대**

1단계로 하나님 존재에 대한 논증을 시작하면 우리가 신이 다스리는 우주에 살고 있음을 확신할 수 있다는 점에서 긍정적이다. 하나님이 정말 살아계실 뿐만 아니라 능력과 지혜가 뛰어나며 도덕적이고 인격적인 분이라고 판단하기에 충분한 근거가 있다면 이러한 믿음은 또 다른 합리적인 예상으로 이어지게 된다. 특히 하나님의 존재하심과 그분이 어떤 분인지 고려할 때 피조물에게 스스로를 더 많이 드러내실 분이라고 기대할 수 있다. 인간의 안위에 관심이 많은 인격적이신 하나님이 우주를 아무 이유 없이 만들어 놓고 그 공간에 인간을 방치했다면 꽤 이상한 일이다. 그보다는 스스로 어떤 분이며 어떤 목적을 가지고 있는지에 대한 더 많은 정보를 보여 주리라 기대하는 편이 더 합리적이다. 인류에 대한 중요한 질문들에 답을 주실 분이라고 기대해도 좋다.

게다가 인간의 삶은 팍팍하다. 주위를 돌아보면 쾌적하게 만들어진 세상은 심각하게 타락한 상태다. 아픔, 고통, 자연재해, 기타 악행과 재앙은 뭔가 한참 잘못되었음을 보여 준다. 사실 타락은 '바깥' 세상뿐 아니라 인간의 마음 '속'에서도 발견된다. 인간 조건은 우리가 심각한 문제에 처해 있고 도움이 필요함을 알려 준다.

지혜가 뛰어나고 인격적이며 도덕적이신 하나님의 본성을 고려하면 그분은 타락한 세상에서 피조물이 고난 가운데 있는 것을 염려하고 있을 가능성이 매우 높다. 흥미롭게도, 세계의 주요 종교는 한결같이 세상에 문제가 있음을 인식하고 인간 조건을 평가할 뿐만 아니라 상황을 개선할 해결책도 제시한다. 하나님이 인류를 괴롭히는 문제에 대한 해결책을 주셨다면 인간에게는 자신이 처한 환경을 제대로 이해하고 어떤 조치를 취해야 하는지 결정할 수 있는 더 자세한 안내가 필요하다. 그러므로 신의 계시가 있을 것이라는 추론에 이르게 된다. 인간의 곤고함을 잘 아는 배려심 넘치는 창조자가 구원의 손길을 내밀 것이라 기대할 수도 있다. 따라서 하나님의 선하신 성품과 타락한 이 세상은 신의 계시를 기대하게 만든다. 이와 같은 합당한 기대는 신의 계시에 대한 구체적인 주장을 살펴보고 시험하며 진위를 평가할 충분한 이유가 된다.

- **3단계: 하나님의 계시인 성경**

성경을 신뢰할 수 있는지 시험할 여러 방법이 있지만 여기에서는 세 가지를 소개하고자 한다.

　　1. 전달: 오늘날 인류가 처한 상황에 대해 처음부터 기록되어 있었는가?

　　2. 역사성: 기록된 내용이 실제로 일어났는가?

3. 감동: 기록된 바가 정말로 하나님에게서 나왔는가?

첫째, 성경이 여러 세대를 거쳐 어떻게 전달되었는지 살펴보면 정확한 전달에 있어 성경에 비견할 만한 고대 문헌이 없다는 것을 알 수 있다. 오늘날 남아 있는 수십 만 종의 구약 및 신약 사본이 이를 뒷받침한다.[3] 따라서 마태, 마가, 누가, 요한, 바울, 베드로, 그 밖의 성경 기자들이 처음 기록한 말씀이 오늘날 우리가 읽고 있는 말씀과 동일하다고 결론 내릴 수 있다.

둘째, 구체적인 역사를 살펴보면 성경에 기록된 내용이 정확하고 믿을 만한 역사라고 결론 내릴 만한 근거가 충분하다. 예를 들어 사해문서나 가야바의 유골함과 같은 고고학적 발견은 성경의 역사성을 지지하는 수천 가지의 성경 외적 유물 중 일부다.[4] 그러므로 성경은 이스라엘의 역사와 나사렛 예수의 삶, 죽음, 부활에 대한 사실을 기록한 신뢰할 만한 사료라고 결론지을 수 있다.

셋째, 성경의 본질을 살펴보면 구석구석에서 신의 손길을 찾을 수 있다. 예를 들어 3개 대륙의 약 40명의 서로 다른 저자가 1,500년이 넘는 기간 동안 하나의 책 묶음을 통일되고 일관성 있는 이야기와 메시지로 기록할 수 있었던 이유를 어떻게 설명할 수 있을까? 인간 저자들을 통해 집필한 신이 있기 때문이다. 또 예수 그리스도라는 인물과 그분이 이룰 역사를 내다본 성경의 예언이 실제로 성취된 예가 수두룩하다는 사실은 또 어떻게 설명할 수 있을까? 미래를 알고 있는 신이 있기 때문이다. 이와 같은 증거*와 더불어* 지난 2,000년 동안 수많은 인생을 변화시킨 이 책의 강력한 영향력은 성경이 평범한 책이 아니라 하나님 말씀으로 기록되었음을 보여 주는 설득력 있는 증거다.

아울러 성경은 하나님의 감동으로 기록되었기 때문에 오류가 없다.

무류성은 모든 사실이 밝혀질 때, 처음 기록된 성경과 올바로 번역한 성경이 교리나 도덕률이든 사회, 물리, 생명 과학이든 그 확증하는 모든 바가 완전히 참된 것으로 드러남을 의미한다.[5]

무류성은 성경 말씀의 본질이라는 우리의 주된 관심사에 시선을 집중시킨다는 점에서 중요하다. 필자는 구약과 성경의 '원본'이 하나님 말씀이기 때문에 오류가 없다고 믿는다. 다음은 성경의 무류성에 대한 간단하면서도 명쾌한 논증이다.

1. 성경은 하나님의 말씀이다.

2. 하나님은 오류가 없으신 분이다.

3. 따라서 하나님 말씀에는 오류가 없다.

주장 1과 2는 참이므로 주장 3에서 도달한 결론 역시 참이다. 또한 자연 신학과 관련하여 앞서 설명한 논증은 무류성에 대한 선험적인 믿음을 제공하여 이 논증의 타당성을 크게 높인다. 하나님의 성품에서 우리는 성경의 특징을 유추할 수 있다. 하나님의 말씀인 성경은 그 말씀을 하신 하나님처럼 신뢰할 수 있으며 권위가 있는 책이다.

- **요약**

자연 신학으로 시작해 하나님이 존재하심을 믿을 만한 여러 근거들을 살펴봤다. 또한 하나님이 어떤 분이시며 인간이 어떤 곤경에 처해 있는지 고려할 때 우리는 신의 계시를 합당하게 기대할 수 있다. 끝으로,

하나님이 실제로 말씀하셨고 성경에서 가장 온전하게 자신을 드러내셨음을 보여 주는 증거들이 있다.

하나님은 가장 권세 있는 분이기 때문에 성경에는 권위가 있다. 참되고 선하신 분이신 그분처럼 성경 역시 그러하다. 따라서 성경을 권위 있는 하나님 말씀으로 신뢰할 수 있다. 또한 이러한 이유에서 성경은 세상에 대한 가장 중요한 믿음의 토대가 되고 다른 모든 지적인 주장을 시험할 수 있는 궁극적인 원천이 된다. 이는 성경이 세상에 대한 이야기를 들려주는 한편 인간에게 세상의 그 어떤 종교와 견줄 수 없을 정도로 놀라운 요구를 한다는 점에서 중요하다.

성경이 신뢰하고 의지할 수 있는 책인지 알려 주는 근거를 파고들기를 두려워하지 말라. 세상에 성경과 같은 책은 없다.

- **더 많은 자료**

  - 『베테랑 형사 복음서 난제를 수사하다』, J. 워너 월리스(J. Warner Wallace), 새물결플러스, 2017년
  - 『성경의 탄생』, 닐 R. 라이트풋(Neil R. Lightfoot), 미션월드 라이브러리, 2012년
  - 『성경에 대한 의문, 성경의 권위에 대한 11가지 주요 도전 과제(Questioning the Bible: 11 Major Challenges to the Bible's Authority)』, 조너선 모로우(Jonathan Morrow) (Chicago: Moody, 2014)
  - Stand to Reason – www.str.org

나눌 질문

1. 성경은 다른 책과 어떻게 다른가요?

2. 17장을 참고하여 우리가 성경을 신뢰할 수 있는 이유를 요약해 보세요.

3. 성경에 진실로 권위가 있다면 여러분의 삶에 어떤 영향을 미칠까요?

Chapter 18

올바른 다원주의

*우리는 모든 종교가 기본적으로
동일하다고 생각한다⋯
창조, 죄, 천국, 지옥, 하나님, 구원 문제에서만
견해차가 있을 뿐이라며.
스티브 터너, 〈신경(信經)〉*

자신의 세계관을 자동차 범퍼 스티커로도 표현하는 시대다.

주로 1980년대식 볼보나 1990년대식 스바루 자동차의 뒷 범퍼에 이런 스티커가 붙어 있는데 여러 종교 심볼을 글자처럼 이어 붙여서 '공존(COEXIST)'하라고 한다. 물론 어떻게 공존할 수 있는지에 대해 자세히 설명해 주지는 않는다. 대신 탈기독교적인 다문화 맥락에서 범퍼 스티커를 통해 주창하는 평화로운 세상을 가로막고 있는 주범을 지목한다. 바로 배타적인 종교다.

교회 내에서도 다른 종교가 틀렸다는 주장을 불편하게 여기는 사람들이 많다. 오직 하나의 종교만 참되다는 주장에 동의하는 비율이 보수 개신교의 십 대에서 46퍼센트에 불과하며 주류 개신교의 십 대에서는 26퍼센트에 그친다.[1] 성인들의 응답도 별반 다르지 않다. '나의 종교는 영생으로 이끄는 유일하게 참된 신앙이다'라는 진술에 복음주의 개신교인의 36퍼센트만 동의하며 주류 개신교인 중에서는 동의 비율이 12퍼센트에 그쳤다. 대신 복음주의 개신교인의 57퍼센트와 주류 개신교인의 83퍼센트는 '영생으로 이끄는 종교가 여럿일 수 있다'는 말에 동의한다.[2]

오직 기독교만 진리인가, 아니면 여러 종교적 선택지의 하나일 뿐인가? 기독교인은 다원주의자인가? 다원주의자여야 하는가?

답은 *다원주의*의 쓰임에 따라 달라진다. 다원주의라는 단어가 *서술적*으로 사용된다면 '우리는 다원주의 사회에 살고 있다'는 진술은 참이다. 힌두교도나 무슬림을 만나려면 대양을 건널 필요 없이 도로 하나만 건너면 되는 세상이다. 이런 의미라면 기독교인은 자신이 종교적으로 다양한 문화에 살고 있음을 인식하고 기독교 세계관을 설명할 준비가 되어 있으면서도 모든 사람이 태어나면서부터 존귀하다고 인정하는 다원주의자가 될 수 있고 또 그래야만 한다.

안타깝게도 오늘날 다원주의는 *규범적인* 의미로 사용되는 경우가 대부분이다. '우리는 다원주의 사회에 살고 있다'라는 말이 곧 우리가 종교적으로 다양한 문화에 살고 있으므로 그 어떤 종교도 다른 종교와 다르게 유일한 진리라거나 우월하다고 주장해서는 안 된다는 뜻일 때가 많다. 그렇게 주장하면 편협의 극치라는 비난을 받게 된다.

종교와 진리에 대한 문화의 가르침

1. 모든 종교는 동등하게 진리이며 신에게 이를 수 있는 길이다.

기독교, 유대교, 이슬람, 힌두교, 불교 등 모든 종교는 같은 곳으로 향하며 목적지에 이르는 길이 서로 다를 뿐이다. 오늘날 문화의 다원주의적 관점은 이렇게 요약된다.

이 주장은 단순한 논리만으로도 반박할 수 있다. 기본적인 논리 법칙 중 하나인 비모순율에 따르면 서로 상반되는 견해는 동시에, 같은 방식으로 참일 수 없다. 여러 종교는 특정 주장을 놓고 모순적인 입장을 취한다. 예를 들어 이슬람에서는 단일신론을 주장하지만 기독교에서는 삼위일체 하나님이라고 가르친다. 힌두교와 불교에서는 인간이 죽으면 다시 태어난다는 환생을 믿지만 이슬람과 기독교에서는 천국이나 지옥이 인간의 종착지라고 가르친다. 이 모든 관점이 동시에 참이 된다는 말은 마치 2 더하기 2가 4 *이면서 동시에* 5라는 주장과 같이 잘못된 것이다. 2 더하기 2의 답은 상호 배타적이다. 즉, 4와 5라는 답이 동시에 거짓일 수는 있지만 동시에 참일 수는 없다.

게다가 다원주의의 가정은 그 자체의 주장을 약화시킨다. 배타주의는 어느 한 종교가 객관적으로 참일 수 있음을 긍정한다. 따라서 여러 종교 간의 모순되는 주장은 거짓이다. 다원주의는 어느 한 종교가 배타적으로 진리라는 주장을 거부해야 하며, 대신 모든 종교의 관점을 동일하게 참된 것으로 받아들여야 한다고 말한다. 어떤 문제가 있는지 보이는가? 다원주의 역시 배타주의를 물리치려는 주장에서 배타주의를 배제함으로써 배타적인 태도를 취하고 있는 것이다.

2. 종교는 객관적인 진리가 아닌 취향의 문제다.

취향은 어느 한 개인이나 주체의 호불호에 기반한 것으로, 지극히 주관적이다. 예컨대 초콜릿 아이스크림을 좋아하는 사람이 있고 바닐라 아이스크림을 좋아하는 사람이 있지만 누구도 단 하나의 진실된 맛이 있다고 우길 수 없다. 내가 좋아하는 것을 상대가 좋아하지 않을 수 있고, 그 반대일 수도 있다. 많은 사람이 종교적 주장을 아이스크림 고르기와 같은 방식으로 접근한다. 기독교인에게는 그들이 믿는 진리가 있고 무슬림에게도 그들만의 진리가 있다고 생각하는 것이다.

하지만 이는 개인의 취향이 아닌 현실의 본질에 기반한 종교적 주장의 성격을 오해한 것이다. 종교는 하나님, 인류, 구원, 사후 등의 본질에 대한 객관적인 주장을 펼친다. 기독교인이나 무슬림이 '신이 존재한다'라고 말하는 것은 신의 존재에 대한 객관적인 주장이며 그 주장의 진리 값은 주장을 하는 사람의 생각이나 말과는 무관하다. 객관적 주장은 누군가가 그것을 믿기 때문에 참된 것이 아니다. 누가 믿든 믿지 않든 참이거나 거짓이다. 각 종교는 현실에 대한 저마다의 신념을 가지고 있다. 종교마다 세상에 대해 진실이라 믿는 이야기를 내세우며 이러한 이야기는 객관적으로 옳거나 틀리다.

3. 사우디아라비아에 태어난 사람은 기독교인이 아닌 무슬림이 될 것이다. 종교적 관점은 그저 사회학적 조건의 산물일 뿐이다.

사람들이 자기가 속한 나라나 문화의 지배적인 종교에 체화될 가능성이 높은 것은 사실이지만 이것이 어떤 종교의 세계관이 참인지 거짓인지를 알려 주지는 않는다. 다시 말하지만 종교는 사람들이 어떻게 믿는지와는 상관없이 현실에 대한 참 또는 거짓의 객관적 주장을 한다. 3번의 오해에서 주장하고 있는 종교적 신념의 사회학은 종교적 신념의 발전을 이야기할 뿐, 어떤 종교적 주장이 참인지 거짓인지에 초점을 두지 않는다. 종교가 문화의 산물일 뿐이라고 일축하는 태도는 발생론적 오류를 범하는 것이다.[3]

4. 자신의 종교가 유일한 진리라고 생각하는 사람은 편협하다.

기독교가 진리이고 다른 종교는 거짓이라는 대범한 생각을 한다면 당장 편협한 사람으로 몰릴 것이다. 혹은 편견에 사로잡혀 있거나 속이 좁은 사람으로 비칠 것이다.

이는 남을 매도하는 태도에 지나지 않는다. 논리적 용어로는 *인신공격의 오류*라고 하는데, 주장이 아닌 주장을 한 사람을 공격하는 것이다. 어떤 주장이 참이냐 거짓이냐의 문제는 그 주장을 한 사람에 대한 개인적인 생각과는 전혀 관계가 없다. 세상에서 가장 멍청한 사람이라도 종교적 관점은 올바를 수 있다.

종교적 진리에 대한 주장에 편협하다고 응수하는 사람이 있다면 굳이 방어하는 자세를 취할 필요 없이 "그게 무슨 의미인가요?"라고 물어보라.

오늘날의 문화에서 편협하다는 말은 나는 옳고 다른 사람은 틀리다고 생각하는 태도를 뜻한다. 그런데 타인을 편협하다고 비판하는 시각은 자기 모순적이다. 기독교가 진리라는 주장이 그릇되다고 생각하는 사람이야 말로 자신이 옳고 상대가 *틀리다*고 여기는 것이기 때문이다. 정의에 따르자면 그들 역시 편협한 사람이다!

원래 관용이라는 말은 중요한 문제에 대해 의견이 일치되지 않더라도 의견이 다른 사람을 '너그럽게 대하여' 견해가 엇갈리는 중에도 서로 존중하는 것을 뜻한다.

종교와 진리에 대한 기독교의 관점

기독교의 이야기는 '옛날 옛적에'가 아닌 '태초에 하나님이'로 시작한다. 성경의 하나님은 실재하고 참되시며 만물을 말씀으로 지으셨다.(시편 33편 6절) 인간이 타락한 후 하나님은 이스라엘이라는 위대한 나라를 세우고 택하신 백성을 통해 세상의 모든 족속에게 복을 내려 인류를 구속하고 회복시킬 것이라는 언약을 아브라함과 맺으셨다.(창세기 12장) 유대인에게 주신 첫 번째이자 가장 큰 계명은 유일한 진리인 하나님만을 섬기라는 명령이었다.(출애굽기 20장 3~6절, 신명기 6장 1~5절) 백성들이 범죄할 때마다 하나님은 이스라엘 백성에게 선지자들을 보내어 "이스라엘의 왕인 여호와 이스라엘의 구원자인 만군의 여호와가 이같이 말하노라 나는 처음이요 나는 마지막이라 나 외에 다른 신이 없느니라(이사야 44장 6절)"라고 일깨우셨다.

이스라엘 지도자들은 유일한 진리인 여호와를 몇 번이고 배반했으며, 결국에는 나라가 분열되어 멸망하기에 이르렀다. 하나님은 타락한 인간이 스스로를 구원할 수 없음을 이스라엘을 통해 보이셨지만 아브라함과 맺은 언약을 잊으신 적이 없었다. 인간 스스로 할 수 없는 일을 하나님이 친히 대신하기까지 하셨다. 빌립보서 2장 7~8절은 삼위일체 하나님의 두 번째 위격인 예수님이 "오히려 자기를 비워 종의 형체를 가지사 사람들과 같이 되셨고 사람의 모양으로 나타나사 자기를 낮추시고 죽기까지 복종하셨으니 곧 십자가에 죽으셨다"라고 말한다. "친히 나무에 달려 그 몸으로 우리 죄를 담당하셨으니 이는 우리로 죄에 대하여 죽고 의에 대하여 살게 하심이라 그가 채찍에 맞음으로 너희는 나음을 얻었나니.(베드로전서 2장 24절)"

다시 말해 기독교 이야기는 처음부터 끝까지 실제 세계에서 일어난다. 이 이야기는 취향의 문제가 아니라 객관적인 역사다. 기독교의 주장은 참 아니면 거짓인 것이다.

역사적으로 검증 가능한 이 이야기에서 예수님은 "내가 곧 길이요 진리요 생명이니 나로 말미암지 않고는 아버지께로 올 자가 없느니라

(요한복음 14장 6절)"라고 담대하게 선포하셨다. 그분을 가까이에서 따르던 제자들은 처음부터 예수님의 배타적인 메시지를 반복했다. "다른 이로써는 구원을 받을 수 없나니 천하 사람 중에 구원을 받을 만한 다른 이름을 우리에게 주신 일이 없음이라.(사도행전 4장 12절)"

예수님이 인간으로 오셔서 역사하신 것을 하나님 이야기의 전체 맥락에서 살필 때에야 비로소 예수님이 하나님에게 이를 수 있는 유일한 길인 이유를 이해할 수 있다. 왜 예수님이 구원의 유일한 길인가? 인간의 타락 때문이요, 죄 때문이다. 죄는 인간을 거룩하신 하나님으로부터 분리시키며 죄는 신의 정의에 따라 처벌할 수밖에 없다. 예수님은 죄의 문제를 해결하신 유일한 분이기 때문에 그분만이 길이다. 그 어떤 종교 지도자도 하나님의 죄 없는 어린 양인 예수님이 하신 일을 하지 못했으며, 할 수도 없다. 예수님은 인간이 지은 죄의 값을 치르시고 하나님의 공의를 이루셨다. 예수님이 "너희가 만일 내가 그인 줄 믿지 아니하면 너희 죄 가운데서 죽으리라(요한복음 8장 24절)"라고 말씀하신 이유가 여기에 있다.

우리는 하나님의 배타적인 계획을 거부하는 대신 병든 환자가 깨끗이 나았을 때 기뻐하듯 감사해야 한다. 예수님의 죽음과 부활이라는 배타적인 계획을 통해 구속되고 회복되는 것은 우리가 기뻐해야 할 이유다. 이것이 복음, 즉 좋은 소식이라고 불리는 이유다.

자녀가 이 새로운 유형의 올바른 다원주의를 알아가도록 도울 방법

1. 자녀에게 기독교가 객관적 진리임을 가르친다. 먼저 진리를 강조하고 그 다음에 경험을 들려준다. 하나님은 단순히 우리가 그렇게 느끼

기 때문에 실재하시는 것이 아니다. 우리가 느끼지 못하는 순간에도 살아계신다. 이스라엘 백성이 하나님을 향한 사랑에서 벗어난 순간에도 하나님은 계속 하나님이셨다. 그분은 이스라엘 백성이 믿든 믿지 않든 항상 만물을 다스리는 전능한 주셨다. 자녀가 기독교 신앙을 주로 진리의 측면에서 바라볼 수 있도록 도와야 한다. J. 워너 월러스(J. Warner Wallace)는 "기독교가 내게 '도움이 되어서'가 아니라 진리이기 때문에 기독교인이 되었다. 진리를 드러내는 삶을 살고 싶었기 때문에 기독교인이 되었다. 진리에 대한 깊은 갈망을 채울 다른 방법이 없기 때문에 기독교인이 되었다."라고 고백했다.[4]

2. 자녀에게 기독교가 객관적 진리인 이유를 가르친다. 자녀에게 '무엇을' 가르치는 것만으로는 충분하지 않다. '왜' 그런지도 가르쳐 줘야 한다. 따라서 기독교 신앙을 지지하고 기독교 신앙이 진리인 이유와 증거를 제시하는 변증법은 자녀가 제자로 성숙해 가는 데 중요한 역할을 한다.(베드로전서 3장 15절) '성경에 그렇게 써 있다'라는 답변에서 한발 더 나아가 하나님, 예수님, 성경에 대한 합리적인 논증과 역사적 증거로 자녀를 준비시켜야 한다. 자녀가 중학교와 고등학교 생활을 하는 동안 기독교 변증론을 자주 가르쳐 줘야 한다. 자녀가 집을 떠나기 전에 자신 있게 답할 수 있도록 준비되어야 하는 네 가지 중요한 질문을 소개한다.

1. 진리라는 것이 존재하며, 우리가 진리를 알 수 있나요?
2. 하나님이 존재하며, 하나님이 존재한다는 증거가 있나요?
3. 예수님이 정말 죽음에서 부활하셨으며, 부활의 증거가 있나요?
4. 성경을 믿을 수 있으며, 믿을 만한 책이라는 증거가 있나요?

감사하게도 이러한 질문에 답하는 데 도움이 되는 기독교 변증론과 세계관을 담은 책, 웹사이트, 커리큘럼 자료가 많다. 우선 www.str.org (Stand to Reason)과 www.colsoncenter.org (콜슨 기독교 세계관 센터) 사이트를 방문해 보라.

3. 자녀에게 다른 종교의 관점을 알려 준다. 거짓된 신념으로부터 자녀를 차단시키는 것은 좋은 전략이 아니다. 예방 주사를 놓아 줘야 한다. 자녀가 세상을 살아가는 동안 지하실에 갇혀 있지 않는 한 세상의 거짓된 신념에 노출될 *수밖에 없다*. 학급에서 무슬림 친구들을 만나고 불교도인 상사와 일하게 되며 무신론자 교수에게 배우고 몰몬교 이웃을 마주칠 것이다. 이러한 다원주의 세계에서 그리스도의 담대한 대사가 되려면 자녀가 다른 세계관을 살펴보고 문제를 제기할 수 있도록 준비시켜야 한다.

필자 생각에 다른 종교와 세계관을 가르칠 수 있는 가장 효과적인 방법은 교실이 아닌 실제 삶에서 깨닫게 하는 것이다. 실제적인 개념을 정립할 수 있도록 돕는 방법들이 있다.

- www.mormon.org/missionaries를 둘러보고, 몰몬 선교사를 가정이나 중고등부 모임에 초대한다. 그전에 www.mrm.org (몰몬 연구 사역)에 들어가 자녀와 함께 고민해 본다. 선교사를 만나는 자리에 자녀와 동행하고 몰몬교와 기독교 간에 상호 배타적인 주장에 대해 대화를 나눈다. 그런 후 자녀에게 모임에 대한 생각을 들어본다.

- 자녀와 모스크나 절과 같은 가까운 종교 시설에 들러 그곳의 종교인과 대화를 나눈다. 무엇을 믿는지와 그렇게 믿는 이유에 대한 여러 질문을 친절하게 물어보라. 그런 후 자녀에게 대화에 대한 생각을 들어본다.

- 저녁 식사에 기독교인이 아닌 이웃을 초대하여 4장에서 설명한 다섯 가지 중요한 세계관 질문(기원, 정체성, 의미, 도덕성, 운명)에 대한 답을 가족들 앞에서 나눠 달라고 요청하고 질문을 한다. 그런 다음 자녀에게 답변에 대한 생각을 들어본다.

4. 자녀에게 좋은 질문을 하는 방법을 가르친다. 자신의 믿음에 대한 이유를 설명해야 하는 것은 기독교인만이 아니다. 모든 세계관은 그렇게 바라보는 타당한 이유를 설명할 수 있어야 한다. 자녀에게 (1) 그게 무슨 의미인가요? (2) 그게 진실인지 어떻게 아나요? 라는 질문을 하도록 틈틈이 가르친다. 자녀가 어떤 사람을 만나더라도 두 가지 질문을 해볼 수 있다. 필자의 경험상 대다수의 사람들은 영적 문제와 관련해 자신이 어떤 믿음을 가지고 있는지 또는 그렇게 믿는 이유가 무엇인지 잘 모른다. 자녀들이 이를 깨닫고 변증론으로 무장하면 다원주의 세계에 살아갈 수 있는 자신감을 얻을 것이다.

5. 모든 대화에서 진리와 은혜의 본을 보인다. 비기독교인과 대화를 나눌 때의 목적은 논증에서 이기는 것이 아니라 상대방의 마음을 얻는 것임을 기억해야 한다. 친절하고 다정한 태도를 갖추지 않으면 오만한 멍청이로 비칠 것이다. 하지만 진리에 대한 지식이 부족한 경우에도 무지하고 교육받지 못한 사람으로 무시당할 수 있다. 예수님처럼 진리와 은혜에 충만해야 한다.(요한복음 1장 14절) 다른 사람들도 하나님의 형상대로 지어졌기 때문에 품위 있게 대하고 존중하되, 복음의 배타적인 성격이 약해지도록 양보해서는 안 된다.

6. 자녀가 다른 이들의 반박에 대응할 수 있도록 준비시킨다. 예수님이 하나님에게 이를 수 있는 유일한 길이라는 주장이 인기를 얻을 수 없는 시대이기에 자녀가 복음에 대한 세상의 반응에 대해 어떻게 성경

적으로 대처할지 고민해야 한다. 세상 사람들은 화를 낼 것이다. 베드로는 예수님을 "부딪치는 돌과 걸려 넘어지게 하는 바위(베드로전서 2장 8절)"라고 표현했다. 1세기 팔레스타인에서 예수님을 전했을 때 제자들이 어떤 대접을 받았을지 그려 보라. 체포되고, 관리들에게 붙들려 갔으며, 복음의 전파를 중단하라는 명령을 받았고, 매를 맞고 풀려났다. 여기에 제자들은 어떻게 반응했는가? "사도들은 그 이름을 위하여 능욕받는 일에 합당한 자로 여기심을 기뻐하면서 공회 앞을 떠나니라 그들이 날마다 성전에 있든지 집에 있든지 예수는 그리스도라고 가르치기와 전도하기를 그치지 아니하니라.(사도행전 5장 41~42절)" 이것이 곧 우리의 모습이어야 한다.

올바른 다원주의자

셰인은 짜릿함에 전율했다. 셰인과 여자 친구 프란체스카는 동네 식당에서 냉소적인 친구들을 만나 몇 시간 동안이나 대화를 나눈 터였다. 하나님을 지지하는 철학적 논증으로 대화를 시작한 두 사람은 냉소하던 친구들이 하나님은 분명히 존재하신다고 인정하는 단계에 이르는 데 성공했다.

이제 두 사람은 기독교에 대한 대화로 옮겨 갔는데, 친구들은 모든 종교가 기본적으로 같다는 주장을 펼치면서 기독교의 배타성에 거부감을 드러냈다. 셰인과 프란체스카는 여러 종교적 관점이 서로 어떻게 다른지를 설명하면서 하나님, 구원, 사후에 대한 다양한 주장이 상호 배타적이라고 지적했다. 그런 다음 기독교가 진리인 증거를 제시했다. 이들의 대화는 하나님과 종교에 대한 방대한 주제를 모두 훑고 나서야 끝이

났다.

아마 셰인과 프란체스카가 누구인가 궁금할 것이다. 필자가 강사로 나섰던 미주리의 여름 수련회에 참석했던 고등학생들이었다. 수련회가 끝나고 몇 주 뒤 셰인은 친구들과 나눈 세세한 대화를 메시지로 보내 줬다. 기독교인 학생들이 기독교에 냉담한 친구들과 대화를 나눌 때 필자는 당황스러운 마음이 들곤 한다. 기독교인 학생이 자신의 믿음에 의심을 품는 것으로 대화가 끝나는 경우가 적지 않기 때문이다. 무슨 일이 벌어졌는지 상황 파악이 될 때 즈음 학생들은 산산조각난 자신의 믿음을 회복시켜 달라고 부탁한다.

이번에는 달랐다.

셰인이 친구들과 대화를 시작하자 얼굴에 거부감이 확연히 드러났지만 대화하는 *중에* 자신감이 생겼다고 한다. 그리고 대화를 나눈 *이후* 그리스도에 대한 믿음이 '더 강해진' 것을 느꼈다고 고백했다. 프란체스카는 친구들과의 대화 덕분에 기독교에 대해 '더 치열하게' 고민하게 되었다면서 그리스도에 대한 새로운 믿음이 샘솟았다고 말했다.

셰인과 프란체스카의 경험은 믿음의 도전을 받는 일반적인 기독교인 학생들과 어떤 점에서 다른가? 두 사람은 친구들과 만나기 전에 훈련을 받았다는 것이 다르다. 여름 수련회가 열린 5일 동안 세계관과 변증론에 대해 배우면서 믿지 않는 친구들과 소통할 준비가 되었다. 복음을 전하기 전에 믿음의 굳건한 토대를 준비시킨 덕분에 냉소적인 도전을 받고 산산조각난 마음을 추스르도록 도울 필요가 없었다.

프란체스카는 고백했다. "수련회 전에는 교회에서 놀라운 경험에 사로잡히더라도 머리로는 기독교가 이해되지 않았어요. 수련회에서 들은 모든 메시지는 기독교가 진리라고 이성적으로 이해하는 데 도움이 되어서 머리와 가슴이 조화를 이루게 되었어요. 감사합니다!"

청년들을 그리스도의 진리로 무장시키면 누구를 만나더라도 담대하고 자신감 있게 상대할 수 있다. 다원주의 세계를 살아갈 수 있는 굳건한 토대를 마련하도록 돕는다면 다음에 감사 인사를 받을 주인공은 여러분이다.

- **더 많은 자료**

  - 『진리의 기독교』, 노먼 L. 가이슬러(Norman L. Geisler)와 프랭크 튜렉(Frank Turek) 공저, 좋은씨앗, 2009년
  - 『알라를 찾다가 예수를 만나다』, 나빌 쿠레쉬(Nabeel Qureshi), 새물결플러스, 2016년
  - 임팩트 360 인스티튜트(Impact 360 Institute's Gap Year and Student Conferences) – www.impact360institute.org
  - 서밋미니스트리(Summit Ministries Student Conferences) – www.summit.org

나눌 질문

1. 다른 세계관을 가진 사람과 나눴던 대화를 설명해 보세요. 대화가 생산적이었나요, 아니면 좌절감을 줬나요? 어떤 점에서 그랬나요?

2. 오늘날 문화에서는 진리를 어떻게 정의하나요? 더 나

은 정의는 무엇인가요?

3. "어떤 종교가 다른 종교보다 더 낫다고 믿는 것은 편협하다."라는 말에 어떻게 답할 수 있을까요?

Chapter 19

문화를 향해 나아가는 복음

*복음은 우리에 갇힌 사자와 같다.
지키고 서 있을 대상이 아니라
우리 밖으로 풀어 줘야 한다.*
작자 미상

지금까지 어떻게 방어해야 하느냐에 주로 초점을 맞춰 왔다. 사실 이 책의 목표는 제목에서 알 수 있듯 학생들이 문화라는 바다에 빠지지 않고 잘 항해할 수 있도록 돕는 것이다. 우리는 단순히 이 시대의 문화에서 생존하도록 부르심을 받은 사람들이 아니다. 문화에서 충성스러운 대사의 역할을 하도록 부름받은 이들이다.

예레미야 28장에서 하나님은 예레미야에게 거짓 선지자 하나냐가 바벨론에서 풀려나는 시기와 관련하여 이스라엘 백성을 호도하고 있다면서 그에 맞서라고 말씀하셨다. 백성들 앞에서 하나냐는 하나님이 2년 안에 바벨론을 무너뜨리고 이스라엘 백성을 예루살렘으로 되돌려 보내실 것이라고 선포했다. 하나냐의 예언은 빗나갔다.

하나님은 이스라엘 백성이 바짝 엎드려서 구출되기만을 기다리기보다는 망명지에서 온전한 삶을 살기를 원하셨다. 예레미야를 통해 백성들에게 주신 명령에서 이를 알 수 있다.

> 너희는 집을 짓고 거기에 살며 텃밭을 만들고 그 열매를 먹으라 아내를 맞이하여 자녀를 낳으며 너희 아들이 아내를 맞이하며 너희 딸이 남편을 맞아 그들로 자녀를 낳게 하여 너희가 거기에서 번성하고 줄어들지 아니하게 하라
> 너희는 내가 사로잡혀 가게 한 그 성읍의 평안을 구하고 그를 위하여 여호와께 기도하라 이는 그 성읍이 평안함으로 너희도 평안할 것임이라
>
> (예레미야 29장 5~7절)

이스라엘 백성처럼 오늘날의 기독교인도 선거나 휴거와 같은 단기적인 해결책이 주어지기를 기대하는 헛된 희망을 품을 수 있다. 특히 주변의 문화가 통제 불능 상태에 빠진 것처럼 보일 때는 더욱 그렇다. 하지만 환경이 변화하기를 꿈꾸는 것은 성경적인 소망이 아니다. 성경적인 소망은 창조부터 새로운 창조까지 세상에 대한 성경의 이야기가 바로 우리의 진실된 이야기로서 예수 그리스도의 부활로 보증된다는 사실에 분명히 발을 딛고 있다.

바벨론에서 포로 생활을 하던 백성들처럼 우리도 이 시대의 문화에서 온전히 살아가는 방법을 배워야 한다. 이제 소개할 네 가지 질문은 하나님의 이야기를 바탕으로 하며, 주변 문화가 제기하는 도전에 맞서는 데 도움이 된다.[1]

질문 1: 어떤 선한 것을 기념하고, 보호하고, 알리고, 지킬 수 있는가? 하나님이 세상을 선한 곳으로 창조하셨기 때문에 암흑의 시대에도 아름다움이 완전히 사라지지 않았다. 거짓이 판치는 순간에도 진리는 살아 있다. 기독교인은 문화에서 하나님의 성품과 본성이 드러나는 이

와 같은 면을 *기념해야* 한다. 기술을 선한 일에 사용하고, 진실된 이야기를 들려주고, 멋진 예술 작품을 창작하여 감상할 수도 있다.

사실 비기독교인이 탄복할 만한 훌륭한 문화적 상품을 만드는 경우도 많다. 적절한 주의를 기울이기만 한다면, 이러한 진리에서 멀어질 필요가 없다. 결국 "온갖 좋은 은사와 온전한 선물이 다 위로부터 빛들의 아버지께로부터" 내려온 것이기 때문이다.(야고보서 1장 17절) 신학자들은 이를 *일반 은총(common grace)*이라고 부른다. 하나님은 타락했지만 그분의 형상을 닮은 사람들까지도 사용하셔서 세상을 선, 진리, 아름다움으로 축복하신다.

질문 2: 지금은 결여되어 있지만 내가 기여할 수 있는 부분은 무엇인가? 기독교인은 문화를 *만들어야* 한다.[2] 예레미야가 이스라엘 백성에게 말한 것과 같이 집을 짓고, 자녀를 낳고, 텃밭을 만들어 열매를 먹고, 결혼하여 이방 사회에도 선한 것을 전해야 한다. 이스라엘 백성이 바벨론에서 포로 생활을 할 당시에도 다니엘은 바벨론의 관리들에게 지혜와 지식을 나눠줬다. 세계를 뒤덮고 있던 극심한 빈곤 문제가 지난 수십 년간 빠르게 해결된 데에는 기독교인이 부를 창출할 수 있는 자원을 나눈 것이 큰 기여를 했다. 『그린 엠버(The Green Ember)』 시리즈의 저자 S. D. 스미스(S. D. Smith)와 같은 차세대 기독교 작가들은 어린이들의 상상력을 키워 주는 훌륭한 이야기를 선보이고 있다.

질문 3: 어떤 악을 막을 수 있을까? 기독교인들이 문화에 *맞서야만* 할 때도 있다. 하나님은 악을 미워하신다. 그분의 백성인 우리들도 그래야 한다. 하나님을 사랑한다면 그분에게 드려야 할 찬양을 우상이 가로채고 욕정과 폭력이 그분의 형상을 해칠 때 아테네에서 바울이 그랬듯 괴로움을 느껴야 한다. 영국의 노예 무역 폐지 운동부터 오늘날의 낙태 반대 운동까지 역사적으로 기독교인들은 악에 용기 있게 맞서면서 하나님을 높였다.

하지만 많은 사람들이 *'나는 윌리엄 윌버포스(William Wilberforce, 영국의 정치가로 복음주의의 영향을 받아 노예제 폐지에 앞장섰다 - 옮긴이 주)가 아닌 걸. 내가 무슨 영향력을 끼칠 수 있겠어? 유명한 기독교 활동가와 같은 기반이나 능력이 내겐 없는데'* 하고 생각할 것이다. 그럴지도 모르지만 우리에게도 스마트폰에 음란물이 침투하지 못하도록 막을 힘은 있다. 무고한 사람들이 학살되는 일에 반대표를 던지고 반대 의견을 낼 수 있다. 자기 마음 속에 있는 인종 차별주의에 맞설 수도 있다. 그 어떤 악이든 할 수 있는 대로 막아야 한다.

질문 4: 무너져 있지만 회복시킬 수 있는 곳은 어디인가? 문화에서 많은 부분을 구원으로 이끌 수 있다. 가능한 한 기독교인은 문화를 활용하고 바로잡아 하나님이 주신 잠재력이 발휘될 수 있도록 이끌어야 한다. 무너진 관계는 얼마든지 화합을 이룰 수 있으며 범죄와 구속으로 고통받는 가족이 회복되고 공동체에 다시 합류할 수 있다. 각 사람 속에 있는 존귀함이 회복되도록 새로운 유행을 만들 수 있다.

이상의 네 가지 질문은 기독교인이 오늘날 문화의 신념, 제도, 유행, 인기, 습성을 올바르게 *기념하고, 창조하고, 맞서고, 활용하거나 바로잡는* 방식을 발견하도록 돕는다. 아름다운 예술 작품, 찬란한 발상, 흥미로운 이야기를 기념해야 한다. 이 시대의 문제를 해결하기 위해 새로운 정책적 해법을 마련하고 뛰어난 발명을 해내야 한다. 거짓말, 중상, 거짓 종교에는 맞서야 한다. 하나님 나라를 위해 새로운 기술을 활용해야 한다. 다른 사람에 대한 거짓 정보와 오해를 바로잡고 진실로 대신해야 한다.

특정 상황에 어떤 접근 방식을 취하는 것이 옳은지 분별하기가 쉽지 않을 때도 있지만 기독교인은 문화를 수동적으로 소비하는 데 머물러서는 안 된다. 대신 현명한 결정을 내릴 수 있도록 그리스도의 지체들이 지혜를 모아야 한다.

부르신 그곳에서

문화 권력의 주도권을 쥐어야만 변화를 일으킬 수 있다고 오해하는 기독교인들도 있다. 물론 하나님이 높은 자리에 부르신 이들도 있지만 우리 모두는 각자 처한 곳에서 신실하게 영향력을 발휘하도록 부르심을 받은 사람이다.

모든 사람에게는 신학자 T. M. 무어(T. M. Moore)가 '자기만의 선교지'라고 표현한 자리가 있다.(3) 우리는 가족, 이웃, 공동체, 교회, 사회에서 만나는 사람들과 교류하면서 기념하고, 만들고, 맞서고, 활용하고, 바로잡아야 할 문화 속에 있다. 3장에서 설명했듯 함께 어울리는 사람들을 위한 자리로 부르심을 받은 것이다.

자녀가 성장하면서 미래를 그려 나갈 때 자신이 있는 그 자리에 사명을 가지고 있음을 깨달을 수 있도록 도와야 한다. 하나님은 자녀들에게 능력, 경험, 관계를 부어 주시며 세상에 그분의 대사로 보내셨다. 자신의 소명을 발견하는 방법에 대한 프레더릭 비크너(Frederick Buechner)의 제안을 살펴보자.

> 시급하게 온갖 다양한 일에서 나를 부르는 목소리들을 듣게 된다. 문제는 어떤 목소리가 하나님의 부르심인지를 찾는 것이다. 일반적으로 그 목소리를 찾는 데 도움이 되는 방법은 이렇다.

하나님이 부르시는 일은 (1) *자신이 간절히 원하는 일* (2) *세상이 가장 원하는 일이다.*

자기 일이 무척 재미있게 느껴진다면 (1)을 충족하고 있을 가능성이 높다. 하지만 데오도란트 TV 광고를 만드는 일을 하고 있다면 (2)는 놓치고 있을 가능성이 높다. 반대로 나환자 수용소에서 일하는 의사라면 (2)는 충족하겠지만 대부분의 업무 시간에 따분함이나 절망감을 느끼는 경우 (1)을 놓치고 있을 뿐만 아니라 환자들에게도 큰 도움을 주지 못할 수도 있다.

하나님이 당신을 부르시는 곳은 마음 속 깊은 데서 기쁨을 느끼면서도 세상이 절실하게 원하는 일이 만나는 바로 그 지점이다.[(4)] (강조 추가)

아멘.

나눌 질문

1. 나의 영향력이 미치는 범위에서 기념하고, 보호하고, 알리고, 지킬 만한 선한 것에는 무엇이 있나요?

2. 나의 영향력이 미치는 범위에 지금은 결여되어 있지만 내가 기여할 수 있는 것은 무엇인가요?

3. 나의 영향력이 미치는 범위에서 막아야 할 악은 무엇인가요?

4. 나의 영향력이 미치는 범위에서 회복을 도울 수 있는

무너진 부분은 무엇인가요?

미주

Chapter 01

1. Attributed to C. S. Lewis in Brian Godawa, "Postmodern Movies: The Good, the Bad, and the Relative, Part 1," Spiritual Counterfeits Project Newsletter 23, no. 3 (Spring 1999), www.scp-inc.org/publications/newsletters/N2303/index.php.
2. C. S. Lewis, in Colin Duriez, The A–Z of C. S. Lewis: An Encyclopedia of His Life, Thought, and Writing (Oxford: Lion Books, 2013), 69.
3. 이 부분은 다음을 집중적으로 참고했다. Kevin J. Vanhoozer, Charles A. Anderson, and Michael J. Sleasman, eds., "Introduction: Toward a Theory of Cultural Interpretation," in Everyday Theology: How to Read Cultural Texts and Interpret Trends (Grand Rapids: Baker, 2007), 15–60.
4. Andy Crouch, Culture Making: Recovering Our Creative Calling (Downers Grove, IL: InterVarsity Books, 2008), 37.
5. A terrific summary of this vision can be found in Crouch, Culture Making, 20–24.
6. See, for example, "Chuck Colson's Final Speech" (speech, "Breaking the Spiral of Silence Conference," Chuck Colson Center for Christian Worldview, Lansdowne, VA, March 30, 2012), in BreakPoint, April 20, 2015, www.breakpoint.org/bpcommentaries/entry/12/27228.
7. John Calvin, Institutes of the Christian Religion, ed. John T. McNeill, trans. Ford Lewis Battles (Philadelphia: Westminster, 1960), 1.11.8.
8. Ken Myers, All God's Children and Blue Suede Shoes: Christians and Popular Culture, 2nd ed. (Wheaton, IL: Crossway, 2012), 34.
9. PeterL. Berger, TheSacredCanopy: ElementsofaSociological TheoryofReligion (New York: Anchor Books, 1967), 3. 이어지는 논의의 대부분은 Berger가 자신의 책 1

장에서 기술한 사회에 대한 설명을 간략하게 추린 것이다.

10. Vanhoozer et al., Everyday Theology.

11. Vanhoozer et al., Everyday Theology

Chapter 02

1. Francis A. Schaeffer, Whatever Happened to the Human Race? (Wheaton, IL: Crossway, 1983), 93.

2. Rodney Stark, The Rise of Christianity: How the Obscure, Marginal Jesus Movement Became the Dominant Religious Force in the Western World in a Few Centuries (San Francisco: HarperSanFrancisco, 1997), chap. 5.

3. See, for example, the stories Warren Cole Smith and John Stonestreet tell in Restoring All Things: God's Audacious Plan to Change the World through Everyday People (Grand Rapids: Baker, 2015).

4. 드와이트 L. 무디(Dwight L. Moody) 목사와 라디오 설교자 J. 버논 맥기(J. Vernon McGee)는 각각 이 문장을 나름의 표현으로 사용하여 그들이 생각하기에 개인의 구원에 대한 메시지를 나누는 데 방해가 되는 사회적 노력에 대한 안타까움을 드러냈다.

5. 일부 학자들은 이 서신이 베드로가 사망한 이후 작성되었으며 그의 사후에 저자로 인정되었다면서 베드로가 서신의 작성자인지에 의문을 제기한다. 하지만 베드로가 실제 저자였다고 주장하는 교회의 일관된 증언을 신뢰할 충분한 근거가 있다. 데이비드 맬릭(David Malick) 박사는 다음에서 이와 관련된 여러 주장을 잘 요약해서 전달한다. "An Introduction to the Book of 1 Peter," Bible.org, accessedDecember27,2016, bible.org/article/introduction-book-1-peter.

6. Francis A. Schaeffer, A Christian Manifesto (Wheaton, IL: Crossway Books, 1982), 17.

7. Lesslie Newbigin, A Walk through the Bible, 2nd ed. (Louisville, KY: Westminster John Knox, 1999), 4.

8. Smith and Stonestreet, Restoring All Things, 20. Internal citations omitted.

9. 성경을 네 장으로 요약하는 것에 대한 심도 있는 논의는 다음을 참고. Cornelius Plantinga Jr., Engaging God's World: A Christian Vision of Faith, Learning, and Living (Grand Rapids: Eerdmans, 2002). See also Charles W. Colson and Nancy Pearcey,

How Now Shall We Live? (Wheaton, IL: Tyndale, 1999).

10. Lecrae, "Race, Righteous Anger, and Resolution," Q Commons, Denver, Colorado, October 13, 2016; see video at Artists and Poets, QIdeas.org, accessedDecember 27,2016, http://qideas.org/videos/artists-and-poets/.

11. 구조와 방향에 대한 자세한 설명은 다음을 참고. Albert M. Wolters, Creation Regained: Biblical Basics for a Reformational Worldview, 2nd ed. (Grand Rapids: Eerdmans, 2005), chap. 5.

12. C. S. Lewis, The Lion, the Witch and the Wardrobe (New York: Collier Books, 1970), 159–60.

13. 이 질문의 표현은 2014년 에릭 존슨(Eric Johnson)과 데이비드 마이클 펠프스(David Michael Phelps)가 만든 훌륭한 영화 시리즈 〈For the Life of the World: Letters to the Exiles〉에서 빌린 것이다.

Chapter 03

1. Sophie Scholl, quoted in Steven Garber, The Fabric of Faithfulness: Weaving Together Belief and Behavior, rev. ed. (Downers Grove, IL: InterVarsity, 2007), 188.

2. 스티븐 가버는 문화에 대한 숄 남매의 접근을 설명하기 위해 "나는 기독교인이자 독일인이기에 독일에 책임이 있다."라는 구절을 사용했지만 필자는 이것이 본회퍼의 접근을 반영하기도 한다고 본다. Garber, *Fabric of Faithfulness*, 180 참고.

3. Garber, Fabric of Faithfulness, 176.

4. Thomas Howard, Evangelical Is Not Enough: Worship of God in Liturgy and Sacrament (Nashville: Thomas Nelson, 1984), 36–37.

5. Dietrich Bonhoeffer, Dietrich Bonhoeffer: Witness to Jesus Christ, ed. John de Gruchy (Minneapolis: Augsburg Fortress, 1991), 293–94.

6. 에피쿠로스 학파는 신들이 멀찍이 떨어져 있으며 인류에 관심을 잃었다고 생각했다. 따라서 원하는 대로 살아도 된다고 여겼다. 에피쿠로스주의가 향락주의의 형태를 띠는 경우가 많은 것도 놀랄 일이 아니다. 반면 스토아 학파는 운명론자들로, 신들이 삶의 세세한 부분까지도 모두 결정한다고 생각했다. 사도 바울은 아레오파고스의 설교에서 두 세계관 모두에 맞섰다.

7. Rod Dreher, The Benedict Option: A Strategy for Christians in a Post-Christian Nation (New York: Penguin, 2017).

8. Christian Smith and Melinda Lundquist Denton, Soul Searching: The Religious

and Spiritual Lives of American Teenagers (New York: Oxford University Press, 2009); see also Kenda Creasy Dean, Almost Christian: What the Faith of Our Teenagers Is Telling the American Church (New York: Oxford University Press, 2010).

Chapter 04

1. Wikipedia, s.v. "Information Age," https://en.wikipedia.org/wiki/Information_Age.
2. Team Gwava, "How Much Data Is Created on the Internet Each Day?," Gwava (blog), September 8, 2016, www.gwava.com/blog/internet-data-created-daily.
3. Thomas L. Friedman, The World Is Flat: A Brief History of the Twenty-First Century (New York: Farrar, Straus, and Giroux, 2006).
4. T. S. Eliot, The Rock: A Pageant Play (New York: Harcourt, Brace, 1934), pt. 1, lines 15–16.
5. Richard M. Weaver, Ideas Have Consequences (Chicago: University of Chicago Press, 1984).
6. Nancy Pearcey, Total Truth: Liberating Christianity from Its Cultural Captivity (Wheaton, IL: Crossway Books, 2008), 165.
7. Danielle Kreutter, "UCCS Professors' Email: No Debating Class Topic Will Be Allowed," Gazette, September 1, 2016, http://gazette.com/uccs-professors-email-no-debating-class-topic-will-be-allowed/article/1584615.
8. 참된 관용과 거짓 관용의 차이에 대한 훌륭한 논의는 다음을 참고. Good Faith: Being a Christian WhenSociety Thinks You'reIrrelevantandExtreme (GrandRapids: Baker, 2016).
9. Aldous Huxley, Brave New World Revisited (New York: RosettaBooks, 2010), 35.
10. Neil Postman, Amusing Ourselves to Death: Public Discourse in the Age of Show Business (New York: Penguin, 1985).
11. James Boswell, Boswell's Life of Johnson, ed. Charles Grosvenor Osgood (New York: Charles Scribner's Sons, 1917), xviii.
12. W. Gary Phillips, William E. Brown, and John Stonestreet, Making Sense of Your World: A Biblical Worldview, 2nd ed. (Salem, WI: Sheffield, 2008), 86.
13. Ernest Nagel, "Naturalism Reconsidered," Proceedings and Addresses of the

American Philosophical Association 28 (1954–55), 5–17.

14. 친구인 빌은 대학 총장을 지낸 바 있으며 현재 기독교 세계관을 위한 척 콜슨 센터(Chuck Colson Center for Christian Worldview)의 세계관 및 문화 연구 선임 연구원이자 콜슨 펠로우즈 프로그램의 대표이다 www.colsonfellows.org.

15. 존 스톤스트리트가 받은 편지는 다음에서 인용되었다. Chuck Colson, "Can't Turn This Worldview Thing Off: Send Your Kid to Summit," BreakPoint Commentaries, April 6, 2015, www.breakpoint.org/bpcommentaries/entry/13/27139.

16. See Sean McDowell and John Stonestreet, Same-Sex Marriage: A Thoughtful Approach to God's Design for Marriage (Grand Rapids: Baker, 2014).

17. See C. S. Lewis, The Four Loves (Orlando, FL: Harcourt, 1988).

18. Judith S. Wallerstein, Julia M. Lewis, and Sandra Blakeslee, The Unexpected Legacy of Divorce: The 25 Year Landmark Study (New York: Hyperion, 2000), xiii

Chapter 05

1. Chris Broussard, Outside the Lines, ESPN, April 29, 2013; see Chris Greenberg, "Chris Broussard, ESPN Reporter, Calls Being Gay an 'Open Rebellion to God,'" Huffington Post, April 30, 2013, www.huffingtonpost.com/2013/04/29/chris-broussard-espn-nba-gay-reaction_n_3180080.html.

2. Conor Friedersdorf, "Refusing to Photograph a Gay Wedding Isn't Hateful," Atlantic, March 5, 2014, www.theatlantic.com/politics/archive/2014/03/refusing-to-photograph-a-gay-wedding-isnt-hateful/284224/.

3. Elane Photography, LLC, Plaintiff-Petitioner, v. Vanessa Willock, Defendant-Respondent, 309 P.3d 53 (N. M. 2013), http://web.law.columbia.edu/sites/default/files/microsites/gender-sexuality/elane_photography_nm_sct_opinion.pdf.

4. Elane Photography v. Willock.

5. 두 사건이 일어난 해에 로드 드레허(Rod Dreher)는 꼭 읽어 봐야 할 글에서 인간 정체성에 대한 이 새로운 시각이 '우주론의 변화'에 따른 결과라고 올바로 지적했다. Rod Dreher, "Sex after Christianity," American Conservative, April 11, 2013, www.theamericanconservative.com/articles/sex-after-christianity/. 5장의 제목은 드레허의 글 제목을 차용한 것이다.

6. 현대 문화의 성적 취향에 대한 무척 유용한 두 권의 책은 다음을 참고. 두 권 모두 정체성과 성적 취향에 대한 논의를 담고 있다. Dale S. Kuehne, Sex and the iWorld: Rethinking Relationships beyond an Age of Individualism (Grand Rapids: Baker, 2009); and

Jonathan Grant, Divine Sex: A Compelling Vision for Christian Relationships in a Hypersexualized Age (Grand Rapids: Brazos, 2015). 동성에게 매력을 느껴서 정체성으로 고민하는 사람들을 위한 최고의 책으로 다음을 추천한다. Wesley Hill, Washed and Waiting: Reflections on Christian Faithfulness and Homosexuality (Grand Rapids: Zondervan, 2010).

7. Peter L. Berger, "Modern Identity: Crisis and Continuity," in Wilton S. Dillon, ed., The Cultural Drama: Modern Identities and Social Ferment (Washington, DC: Smithsonian Institution Press, 1974), 176.

8. Quoted in Steven Garber, The Fabric of Faithfulness: Weaving Together Belief and Behavior, rev. ed. (Downers Grove, IL: InterVarsity, 2007), 93.

9. Luc Ferry, Learning to Live: A Young Person's Guide, trans. Theo Cuffe (Edinburgh, Scotland: Canongate Books, 2006), 72.

10. Friedrich Nietzsche, The Will to Power, ed. and trans. Walter Kaufmann and trans. R. J. Hollingdale (New York: Vintage Books, 1968), 401.

11. 로드니 스타크(Rodney Stark)는 자신의 저서에서 이 이야기를 탁월하게 풀어냈다. The Rise of Christianity: How the Obscure, Marginal Jesus Movement Became the Dominant Religious Force in the Western World in a Few Centuries (San Francisco: HarperSanFrancisco, 1997).

12. Henry Grunwald, "The Year 2000: Is It the End—or Just the Beginning?," Time, March 30, 1992, http://content.time.com/time/magazine/article/0,9171,975194,00.html.

13. Grunwald, "The Year 2000."

14. Blaise Pascal, Pensees, trans. A. J. Krailsheimer (New York: Penguin, 1995), 45.

15. 탈근대화 세계관에 대한 유용한 설명은 다음을 참고. W. Gary Phillips, William E. Brown, and John Stonestreet, Making Sense of Your World: A Biblical Worldview, 2nd ed. (Salem, WI: Sheffield, 2008), 48–58.

16. James E. Marcia et al., Ego Identity: A Handbook for Psychosocial Research (New York: Springer, 1993). For a helpful summary, see "Marcia's States of Adolescent Identity Development," YouTube video, posted by Tiffany Dickie, January 31, 2014, www.youtube.com/watch?v=a8HIY_bqrVo. 여기에서는 마르시아 이론의 일부만을 다뤘다. 트리니티 국제 대학교의 신학 대학 교수인 피터 차 박사가 마르시아 이론을 처음 알려 줬으며 교회와 가정의 맥락에 적용하는 데 큰 도움을 주었다.

17. 스티븐 가버의 주장을 재구성한 부분이다. 가버는 세계관이 유지되기 위해서는 "질문과 위

기를 견뎌내기에 충분해야 하며…특히 은연 중에 진행되는 세속화와 다원화에 따른 근대와 탈근대 의식의 도전을 견뎌내야 한다."라고 정확하게 지적했다. Steven Garber, Fabric of Faithfulness, 51, 122–32.

18. 자녀와 함께 걸어야 하는 이유와 그 방법에 대한 유용한 자료는 다음을 참고. Jeff Myers, Grow Together: The Forgotten Story of How Uniting Generations Unleashes Epic Spiritual Potential (Colorado Springs: Summit Ministries, 2014). 또한 관련 동영상을 www.growtogether.org에서 시청할 수 있다.

19. Garber, Fabric of Faithfulness, 51.

Chapter 06

1. Sherry Turkle, Alone Together: Why We Expect More from Technology and Less from Each Other (New York: Basic Books, 2011). 2012년 2월 공개된 터클의 TED 연설 'Connected, but Alone?'에 책의 내용과 더불어 6장에서 다룬 주요 내용이 잘 요약되어 있다. https://www.ted.com/talks/sherry_turkle_connected_but_alone?language=en&subtitle=ko.

2. Sherry Turkle, "Alone Together" (speech, TEDxUIUC, Champaign, IL, February 2011), www.youtube.com/watch?v=MtLVCpZIiNs.

3. Sherry Turkle, The Second Self: Computers and the Human Spirit (New York: Simon and Schuster, 1984).

4. Sherry Turkle, Life on the Screen: Identity in the Age of the Internet (New York: Simon and Schuster, 1997).

5. Turkle, "Connected, but Alone?"

6. Henry David Thoreau, "Where I Lived and What I Lived For," in Walden: An Annotated Edition, ed. Walter Harding (New York: Houghton Mifflin, 1995), 89.

7. See Sally Andrews et al., "Beyond Self-Report: Tools to Compare Estimated and Real-World Smartphone Use," PLOS One 10, no. 10 (October 2015), journals.plos.org/plosone/article?id=10.1371/journal.pone.0139004.

8. Bureau of Labor Statistics, American Time Use Survey, 2004–2009, cited in Eleanor Krause and Isabel V. Sawhill, "How Free Time Became Screen Time," Brookings Institution, September 13, 2016, www.brookings.edu/blog/social-mobility-memos/2016/09/13/how-free-time-became-screen-time/.

9. Glenn Enoch et al., The Nielson Total Audience Report: Q1 2016 (New York:

Nielson, 2016), 4, cited in Jacqueline Howard, "Americans Devote More Than 10 Hours a Day to Screen Time, and Growing," CNN, July 29, 2016, www.cnn.com/2016/06/30/health/americans-screen-time-nielsen/.

10. 존의 동료인 셰인 모리스(Shane Morris)의 도움 덕에 소개한 결과들을 무척 유용한 형식으로 설명할 수 있었다. 셰인은 오랫동안 기술에 대해 사유하고 글을 써 왔으며 2016년 10월 5일 존에게 보낸 이메일에서 그러한 생각을 전달해 줬다.

11. See Julie Hiramine's terrific work at Generations of Virtue, www.generationsofvirtue.org.

12. 각 거짓말에 대한 자세한 설명이 나와 있고, 자녀가 디지털 시대를 잘 헤쳐 나가도록 돕기 위해 참고할 수 있는 최고의 책으로 다음을 추천한다. Kathy Koch, Screens and Teens: Connecting with Our Kids in a Wireless World (Chicago: Moody, 2015).

13. See Centers for Disease Control and Prevention, "Suicide Trends among Persons Aged 10–24 Years—United States 1994–2012," Morbidity and Mortality Weekly Report 64, no. 8 (March 2015): 201–5, www.cdc.gov/mmwr/preview/mmwrhtml/mm6408a1.htm.

14. See Craig M. Gay, introduction, in The Way of the (Modern) World: Or, Why It's Tempting to Live as If God Doesn't Exist (Grand Rapids: Eerdmans, 1998), 1–28.

15. See Gay, Way of the (Modern) World, 2.

16. Research cited in Anne Fishel, "The Most Important Thing You Can Do with Your Kids? Eat Dinner with Them," Washington Post, January 12, 2015, www.washingtonpost.com/posteverything/wp/2015/01/12/the-most-important-thing-you-can-do-with-your-kids-eat-dinner-with-them/?utm_term=.b61005c506d0.

Chapter 07

1. Diana West, The Death of the Grown-up: How America's Arrested Development is Bringing Down Western Civilization (New York: St. Martin's Press, 2007), 1.

2. 웨스트가 들려준 이야기를 매우 압축적으로 요약한 것이다. 자세한 내용이 상당 부분 사라졌지만 요점은 청소년기를 인생의 한 단계로 분류한 것은 최근 고안되었다는 점이다. West, Death of the Grown-up, chaps. 1-2.

3. West, Death of the Grown-up, 6.

4. Mark Regnerus, "Sex Is Cheap: Why Young Men Have the Upper Hand in Bed, Even When They're Failing in Life," Slate, February 25, 2011, www.slate.com/articles/double_x/doublex/2011/02/sex_is_cheap.single.html. See also Austin

Institute for the Study of Family and Culture, "The Economics of Sex: It's a Tough Market out There," accessed March 2014, www.austin-institute.org/wp-content/uploads/2014/02/V10-Resource-Guide.pdf. 레그너러스가 '성의 경제학'이라는 표현을 만든 것은 아니지만 가장 이해하기 쉬운 설명을 제시했다. 이 개념에 대한 설명은 다음에서 처음 등장했다. John Stonestreet and Sean McDowell, Same-Sex Marriage: A Thoughtful Approach to God's Design for Marriage (Grand Rapids: Baker, 2014), 114.

5. Regnerus, "Sex Is Cheap."

6. Pope Benedict XVI, Light of the World: The Pope, the Church, and the Signs of the Times; A Conversation with Peter Seewald, trans. Michael J. Miller and Adrian J. Walker (San Francisco: Ignatius Press, 2010), chap. 5.

7. Del Tackett, founder of The Truth Project, said this in a speech given at a private gathering of leaders in January 2009.

8. 번역서 『인간의 품격』, 부키, David Brooks, The Road to Character (New York: Random House, 2015), 54.

9. C. S. Lewis, The Abolition of Man (New York: HarperOne, 2001), 26.

10. Dallas Willard, Renovation of the Heart: Putting on the Character of Christ (Colorado Springs: NavPress, 2002), 29.

11. Michael Miller, in "If We Know What's Right, Can We Do It?," Doing the Right Thing: Making Moral Choices in a World Full of Options, session 3, hosted by Brit Hume (Grand Rapids: Zondervan, 2009), DVD series.

12. Edmund Burke, "Letter from Mr. Burke to a Member of the National Assembly in Answer to Some Objections to His Book on French Affairs—1791," in The Works of Edmund Burke, 9 vols. (Boston: Charles C. Little and James Brown, 1839), 3:326.

13. Aristotle, Nicomachean Ethics, trans. W. D. Ross (350 BCE), http://classics.mit.edu/Aristotle/nicomachaen.html.

14. 교회력에 대한 유용한 소개는 다음을 참고. Mark D. Roberts, "Introduction to the Christian Year: What Is the Liturgical Year or Church Year? How Can It Make a Difference in Your Relationship with God?," Reflections on Christ, Church, and Culture (blog), 2011, www.patheos.com/blogs/markdroberts/series/introduction-to-the-christian-year/.

15. Lewis, Abolition of Man, chap. 1. Full text available online at https://archive.org/

stream/TheAbolitionOfMan_229/C.s.Lewis-TheAbolitionOfMan_djvu.txt.

16. Lewis, Abolition of Man, 25.

17. C. S. Lewis, The Voyage of the Dawn Treader (New York: Collier Books, 1970), 1.

18. Eugene H. Peterson, A Long Obedience in the Same Direction: Discipleship in an Instant Society, 2nd ed. (Downers Grove, IL: InterVarsity, 2000). 피터슨은 무신론자 프리드리히 니체의 문구를 빌렸지만 그의 훌륭한 저서에서 적절하게 표현해냈다.

19. Lewis, Voyage of the Dawn Treader, 89–91.

20. Frederica Mathewes-Green, First Fruits of Prayer: A Forty-Day Journey through the Canon of St. Andrew (Brewster, MA: Paraclete Press, 2006), 12.

Chapter 08

1. Covenant Eyes, "Pornography Statistics: Annual Report 2015," www.covenanteyes.com/pornstats/에 인용된 여러 출처의 데이터. 출처가 명기된 보고서 전문은 다음 웹사이트에서 다운로드하면 된다. Covenant Eyes, Pornography Statistics: 250+ Facts, Quotes, and Statistics about Pornography Use (Owosso, MI: Covenant Eyes, 2015).

2. The Barna Group, The Porn Phenomenon: The Explosive Growth of Pornography and How Its Impacting Your Church, Life, and Ministry (Ventura, CA: Barna Group, 2016), cited in Chrissy Gordon, "Josh McDowell Ministry and Barna Group Unveil Key Findings for The Porn Phenomenon," Josh McDowell Ministry, January 19, 2016, www.josh.org/news-release/key-findings-for-the-porn-phenomenon-unveiled/.

3. Joe S. McIlhaney Jr. and Freda McKissic Bush, Hooked: New Science on How Casual Sex Is Affecting Our Children (Chicago: Northfield Publishing, 2008).

4. Dr. Victor B. Cline, Pornography's Effects on Adults and Children (New York: Morality in Media, 1999), http://66.210.33.157/mim/full_article.php?article_no=323.

5. Fight the New Drug, Harmful Effects of Pornography: 2016 Reference Guide (San Francisco: Fight the New Drug, 2016), http://store.fightthenewdrug.org/collections/books/products/harmful-effects-of-pornography-2016-reference-guide.

6. ThePornPhenomenon canbepurchasedathttps://barna-resources.myshopify.com/products/porn-phenomenon.

7. 이 때 상당한 주의를 기울여야 한다. 첫째, 본인이 음란물로 어려움을 겪고 있다면 이 단

계를 건너 뛴다. 그 어떤 유혹에서도 발을 빼는 것이 낫다. 둘째, 음란물 산업에 대한 진실은 무척 충격적이며 참고 살펴보는 일이 힘들 수도 있다. 다음 두 이야기는 솔직하면서도 적절하게 여과되어 있다. (1) Shelley Lubben, "Ex-Porn Star Tells the Truth about the Porn Industry," Covenant Eyes (blog), October 28, 2008, www.covenanteyes.com/2008/10/28/ex-porn-star-tells-the-truth-about-the-porn-industry/; and (2) "How to Identify (and Rescue) a Victim of Sex Trafficking," Fight the New Drug (blog), June 21, 2016, http://fightthenewdrug.org/how-to-spot-and-rescue-a-sex-trafficking-victim/.

8. "Hilton Announces Removal of All Porn Channels from Hotels," LifeSiteNews.com, August 20, 2015, www.lifesitenews.com/news/public-blitz-forces-hilton-hotels-to-drop-porn.

9. "Russell Brand Talks Sex, Softcore & Hardcore Porn," YouTube video, posted by Fight the New Drug, February 23, 2015, www.youtube.com/watch?v=5kvzam-jQW9M.

10. Terry Crews's Facebook page, accessed December 30, 2016, www.facebook.com/realterrycrews/videos/1083942814959410/.

11. Shmuley Boteach and Pamela Anderson, "Take the Pledge: No More Indulging-Porn," WallStreetJournal, August31,2016, www.wsj.com/articles/take-the-pledge-no-more-indulging-porn-1472684658.

Chapter 09

1. Arielle Kuperberg and Joseph E. Padgett, "Dating and Hooking Up in College: Meeting Contexts, Sex, and Variation by Gender, Partner's Gender, and Class Standing," Journal of Sex Research 52, no. 5 (2015): 525, www.tandfonline.com/doi/full/10.1080/00224499.2014.901284?scroll=top&needAccess=true.

2. Jean M. Twenge, Ryne A. Sherman, and Brooke E. Wells, "Sexual Inactivity during Young Adulthood Is More Common among U.S. Millennials and iGen: Age, Period, and Cohort Effects on Having No Sexual Partners after Age 18," Archives of Sexual Behavior (August 2016): 1–8, http://link.springer.com/article/10.1007/s10508-016-0798-z.

3. Centers for Disease Control and Prevention, "Youth Risk Behavior Surveillance—UnitedStates, 2015," MorbidityandMortality WeeklyReport(MMWR) 65, no. 6 (June

2016): 27, www.cdc.gov/healthyyouth/data/yrbs/pdf/2015/ss6506_updated.pdf.

4. Data from National Survey of Family Growth, 1982–2002, analysis in Lawrence B. Finer, "Trends in Premarital Sex in the United States, 1954–2003," Public Health Reports 122, no. 1 (January–February 2007),

5. www.guttmacher.org/sites/default/files/pdfs/pubs/journals/2007/01/29/PRH-Vol-122-Finer.pdf. Centers for Disease Control and Prevention, "Sexually Transmitted Disease Surveillance, 2014," cited in Centers for Disease Control and Prevention, "CDC Fact Sheet: Reported STDs in the United States: 2014 National Data for Chlamydia, Gonorrhea, and Syphilis," November 2015, www.cdc.gov/std/stats14/std-trends-508.pdf.

6. Centers for Disease Control, "CDC Fact Sheet."

7. Centers for Disease Control and Prevention, "CDC Fact Sheet: Incidence, Prevalence, and Cost of Sexually Transmitted Infections in the United States," February 2013, www.cdc.gov/std/stats/sti-estimates-fact-sheet-feb-2013.pdf.

8. Robyn L. Fielder et al., "Sexual Hookups and Adverse Health Outcomes: A Longitudinal Study of First-Year College Women," Journal of Sex Research 51, no. 2 (2014): 131–44, www.ncbi.nlm.nih.gov/pmc/articles/PMC3946692/.

9. Sara E. Sandberg-Thoma and Claire M. Kamp Dush, "Casual Sexual Relationships and Mental Health in Adolescence and Emerging Adulthood," Journal of Sex Research 51, no. 2 (2014): 121–30, www.tandfonline.com/doi/abs/10.1080/00224499.2013.821440.

10. Melina M. Bersamin et al., "Risky Business: Is There an Association between Casual Sex and Mental Health among Emerging Adults?," Journal of Sex Research 51, no. 1 (2014): 43–51, www.tandfonline.com/doi/abs/10.1080/00224499.2013.772088.

11. Jennifer L. Walsh et al., "Do Alcohol and Marijuana Use Decrease the Probability of Condom Use for College Women?," Journal of Sex Research 51, no. 2 (2014): 145–58, www.tandfonline.com/doi/abs/10.1080/00224499.2013.821442.

12. Kay Hymowitz et al., Knot Yet: The Benefits and Costs of Delayed Marriage in America (Charlottesville, VA: National Marriage Project, 2013), 14, http://nationalmarriageproject.org/wp-content/uploads/2013/03/KnotYet-FinalForWeb.pdf.

13. alena K. Rhoades and Scott M. Stanley, Before "I Do": What Do Premarital Experi-

ences Have to Do with Marital Quality among Today's Young Adults? (Charlottesville, VA: National Marriage Project, 2014), 5, http://nationalmarriageproject.org/wordpress/wp-content/uploads/2014/08/NMP-BeforeIDoReport-Final.pdf.

14. Rhoades and Stanley, Before "I Do," 9.

15. William G. Axinn and Arland Thornton, "The Relationship between Cohabitation and Divorce: Selectivity or Causal Influence?," Demography 29, no. 3 (August 1992): 357–74, cited in Glenn T. Stanton, The Ring Makes All the Difference: The Hidden Consequence of Cohabitation and the Strong Benefits of Marriage (Chicago: Moody, 2011), 60.

16. Michael D. Newcomb and P. M. Bentler, "Assessment of Personality and Demographic Aspects of Cohabitation and Marital Success," Journal of Personality Assessment 44, no. 1 (1980): 16.

17. Sade Patterson, "Campus Sex Week: Abortion Is Healthy, Bible Supports Homosexual Sex, Orgies Are Fun," College Fix, November 24, 2015, www.thecollegefix.com/post/25234/.

18. Sade Patterson, "This College Student Taught Campus Feminists What a Real 'Sex Week' Looks Like," College Fix, April 5, 2016, www.thecollegefix.com/post/26884/.

Chapter 10

1. David Kinnaman and Gabe Lyons, unChristian: What a New Generation Really Thinks about Christianity ⋯ and Why It Matters (Grand Rapids: Baker, 2007), 93.

2. Lawrence S. Mayer and Paul R. McHugh, "Sexuality and Gender: Findings from the Biological, Psychological, and Social Sciences," New Atlantis, no. 50 (Fall 2016): 14, 31, www.thenewatlantis.com/docLib/20160819TNA50Sexualityand-Gender.pdf.

3. For example, see J. Michael Bailey et al., "Genetic and Environmental Influences on Sexual Orientation and Its Correlates in an Australian Twin Sample," Journal of Personality and Social Psychology 78, no. 3 (March 2000): 524–36, www.ncbi.nlm.nih.gov/pubmed/10743878.

4. "What Causes a Person to Have a Particular Sexual Orientation?" in AmericanPsychologicalAssociation, "SexualOrientationandHomosexuality: Answers to Your Questions for a Better Understanding," accessed October 4, 2016, www.apa.org/

topics/lgbt/orientation.aspx.

5. Martin Duberman, quoted in David Benkof, "Nobody Is 'Born That Way,' Gay Historians Say," Daily Caller, March 19, 2014, http://dailycaller.com/2014/03/19/nobody-is-born-that-way-gay-historians-say/#ixzz4M3W9sgPQ.

6. See Stanton L. Jones and Mark A. Yarhouse, Ex-Gays? A Longitudinal Study of Religiously Mediated Change in Sexual Orientation (Downers Grove, IL: InterVarsity, 2007).

7. Peter Sprigg and Timothy Dailey, eds., "What Causes Homosexuality?,"chap. 1in GettingItStraight: WhattheResearchShowsaboutHomosexu (Washington, DC: Family Research Council, 2004), http://downloads.frc.org/EF/EF08L41.pdf.

8. Edward O. Laumann et al., The Social Organization of Sexuality: Sexual Practices in the United States (Chicago: University of Chicago Press, 1994), 216.

9. Paul Van de Ven et al., "A Comparative Demographic and Sexual Profile of Older Homosexually Active Men," Journal of Sex Research 34, no. 4 (1997), 349–60.

10. James H. Price et al., "Perceptions of Cervical Cancer and Pap Smear Screening Behavior by Women's Sexual Orientation," Journal of Community Health 21, no. 2 (April 1996): 89–105; Daron G. Ferris et al., "A Neglected Lesbian Health Concern: Cervical Neoplasia," Journal of Family Practice 43, no. 6 (December 1996): 581; C. J. Skinner et al., "A Case-Controlled Study of the Sexual Health Needs of Lesbians," Genitourinary Medicine 72, no. 4 (August 1996): 277–80.

11. Katherine Fethers et al., "Sexually Transmitted Infections and Risk Behaviours in Women Who Have Sex with Women," Sexually Transmitted Infections 76, no. 5 (October 2000): 347.

12. Centers for Disease Control and Prevention, "Sexually Transmitted Disease Surveillance, 2014," cited in Centers for Disease Control and Prevention, "CDC Fact Sheet: Reported STDs in the United States; 2014 National Data for Chlamydia, Gonorrhea, and Syphilis," November 2015, www.cdc.gov/std/stats14/std-trends-508.pdf.

13. Centers for Disease Control and Prevention, "HIV among Gay and Bisexual Men: Fast Facts," September 30, 2016, www.cdc.gov/hiv/group/msm/index.html.

14. Centers for Disease Control and Prevention, "HIV Testing and Risk Behaviors among Gay, Bisexual, and Other Men Who Have Sex with Men—United States," Morbidity and Mortality Weekly Report 62, no. 47 (November 2013): 958–62,

www.cdc.gov/mmwr/preview/mmwrhtml/mm6247a4.htm.

15. David Island and Patrick Letellier, Men Who Beat the Men Who Love Them: Battered Gay Men and Domestic Violence (New York: Routledge, 2012), 14.

16. Centers for Disease Control and Prevention, "Sexual Identity, Sex of Sexual Contacts, and Health-Related Behaviors among Students in Grades 9–12—United States and Selected Sites, 2015," Morbidity and Mortality Weekly Report (MMWR) Surveillance Summaries 65, no. 9 (August 2016): 1–202, www.cdc.gov/mmwr/volumes/65/ss/ss6509a1.htm.

17. Spartacus International Gay Guide, "Gay Travel Index," May 26, 2016, www.spartacusworld.com/gaytravelindex.pdf.

18. For the Netherlands, see Theo G. M. Sandfort et al., "Same-Sex Sexual Behavior and Psychiatric Disorders: Findings from the Netherlands Mental Health Survey and Incidence Study (NEMESIS)," Archives of General Psychiatry 58, no. 1 (January 2001): 88–89. For England, see ApuChakraborty et al., "Mental Health of the Non-heterosexual Population of England," British Journal of Psychiatry 198, no. 2 (February 2011): 143–48. For New Zealand, see David M. Fergusson, L. John Horwood, and Annette L. Beautrais, "Is Sexual Orientation Related to Mental Health Problems and Suicidality in Young People?," Archives of General Psychiatry 56, no. 10 (October 1999): 876–80.

19. 한편, '구별(discrimination)'의 정의를 알아야 한다. 구별은 대다수의 사람들이 명료하게 생각해 보지 않은 이 시대의 유행어다. 간단히 말하자면 구별은 "양자 간의 차이를 인식하고 이해하는 것"이다. 모두가 하는 일이다. 특정 행동에 대해 구별해야 한다고 모두가 생각하지만 어떤 행동에 대해 무슨 이유로 차이를 인식하는지가 관건이다.(본문의 맥락에서는 discrimination이 '차별'을 뜻하지만 미주의 정의는 '구별'에 가까워 보다 맥락에 적합한 단어로 설명 – 옮긴이)

20. See Rosaria Champagne Butterfield, The Secret Thoughts of an Unlikely Convert: An English Professor's Journey into Christian Faith, rev. ed. (Pittsburgh, PA: Covenant and Crown, 2014).

21. See Christopher Yuan and Angela Yuan, Out of a Far Country: A Gay Son's Journey to God; A Broken Mother's Search for Hope (Colorado Springs: WaterBrook, 2011).

Chapter 11

1. Wikipedia, s.v. "Cisgender," https://en.wikipedia.org/wiki/Cisgender.
2. See John Stonestreet, "Spell-Checking 'Cisgender': Neosexual Propaganda," BreakPoint Commentaries, June 21, 2016, www.breakpoint.org/bpcommentaries/entry/13/29453.
3. See Valeriya Safronova, "Meet CoverGirl's New Cover Boy," New York Times, October 12,2016, www.nytimes.com/2016/10/16/fashion/meet-covergirls-new-cover-boy.html.
4. Jessi Hempel, "My Brother's Pregnancy and the Making of a New American Family," Time, September 12, 2016, http://time.com/4475634/trans-man-pregnancy-evan/.
5. 인터넷 게시글에서 미국심리학회는 다음과 같이 설명했다. "트렌스젠더는 성 정체성, 성적 표현이나 행동이 일반적으로 출생 당시 부여받은 성별의 그것에 부합되지 않는 사람들을 일컫는 포괄적인 용어다. 성 정체성은 개인이 내면에서 인식하는 남성, 여성, 기타의 성을 가리킨다." American Psychological Association, "Answers to Your Questions about Transgender People, Gender Identity and Gender Expression," accessed October 6, 2016, www.apa.org/topics/lgbt/transgender.aspx.
6. "Washington Schools to Teach Gender Identity Curriculum in Kindergarten," Family Policy Institute of Washington, June 2, 2016, www.fpiw.org/blog/2016/06/02/washington-schools-to-teach-gender-identity-curriculum-in-kindergarten/.
7. Ariel Levy, "Dolls and Feelings: Jill Soloway's Post-patriarchal Television," New Yorker, December 14, 2015, www.newyorker.com/magazine/2015/12/14/dolls-and-feelings.
8. "College Kids Say the Darndest Things: On Identity," video produced by Family Policy Institute of Washington, April 13, 2016, www.youtube.com/watch?v=xfO-1veFs6Ho.
9. Susan Donaldson James, "Pittsburgh Man Thinks He's a Dog, Goes by Name 'Boomer,'" ABC News, November 6, 2013, http://abcnews.go.com/Health/pittsburgh-man-thinks-dog-boomer/story?id=20801512.
10. Fox 10 Staff, "From Human to Reptile: Tiamat's Transformation into the Dragon Lady," Fox 10 News, August, 29, 2016, www.fox10phoenix.com/news/arizona-news/197200001-story.
11. Candace Amos, "Transgender Woman Leaves Wife and 7 Kids to Live as a 6-Year-

Old Girl," New York Daily News, December 12, 2015, accessed October 16, 2016, www.nydailynews.com/news/world/transgender-woman-leaves-wife-7-kids-live-girl-article-1.2463795.

12. Carolyn Moynihan, "Alas, Marrying Oneself Is Now a Thing … Really," Stream, September 3, 2016, https://stream.org/marrying-oneself-now-a-thing/.

13. Bradford Richardson, "New York Businesses Face Hefty Penalties for 'Misgendering' Customers," Washington Times, May 18, 2016, www.washingtontimes.com/news/2016/may/18/de-blasio-fine-businesses-wrong-gender-pronouns/.

14. 이 신념을 거부해야 할 또 다른 이유는 자기 부정이기 때문이다. 모든 것이 사회적 산물에 불과하고 변화할 수 있다면 사회적 산물이라는 신념 역시 얼마든지 변할 수 있는 사회적 산물 아닌가? 사회적 산물도 그저 사회적인 산물이 아닌가?

15. For an excellent essay on this, read Roberta Green Ahmanson's article, "The New Dignity: Gnostic, Elitist, Self-Destructive Will-to-Power," Public Discourse, November 24, 2015, www.thepublicdiscourse.com/2015/11/15948/.

16. Stella Morabito, "Trouble in Transtopia: Murmurs of Sex Change Regret," Federalist, November 11, 2014, http://thefederalist.com/2014/11/11/trouble-in-transtopia-murmurs-of-sex-change-regret/.

17. David Batty, "Sex Changes Are Not Effective, Say Researchers," Guardian, July 30, 2004, www.theguardian.com/society/2004/jul/30/health.mentalhealth.

18. American Psychiatric Association, "Gender Dysphoria," in Diagnostic and Statistical Manual of Mental Disorders, 5th ed. (Arlington, VA: American Psychiatric Publishing, 2013), 302.85.

19. For more information see "Body Integrity Identity Disorder," www.biid.org.

20. Azadeh M. Meybodi, Ahmad Hajebi, and Atefeh G. Jolfaei, "Psychiatric Axis I Comorbidities among Patients with Gender Dysphoria," Psychiatry Journal (August 2014), www.ncbi.nlm.nih.gov/pmc/articles/PMC4142737/.

21. Stephanie L. Budge, Jill L. Adelson, and Kimberly A. S. Howard, "Anxiety and Depression in Transgender Individuals: The Roles of Transition Status, Loss, Social Support, and Coping," Journal of Consulting and Clinical Psychology 81, no. 3 (June 2013): 545–57, www.ncbi.nlm.nih.gov/pubmed/23398495.

22. Seattle's Children Hospital Gender Clinic, "What Is the Gender Clinic?," accessed-December 31, 2016, www.seattlechildrens.org/clinics-programs/gender-clinic/.

23. American College of Pediatricians, "Gender Ideology Harms Children," August 17,

2016, www.acpeds.org/the-college-speaks/position-statements/gender-ideology-harms-children.

24. Walt Heyer, "Bruce Jenner Wants to Change the World When He Should Change His Mind," Federalist, April 27, 2015, http://thefederalist.com/2015/04/27/bruce-jenner-wants-to-change-the-world-when-he-should-change-his-mind/.

25. Data from K. D. Kochanek et al., "Deaths: Final Data for 2002," National Vital Statistics Reports 53, no. 5 (2002), cited in Jaime M. Grant, Lisa A. Mottet, and Justin Tanis, Injustice at Every Turn: A Report of the National Transgender Discrimination Survey (Washington, DC: National Center for Transgender Equality and National Gay and Lesbian Task Force, 2011), 2.

26. 예를 들어 뉴욕시에서는 트랜스젠더 대명사를 사용하지 않으면 엄청난 벌금이 부과될 수 있다. Joe Tacopino, "Not Using Transgender Pronouns Could Get You Fined," New York Post, May 19, 2016, http://nypost.com/2016/05/19/city-issues-new-guidelines-on-transgender-pronouns/.

27. You can find many of his articles at the following websites: (1) Federalist—http://thefederalist.com/author/walt-heyer/; and (2) Public Discourse—www.thepublicdiscourse.com/author/walt-heyer/.

28. Walt Heyer, "I Was a Transgender Woman," Public Discourse, April 1, 2015, www.thepublicdiscourse.com/2015/04/14688/.

29. Paul McHugh, "Transgenderism: A Pathogenic Meme," Public Discourse, June 10, 2015, www.thepublicdiscourse.com/2015/06/15145/.

Chapter 12

1. 여러 출처의 통계로, 다음에 인용됨. Joshua Becker, "21 Surprising Statistics That Reveal How Much Stuff We Actually Own," Becoming Minimalist (blog), accessed October 7, 2016, www.becomingminimalist.com/clutter-stats/.

2. Data from US Commerce Department, February 2011, cited in Mark Whitehouse, "Number of the Week: Americans Buy More Stuff They Don't Need," Wall Street Journal, April 23, 2011, http://blogs.wsj.com/economics/2011/04/23/number-of-the-week-americans-buy-more-stuff-they-dont-need/.

3. Christian Smith, with Patricia Snell, Souls in Transition: The Religious and Spiri-

tual Lives of Emerging Adults (New York: Oxford University Press, 2009), 67.

4. Laura A. Pratt, Debra J. Brody, and Quiping Gu, "Antidepressant Use in Persons Aged 12 and Over: United States, 2005–2008," NCHS Data Brief, no. 76 (October 2011): 1, www.cdc.gov/nchs/data/databriefs/db76.htm.

5. Centers for Disease Control and Prevention, "Suicide among Adults Aged 35–64 Years—United States, 1999–2010," Morbidity and Mortality Weekly Report (MMWR) 62, no. 17 (May 2013): 321–25, www.cdc.gov/mmwr/preview/mmwrhtml/mm6217a1.htm?s_cid=mm6217a1_w.

6. Jean M. Twenge et al., "Birth Cohort Increases in Psychopathology among Young Americans, 1938–2007: A Cross-Temporal Meta-analysis of the MMPI," Clinical Psychology Review 30, no. 2 (March 2010): 145–54, www.ncbi.nlm.nih.gov/pubmed/19945203.

7. S. S. Luthar and C. Sexton, "The High Price of Affluence," in R. Kail, ed., Advances in Child Development (San Diego: Academic Press, 2005); and M. Csikszentmihalyi and B. Schneider, Becoming Adult: How Teenagers Prepare for the World of Work (New York: Basic Books, 2000), cited in Madeline Levine, The Price of Privilege: How Parental Pressure and Material Advantage Are Creating a Generation of Disconnected and Unhappy Kids (New York: HarperCollins, 2008), 17.

8. Data analysis from multiple sources, Erin El Issa, "2016 American Household Credit Card Debt Study," NerdWallet (blog), www.nerdwallet.com/blog/credit-card-data/average-credit-card-debt-household/.

9. Daniel Kahneman and Angus Deaton, "High Income Improves Evaluation of Life but Not Emotional Well-Being," Proceedings of the National Academy of Sciences (PNAS) 107, no. 38 (September 2010), www.pnas.org/content/107/38/16489.full.

10. Ravi Zacharias, Can Man Live without God (Nashville: Word, 1994), 320.

11. Charles H. Spurgeon, Evening by Evening: A New Edition of the Classic Devotional Based on the Holy Bible, English Standard Version, ed. Alistair Begg (Wheaton, IL: Crossway, 2007), 339.

12. Cornelius Plantinga Jr., Not the Way It's Supposed to Be: A Breviary of Sin (Grand Rapids: Eerdmans, 1995), 10.

13. Saint Augustine, Confessions, trans. Henry Chadwick (New York: Oxford Univer-

sity Press, 2008), 1.1.3.

14. Liana C. Sayer, Suzanne M. Bianchi, and John P. Robinson, "Are Parents Investing Less in Children? Trends in Mothers' and Fathers' Time with Children," American Journal of Sociology 110, no. 1 (July 2004): 2.

15. Derrick Feldmann et al., Cause, Influence, and the Next Generation: The 2015 Millenial Impact Workforce Report (West Palm Beach, FL: Achieve/Millennial Impact Project, 2015), http://fi.fudwaca.com/mi/files/2015/07/2015-Millennial-ImpactReport.pdf.

Chapter 13

1. Philip Cushman, "Why the Self Is Empty: Toward a Historically Situated Psychology," American Psychologist 45, no. 5 (May 1990): 600, 608.

2. Maggie Fox, "Americans Are Drinking More—a Lot More," NBC News, April 23, 2015, www.nbcnews.com/health/health-news/americans-are-drinking-more-lot-more-n347126.

3. Douglas Main, "30 Percent of Americans Have Had an Alcohol-Use Disorder," Newsweek, June 3, 2015, www.newsweek.com/30-percent-americans-have-had-alcohol-use-disorder-339085.

4. Alexandra Sifferlin, "Alcohol Problems Affect about 33 Million U.S. Adults," Time, June 3, 2015, http://time.com/3907691/alcohol-problems-study/.

5. HealthDay, "Ten Percent of Americans Admit Illegal Drug Use," CBS News, September 4, 2014, www.cbsnews.com/news/ten-percent-of-americans-admit-illegal-drug-use/.

6. Caleb Diehl and Michael Schramm, "Study: Daily Marijuana Use among College Students at Highest Rate in 35 Years," USA Today College, September 1, 2015, http://college.usatoday.com/2015/09/01/study-daily-marijuana-use-among-college-students-at-highest-rate-in-35-years/.

7. "Heroin: The Poisoning of America," CNN, October 17, 2016, www.cnn.com/2016/10/13/health/heroin-poisoning-of-america/.

8. National Institute on Drug Abuse, "Monitoring the Future Survey, Overview of Findings 2015," revised December 2015, https://www.drugabuse.gov/related-topics/trends-statistics/monitoring-future/monitoring-future-survey-overview-find-

ings-2015.

9. Lloyd D. Johnston et al., Monitoring the Future: National Survey Results on Drug Use, 1975–2014, vol. 2 (Ann Arbor: University of Michigan Institute for Social Research, 2015), 27.

10. Jeffery M. Jones, "In U.S., 58% Back Legal Marijuana Use," Gallup, October 21, 2015, www.gallup.com/poll/186260/back-legal-marijuana.aspx.

11. Research cited in National Institute on Alcohol Abuse and Alcoholism, "College Drinking," December 2015, http://pubs.niaaa.nih.gov/publications/CollegeFactSheet/CollegeFactSheet.pdf.

12. Sushrut Jangi, "Can We Please Stop Pretending Marijuana Is Harmless?," Boston Globe, October 8, 2015, www.bostonglobe.com/magazine/2015/10/08/can-please-stop-pretending-marijuana-harmless/MneQebFPWg79ifTAXc1PkM/story.html. See also National Institute on Drug Abuse, "Want to Know More? Some FAQs about Marijuana," "Marijuana: Facts for Teens," May 2015, www.drugabuse.gov/publications/marijuana-facts-teens/want-to-know-more-some-faqs-about-marijuana.

13. Jennifer Alsever, "Is Pot Losing Its Buzz in Colorado?," Fortune, June 29, 2016, http://fortune.com/pot-marijuana-colorado/.

14. Wayne Drash and Max Blau, "In America's Drug Death Capital: How Heroin Is Scarring the Next Generation," CNN, September 16, 2016, www.cnn.com/2016/09/16/health/huntington-heroin/index.html. SeealsoCorky Siemaszko, "Ohio City Releases Shocking Photos to Show Effects of 'Poison Known as Heroin,'" NBC News, September 10, 2016, www.nbcnews.com/news/us-news/ohio-city-releases-shocking-photo-show-effects-poison-known-heroin-n645806.

15. 그 자체로는 죄가 아닌 어떤 행위를 금해야 하는 시기와 장소가 없다는 의미가 *아니다*. 예컨대 재활 치료를 받고 있는 중독자에게는 중독성이 있는 물질을 아예 금지하는 것이 바람직하다. 또한 형제 자매를 넘어지게 할 수 있는 경우 성숙한 기독교인은 음식이나 먹는 것과 마시는 것을 삼가는 것이 옳다.(로마서 14장 13~23절)

16. C. S. Lewis, Mere Christianity (New York: HarperCollins, 1980), 78–79.

17. 의료용 마리화나의 경우는 어떨까? 치료 목적의 사용(의료용 마리화나)을 취하기 위한 용도(유흥 목적의 마리화나)와 구분해야 한다. 과학적 연구의 체계적인 분석 결과 의료용 마리화나의 이점에 대해 분명한 결론에 이르지 못한 만큼, 공공 정책으로 입안 절차를 시작하기 전에 연구를 계속 수행해야 한다. Penny F. Whiting et al., "Cannabinoids for Med-

ical Use: A Systematic Review and Meta-analysis," JAMA 313, no. 24 (June 2015): 2456–73, http://jamanetwork.com/journals/jama/fullarticle/2338251.

18. National Center on Addiction and Substance Abuse at Columbia University, "The Importance of Family Dinners VIII" (September 2012), 7, www.centeronaddiction.org/addiction-research/reports/importance-of-family-dinners-2012.

19. "Brian Welch—White Chair Film—I Am Second," YouTube video, published November 20, 2012, www.youtube.com/watch?v=q6EIhkAyy3s.

20. Brian "Head" Welch, with Carol Traver, With My Eyes Wide Open: Miracles and Mistakes on My Way Back to Korn (Nashville: Thomas Nelson, 2016).

Chapter 14

1. DNCE, "Cake by the Ocean," © 2015 Republic Records.

2. Gaby Wilson, "Joe Jonas Finally Explains What 'Cake by the Ocean' Means," MTV News, September 21, 2015, www.mtv.com/news/2277755/joe-jonas-dnce-cake-by-the-ocean-means/.

3. Neil Postman, Amusing Ourselves to Death: Public Discourse in the Age of Show Business, 20th anniversary ed. (New York: Penguin, 2005).

4. Courtney Love, interview by Philip Weiss, in "The Love Issue," Spin, October 1998, 100.

5. George Lucas, interview by Bill Moyers, in "Of Myth and Men," Time, April 18, 1999, http://content.time.com/time/magazine/article/0,9171,23298-3,00.html.

6. You can watch the song for yourself on YouTube: www.youtube.com/watch?v=n-865kufgag.

7. Postman, Amusing Ourselves to Death, 92.

8. John M. Culkin, "A Schoolman's Guide to Marshall McLuhan," Saturday Review, March 18, 1967, 51–53.

9. Joe Biden, quoted in "May 6: Joe Biden, Kelly Ayotte, Diane Swonk, Tom Brokaw, Chuck Todd," Meet the Press, NBC, May 6, 2012, www.nbcnews.com/id/47311900/ns/meet_the_press-transcripts/t/may-joe-biden-kelly-ayotte-diane-swonk-tom-brokaw-chuck-todd/.

10. Barack Obama, quoted in Matt Wilstein, "President Obama Credits Ellen DeGeneres with Turning the Tide on LGBT Equality," Daily Beast, February 2, 2016,

www.thedailybeast.com/articles/2016/02/12/president-obama-credits-ellen-degeneres-with-turning-the-tide-on-lgbt-equality.html.

11. Kirsten Corder et al., "Revising on the Run or Studying on the Sofa: Prospective Associations between Physical Activity, Sedentary Behaviour, and Exam Results in British Adolescents," International Journal of Behavioral Nutrition and Physical Activity 12, no. 106 (September 2015), http://ijbnpa.biomedcentral.com/articles/10.1186/s12966-015-0269-2.

12. Aldous Huxley, Brave New World Revisited (New York: RosettaBooks, 2010), 35.

13. Marshall McLuhan, Understanding the Media: The Extensions of Man (Berkeley, CA: Gingko Press, 2003), 25, 555.

14. Postman, Amusing Ourselves to Death, 154.

15. 픽사 영화에 대한 탁월한 검토는 다음을 참고. 로버트 벨라드(Robert Velarde)의 저서 The Wisdom of Pixar: An Animated Look at Virtue (Downers Grove, IL: InterVarsity, 2010)를 참고.

16. Anya Kamenetz, "Kids and Screen Time: A Peek at Upcoming Guidance," National Public Radio, January 6, 2016, www.npr.org/sections/ed/2016/01/06/461920593/kids-and-screen-time-a-peek-at-upcoming-guidance.

17. Twenty One Pilots, "Screen," Vessel, © 2013, Fueled by Ramen.

18. Twenty One Pilots, "Car Radio," Vessel, © 2013, Fueled by Ramen.

19. Emma Green, "Lecrae: 'Christians Have Prostituted Art to Give Answers,'" Atlantic, October 6, 2014, www.theatlantic.com/entertainment/archive/2014/10/lecrae-christians-have-prostituted-art-to-give-answers/381103/.

Chapter 15

1. Natalie Angier, "Do Races Differ? Not Really, Genes Show," New York Times, August 22, 2000, www.nytimes.com/2000/08/22/science/do-races-differ-not-really-genes-show.html.

2. National Human Genome Research Institute, "White House, Office of the Press Secretary," press release, June 26, 2000, www.genome.gov/10001356/june-2000-white-house-event/.

3. Angier, "Do Races Differ?"

4. Wesley Lowery and Kimberly Kindy, "These Are the Racially Charged E-mails That

Got 3 Ferguson Police and Court Officials Fired," Washington Post, April 3, 2015, www.washingtonpost.com/news/post-nation/wp/2015/04/03/these-are-the-racist-e-mails-that-got-3-ferguson-police-and-court-officials-fired/.

5. Eliott C. McLaughlin, "'Disgraceful' University of Oklahoma Fraternity Shuttered after Racist Chant," CNN, March 10, 2015, www.cnn.com/2015/03/09/us/oklahoma-fraternity-chant/.

6. Daniel Chaitin, "Trump Supporter Yells 'Go Back to Africa' to Black Woman," Washington Examiner, March 12, 2016, www.washingtonexaminer.com/watch-trump-supporter-yells-go-back-to-africa-to-black-woman/article/2585671.

7. Frank Newport, "Americans Today Much More Accepting of a Woman, Black, Catholic, or Jew as President," Gallup, March 29, 1999, www.gallup.com/poll/3979/americans-today-much-more-accepting-woman-black-catholic.aspx.

8. Frank Newport, "In U.S., 87% Approve of Black-White Marriage, vs. 4% in 1958," Gallup, July 25, 2013, www.gallup.com/poll/163697/approve-marriage-blacks-whites.aspx.

9. William H. Frey, Diversity Explosion: How New Racial Demographics Are Remaking America (Washington, DC: Brookings Institution Press, 2014), 193.

10. Orlando Patterson, "Race, Gender, and Liberal Fallacies," Opinion, New York Times, October 20, 1991, www.nytimes.com/1991/10/20/opinion/op-ed-race-gender-and-liberal-fallacies.html.

11. Harold Dollar, St. Luke's Missiology: A Cross-Cultural Challenge (Pasadena, CA: William Carey Library, 1996), 22.

12. See, for example, Eli Saslow, "The White Flight of Derek Black," Washington Post, October 15, 2016, www.washingtonpost.com/national/the-white-flight-of-derek-black/2016/10/15/ed5f906a-8f3b-11e6-a6a3-d50061aa9fae_story.html.

Chapter 16

1. Eugene H. Peterson, Eat This Book: A Conversation in the Art of Spiritual Reading (Grand Rapids: Eerdmans, 2006), 101.

2. Peterson, Eat This Book, 101.

Chapter 17

1. William Lane Craig, "God Is Not Dead Yet: How Current Philosophers Argue for His Existence," Christianity Today, July 3, 2008, www.christianitytoday.com/ct/2008/july/13.22.html.
2. Richard Rodgers, "Something Good," © 1965, performed by Julie Andrews and Christopher Plummer in The Sound of Music, directed by Robert Wise (Twentieth Century Fox, 1965).
3. 신약의 전승을 소개하는 훌륭한 동영상은 다음을 참고. Dr. Daniel Wallace's presentation "Did Copyists Copy the New Testament Correctly?," YouTube video, published April 1, 2015, www.youtube.com/watch?v=AklwfTtAFoM.
4. 신약의 신뢰성에 대한 탁월한 소개는 다음을 참고. J. Warner Wallace's book Cold-Case Christianity: A Homicide Detective Investigates the Claims of the Gospels (Colorado Springs: David C Cook, 2013).
5. Paul D. Feinberg, "The Meaning of Inerrancy," chap. 9 in Inerrancy, ed. Norman L. Geisler (Grand Rapids: Zondervan, 1980), 294.

Chapter 18

1. Christian Smith, with Melinda Lundquist Denton, Soul Searching: The Religious and Spiritual Lives of American Teenagers (New York: Oxford University Press, 2005), 74–75, table 24.
2. Pew Forum on Religion and Public Life, "U.S. Religious Landscape Survey," 2008, http://assets.pewresearch.org/wp-content/uploads/sites/11/2015/01/comparison-Views-of-Ones-Religion-as-the-One-True-Faith.pdf.
3. 발생론적 오류는 어떤 주장이 해당 주장의 온전성이 아닌 출처를 근거로 허위라고 판단하는 것이다. 예를 들어 "2 더하기 2를 4라고 믿을 수 없는 이유는 대학교 졸업장이 없는 크랩애플 씨가 그렇게 가르쳐 줬기 때문"이라고 말하는 경우다. 2 더하기 2라는 수학 계산의 답은 신념의 기원이나 출처인 크랩애플 씨와는 무관하다.
4. J. Warner Wallace, "I'm Not a Christian Because It Works for Me," Cold-Case Christianity (blog), April 5, 2013, http://coldcasechristianity.com/2013/im-not-a-christian-because-it-works-for-me/.

Chapter 19

1. See Warren Cole Smith and John Stonestreet, 〈모든 것의 회복(Restoring All Things): God's Audacious Plan to Change the World through Everyday People〉 (GrandRapids: Baker, 2015), 25-26. See also David Kinnaman and Gabe Lyons, Good Faith: Being a Christian When Society Thinks You're Irrelevant and Extreme (Grand Rapids: Baker, 2016), 79-91.
2. See Andy Crouch, Culture Making: Recovering Our Creative Calling (Downers Grove, IL: InterVarsity, 2013).
3. See T. M. Moore, Ready. Set. Go! A ViewPoint Study (Lansdowne, VA: Colson Center for Christian Worldview, 2013), 13, https://colsoncenter.org/images/content/wilberforce/ViewPoint_Studies/VPReadySetGo.pdf.
4. Frederick Buechner, "Vocation," in Wishful Thinking: A Theological ABC (New York: Harper and Row, 1973), 95. 소명에 대한 자세한 설명은 다음을 참고. Smith and Stonestreet, "Conclusion: Two Personal Stories," in Restoring All Things, 203-8.